Anne-Françoise de Chambrier
Rachel Sermier Dessemontet
Catherine Martinet

niveau 1

Décodi

Méthode pour enseigner la lecture aux élèves avec une déficience intellectuelle

RETZ
editions-retz.com

Les droits d'auteurs sont intégralement reversés
à des associations caritatives.

Remerciements

Nous tenons à remercier vivement tous les enseignants qui ont participé soit à la phase pilote soit à la phase expérimentale de notre recherche et qui ont permis d'améliorer cette méthode d'enseignement grâce à leurs mises en œuvre dans leurs classes et à leurs réflexions. Nous remercions également chaleureusement tous les élèves qui ont pris part à ces différentes phases de la recherche, ainsi que leurs parents qui ont accepté que leur enfant y participe.

Nous remercions aussi vivement Nora Sermier, qui s'est chargée de façon très artistique et professionnelle de toutes les illustrations, et ce à titre gracieux. Enfin, nous remercions également chaleureusement Anne-Laure Linder et Natalina Meuli, collaboratrices scientifiques associées à la recherche, qui ont elles aussi substantiellement enrichi la méthode de leurs connaissances et expériences.

Anne-Françoise de Chambrier, Rachel Sermier Dessemontet et **Catherine Martinet** sont professeures à l'Unité d'Enseignement et de Recherche de Pédagogie Spécialisée (UER PS) de la Haute École Pédagogique du canton de Vaud (Suisse).
Les travaux de **Anne-Françoise de Chambrier** portent sur les dispositifs d'enseignement favorisant l'acquisition du langage écrit et des mathématiques pour les élèves rencontrant des importantes difficultés d'apprentissage ; ceux de **Rachel Sermier Dessemontet** sur l'enseignement-apprentissage de la lecture et des mathématiques auprès d'élèves ayant une déficience intellectuelle. Les travaux de **Catherine Martinet** portent sur les dispositifs d'enseignement en lecture-décodage, en orthographe et en copie favorables aux élèves présentant des difficultés voire des troubles d'apprentissage.

ISBN : 978-2-7256-4079-2

Direction éditoriale : Céline Lorcher
Édition : Petra Treuer
Correction : Bérengère De Rivoire
Couverture et création maquette : Cécile Rouyer
Adaptation maquette et mise en pages : STDI

Ce livre est conforme à la nouvelle orthographe
www.orthographe-recommandee.info

Cet ouvrage suit l'orthographe recommandée par les rectifications de 1990 et les programmes scolaires. Voir le site http://www.orthographe-recommandee.info et son miniguide d'information.

Ce livre est imprimé sur du papier issu de forêts gérées durablement.

Sommaire

Préface

Michel Fayol
Professeur émérite
Université Clermont Auvergne et CNRS

Montluçon, le 12 janvier 2021

Rapprocher la pratique enseignante de la recherche est un objectif annoncé et poursuivi avec plus ou moins de persévérance et de succès par la plupart des systèmes éducatifs. Les pays francophones s'essayent eux aussi à mener à bien les actions correspondantes, même s'ils éprouvent plus de difficultés que leurs voisins anglo-saxons en raison d'une moindre tradition de recherche empirique, notamment en ce qui concerne l'éducation. Mais que signifie adosser la pratique à la recherche ?

Dans le cas de l'apprentissage de l'écrit, celui qui nous intéresse ici, la recherche a produit un nombre conséquent de résultats au cours des deux dernières décennies. Mais elle a aussi négligé tout un ensemble de situations liées aux pratiques professionnelles. De manière un peu caricaturale, elle a privilégié les données issues de travaux de laboratoire ou d'expérimentations soigneusement contrôlées. En revanche, elle a peu abordé, voire totalement ignoré, les études portant sur la mise en œuvre des enseignements et apprentissages en situations écologiques[1]. Ces deux démarches sont pourtant nécessaires et complémentaires. Simplement, elles n'ont pas évolué au même rythme et la première, plus rapide, plus proche des démarches scientifiques classiques, plus apte à conduire à des publications dans des revues référencées, a pris le pas sur la seconde. Cet état de fait a une conséquence. Les tentatives de diffusion des données issues des recherches et de généralisation des pratiques correspondantes ont souvent abouti à des déceptions : soit les interventions ne tenaient pas suffisamment compte de la réalité du terrain, soit les performances obtenues des élèves n'étaient pas à la hauteur de celles qui étaient attendues, soit les deux. Il est ainsi apparu nécessaire de mener à bien deux types de recherches complémentaires : l'une en amont des apprentissages à promouvoir visant à déterminer les savoirs et savoir-faire permettant de faciliter les acquisitions ultérieures ; l'autre en aval des premières s'attachant à tester les instruments et les pratiques d'enseignement les mieux à même d'induire les apprentissages attendus des élèves. L'ouvrage ***Décodi***, rédigé par A.-F. de Chambrier, R. Sermier Dessemontet et C. Martinet, tente une synthèse exemplaire de cette double démarche.

Décodi s'appuie d'abord sur l'état des connaissances disponibles relativement à l'apprentissage de l'écrit. Parmi celles-ci, la recherche a montré sur de nombreuses populations et en s'attachant à des systèmes alphabétiques aussi différents que le finnois, l'espagnol, l'italien, l'anglais et le français[2] que cet apprentissage repose sur une série de savoirs et de savoir-faire de base. Par exemple, comme les systèmes alphabétiques transcrivent la parole et non directement le sens, les enfants doivent en premier lieu découvrir ce principe, dit alphabétique, et comprendre que l'écrit est une transcription de l'oral[3]. Cette étape première et fondamentale doit être suivie d'un apprentissage des correspondances entre les configurations

1. Voir néanmoins Goigoux R. (2015), *Lire et écrire : Étude de l'influence des pratiques d'enseignement de la lecture et de l'écriture sur la qualité des premiers apprentissages*, Lyon, Institut français de l'Éducation.
2. Joshi R.M. & Aaron P.G. (2005), *Handbook of Orthography and Literacy*, Mahwah NJ, Lawrence Erlbaum Associates.
3. Bentolila A. & Germain B. (2019), *L'apprentissage de la lecture*, Paris, Lea et Nathan. Observatoire National de la Lecture (ONL) (1998), *Apprendre à lire* puis *Maitriser la lecture* (2000), tous deux chez CNDP et Odile Jacob.

de sons et les configurations de lettres propres à chaque système alphabétique. La difficulté de cet apprentissage varie fortement selon la complexité des systèmes orthographiques : faible en italien ou en espagnol, elle est particulièrement élevée en anglais et en français. Il s'ensuit que les jeunes élèves acquièrent les deux premiers systèmes rapidement et sans grand effort. En revanche, plus de temps est nécessaire pour les seconds[4]. Les recherches ont montré que des connaissances préalables facilitent cet apprentissage, par exemple : la connaissance des lettres, de leurs noms et de leurs sons ; ou encore, la capacité à tenir en mémoire des formes sonores (des mots, de petites phrases) et à les segmenter en « morceaux » plus ou moins faciles à isoler. Ainsi, en français, segmenter en syllabes (le/ra/ton/la/veur/) est facile et peut être entrainé par des activités ludiques : frappe dans les mains, jeux chantés, etc. En revanche, isoler les unités abstraites (les phonèmes) qui sont associées aux lettres ou groupes de lettres (les graphèmes) pose des problèmes plus ou moins complexes : les voyelles sont plutôt faciles, certaines consonnes aussi, d'autres moins. Des progressions empiriques existent[5], souvent élaborées par des praticiens experts au fil de leurs activités professionnelles. Plus récemment, les recherches en imagerie cérébrale ont confirmé l'intérêt d'associer l'écriture à la lecture pour favoriser l'apprentissage et la consolidation des correspondances entre phonèmes et graphèmes[6].

Au total, une vaste série de travaux a mis en évidence l'importance de mettre en place des activités permettant aux élèves d'apprendre précocement et progressivement les associations entre unités sonores et unités graphiques, ce qui correspond aux approches dites « phonics »[7]. Cet apprentissage permet aux élèves de déchiffrer et de transcrire les mots et ainsi de mettre en relation les formes écrites avec les formes orales qu'ils connaissent déjà : le vocabulaire mais aussi des suites de mots (syntagmes, phrases...). Les premières données en faveur de cette approche ont été recueillies auprès d'élèves tout-venant apprenant à lire dans différents systèmes orthographiques. Plus important pour le document ici présenté, elles ont fait apparaitre que les élèves les moins favorisés bénéficiaient encore plus de cette approche que leurs pairs. Toutefois, la plupart des recherches que nous venons d'évoquer sont issues de travaux de laboratoire ou d'expérimentations conduites dans des situations favorisant les interventions (travail en petit groupe, matériel particulier, etc.) et les apprentissages : adaptation et suivi individualisés.

De fait, les tentatives de mise en place et de généralisation des approches inspirées des recherches précédemment évoquées aux situations pédagogiques usuelles par des enseignants informés ou simplement dotés de manuels et de matériel ont souvent abouti à des résultats décevants. Les apprentissages réalisés par les élèves bénéficiant de ces approches différaient peu, voire pas du tout, de ceux des classes témoins[8]. Ces faits ont contribué à focaliser l'attention des chercheurs et des praticiens sur un problème clé : les données de la recherche ne peuvent se transférer en l'état aux situations de la vie courante en général et aux situations pédagogiques en classe en particulier. Il est apparu nécessaire de développer un second volet de travaux portant sur les conditions de « transfert » aux pratiques pédagogiques et à l'évaluation de leur efficacité « écologique ». Cette nouvelle exigence devrait conduire à ce que les innovations pédagogiques soient évaluées en relation avec les objectifs poursuivis, qu'il s'agisse de matériel (jeux, instruments à manipuler), de manuels ou de dispositifs parfois

---

4. Seymour P.H., Aro M. et Erskine J.M. (2003), "Foundation literacy acquisition in European orthographies", *British Journal of Psychology,* 94, p. 143-174.
5. Dehaene S. (2011), *Apprendre à lire*, Paris, Odile Jacob.
6. Longcamp M., Lagarrigue A., & Velay J.-L. (2010), « Contribution de la motricité graphique à la reconnaissance visuelle des lettres », *Psychologie française,* 55, p. 181-194. Houdé O. & Borst G. (2018), *Le Cerveau et ses apprentissages*, Paris, Lea et Nathan.
7. National Institute of Child Health and Human Development (2000), *Report of the National Reading Panel. Teaching children to read : An evidence-based assessment of the scientific research literature on reading and its implications for reading instruction* (NIH Publication No. 00-4769), Washington DC, U.S. Government Printing Office. Ehri L.C. (2020), "The science of learning to read words : A case for systematic phonics instruction", *Reading Research Quarterly,* 55, p. 45-60 | 4.
8. Seidenberg M.S., Borkenhagen M.C. & Kearns D.M. (2020), "Lost in translation? Challenges in connecting reading science and educational practice", *Reading Research Quarterly,* 55, p. 119-130.

complexes. Cette approche devrait également mener à ce que les enseignants reçoivent une formation adaptée mais aussi à ce qu'ils puissent, en retour, inciter les chercheurs à faire évoluer leurs conceptions, leurs instruments et leurs recommandations relativement à la réalité professionnelle. Les progrès dans les performances des élèves ne pourront venir que d'une collaboration entre chercheurs et praticiens, les uns et les autres contribuant à affiner les théories et les pratiques.

De ce point de vue, l'approche proposée dans ***Décodi*** est exemplaire. Élaborée par des chercheurs et des praticiens œuvrant conjointement dans une Haute École Pédagogique, la démarche reprend les acquis des recherches cognitives en les ajustant aux besoins et aux capacités d'une population particulière : les élèves à faible potentiel intellectuel, quelle que soit l'origine de celui-ci, une population rarement étudiée. C'est ainsi qu'ont été testées les performances en conscience phonologique, en connaissance des lettres et en décodage de ces élèves pris en charge dans leurs classes par leurs enseignants préalablement formés[9]. Les activités, les exercices mais aussi les rythmes et les modalités d'évaluation ont été adaptés de manière à assurer autant que possible les apprentissages. Des exercices ont été élaborés visant à permettre la découverte puis l'utilisation des relations entre phonèmes et graphèmes à travers des conditions de plus en plus complexes, par exemple dans des mots de plus en plus longs, dans des tâches d'écriture comme de lecture. Les acquis de la recherche dans le domaine des apprentissages n'ont pas été oubliés, par exemple en veillant à consacrer du temps à la consolidation des savoirs et savoir-faire, consolidation particulièrement fragile et nécessaire avec les populations concernées.

L'approche utilisée par ***Décodi*** est clairement d'inspiration « phonics », à juste raison comme l'ont montré les données de la recherche. Toutefois, ***Décodi*** ne se contente pas d'enseigner les correspondances entre graphèmes (G) et phonèmes (P) relevant de la lecture. Les associations GP sont également travaillées dans l'autre sens, PG, celui correspondant à l'écriture. Ce sens-là est abordé de façon manuscrite lorsque les élèves en sont capables, ce qui complique les situations compte tenu de la population. Lorsque l'écriture manuscrite n'est pas possible, des compositions PG sont proposées à partir de lettres mobiles, substitut dont l'efficacité semble moindre mais qui se justifie par la situation de certains élèves. Il faut rappeler que les résultats issus des recherches comportementales et en imagerie cérébrale confortent le bienfondé des pratiques associant les activités de lecture (GP) et de production (PG) aussi bien pour les apprentissages des lettres que pour ceux des mots, et au-delà des textes[10]. Ces pratiques doivent donc être encouragées, notamment celles qui au début de l'apprentissage mobilisent l'écriture manuscrite, lorsque celle-ci est possible et ne capte pas la totalité de l'attention des élèves.

L'objectif ultime de la lecture ou de l'écriture n'est pas de lire ou d'écrire les lettres ou les mots. Il est de comprendre ou de rédiger des textes en vue d'assurer une communication. Ces dimensions ne doivent pas être perdues de vue sauf à laisser penser aux élèves que déchiffrer et transcrire des mots suffisent. Il est donc nécessaire d'insérer le plus tôt possible dans le cursus des activités de compréhension et de production. Selon la conception dite simple, la compréhension au cours de la lecture serait le produit de la reconnaissance des mots et de

9. Sermier Dessemontet R., Martinet C., de Chambrier A.-F., Martini-Willemin B.-M. & Audrin C. (2019), "A meta-analysis on the effectiveness of phonics instruction for teaching decoding skills to students with intellectual disability", *Educational Research Review,* 26, p. 52-70. Sermier Dessemontet R. & de Chambrier A.-F. (2015), "The role of phonological awareness and letter-sound knowledge in the reading development of children with intellectual disabilities", *Research in Developmental Disabilities,* 41-42, p. 1-12.

10. Graham S., Liu X., Aitken A., Ng C., Bartlett B., Harris K.R. & Holzapfel J. (2018), "Effectiveness of literacy programs balancing reading and writing instruction : A meta-analysis", *Reading Research Quarterly*, 53(3), p. 279-304.

la compréhension sous la modalité orale[11]. Cette dernière est un objet d'attention dès les premières leçons de ***Décodi*** mais doit aussi être mobilisée lors d'autres activités, par exemple lors de la lecture d'albums par les enseignants ou les parents, lors de la narration d'histoires, etc. Dans tous les cas, il ne s'agit pas de laisser les enfants écouter passivement mais de solliciter leur attention et leur compréhension par des questions, de sorte que leur compréhension soit impliquée sous la modalité orale. La compréhension doit aussi être mobilisée dès que possible sous la condition écrite, c'est pourquoi des exercices spécifiques sont prévus dans ***Décodi*** au fur et à mesure qu'augmente la taille des unités pouvant être lues (mots, phrases, textes). Ces exercices visent à établir un pont entre le traitement oral déjà installé depuis longtemps et le traitement de l'écrit, en cours d'apprentissage.

Au total, les auteures de ***Décodi*** ont retenu l'essentiel des résultats de la recherche. Elles les ont intégrés dans la réalisation d'un cursus comportant une progression empirique, des activités adaptées à la population de référence et des exercices à des rythmes s'appuyant sur les données des études portant sur l'apprentissage (révisions, consolidations, etc.). Elles ont pour cela établi une collaboration au long cours avec des enseignants impliqués dans la prise en charge des élèves, ce qui a conduit à une coélaboration de ***Décodi***. Plutôt que de s'en tenir à un outil nouveau parmi les autres, elles ont également innové en se préoccupant d'évaluer les effets de leur démarche. Elles rapportent dans une publication des données expliquant et justifiant comment elles ont procédé, ainsi que les principaux résultats[12] obtenus. Cette démarche est suffisamment rare pour être soulignée. Elle marque sans doute le début d'une préoccupation nouvelle dans le domaine de l'éducation : veiller à la pertinence et à l'efficacité pédagogiques des outils ou techniques destinés aux élèves et à la formation des enseignants qui les mettent en œuvre. Un esprit nouveau bienvenu et à suivre.

11. Lervåg A., Hulme C. & Melby-Lervåg M. (2018), "Unpicking the Developmental Relationship Between Oral Language Skills and Reading Comprehension : It's Simple, But Complex", *Child Development*, 89(5), p. 1821-1838.

12. Sermier Dessemontet R., de Chambrier A.-F., Martinet C., Meuli N. & Linder A.-L. (2021), "Effects of a phonics-based intervention on the reading skills of students with intellectual disability", *Research in Developmental Disabilities.*

Présentation

Savoir lire est d'une importance primordiale dans le monde actuel, que ce soit pour participer pleinement à l'enseignement des différentes disciplines à l'école, pour se débrouiller dans la vie de tous les jours, pour s'insérer dans le monde du travail, pour communiquer ou pour se divertir. Ceci est valable pour les personnes avec déficience intellectuelle (DI) tout autant que pour les personnes « ordinaires ». Néanmoins, la lecture est un apprentissage complexe qui met en difficulté de nombreux élèves. Par conséquent, on a longtemps pensé que les élèves présentant des limitations conséquentes du fonctionnement intellectuel ne pouvaient pas apprendre à décoder. Or les recherches réalisées ces quinze dernières années viennent clairement contredire cette croyance (Allor *et al.*, 2014 ; Browder *et al.*, 2012 ; Hill, 2016 ; Lemons *et al.*, 2015 ; Lemons *et al.*, 2012 ; Sermier Dessemontet *et al.*, 2019). Elles montrent que ces élèves peuvent eux aussi apprendre à décoder et à comprendre ce qu'ils lisent à condition de bénéficier d'un enseignement intensif, systématique et structuré des différentes compétences nécessaires à la lecture, et ce pendant plusieurs années.

La présente méthode intègre les connaissances actuelles issues de la recherche sur les approches et stratégies les plus efficaces avec les élèves ayant une DI. Elle s'inspire également d'ouvrages édités en anglais et qui ont fait leurs preuves. Ce sont essentiellement les premiers apprentissages en langage écrit qui sont visés, ceux qui sont habituellement réalisés en CP et CE1 (1re - 2e année primaire pour la Belgique et le Canada, 3e - 4e Harmos pour la Suisse). Cette méthode a été pensée pour les élèves présentant une déficience intellectuelle dite moyenne, prévoyant de nombreux modelages, étayages et révisions. Elle a été développée en collaboration avec des enseignants spécialisés qui l'ont testée dans leurs classes et qui ont permis plusieurs améliorations. L'efficacité de la méthode d'enseignement proposée ici a ensuite été évaluée dans le cadre d'une recherche scientifique rigoureuse financée par le Fonds national suisse de la recherche scientifique, menée dans de nombreuses écoles spécialisées de Suisse romande. Les résultats de cette étude ont démontré que cette méthode était efficace : les élèves en ayant bénéficié ont progressé significativement plus que les élèves du groupe témoin (Sermier Dessemontet *et al.*, sous presse). Nous voulons donc mettre à la disposition des enseignants et enseignants spécialisés le fruit du travail réalisé dans le cadre de cette recherche.

Cette introduction présente les grands principes sous-tendant la méthode d'enseignement ***Décodi***. Elle se veut « clé en main », afin d'économiser aux enseignants du temps de planification, de conception et de préparation de matériel. Il leur sera toutefois nécessaire de faire des adaptations en fonction de leurs élèves, et c'est en comprenant bien sur quelles bases ***Décodi*** a été développée qu'ils pourront le faire.

1 Quelles compétences enseigner en lecture ?

Les différentes composantes de la lecture

La fin du siècle précédent a vu se confronter des visions très différentes de l'enseignement de la lecture, tant en Amérique du Nord qu'en Europe, notamment concernant l'importance à accorder à l'enseignement des correspondances graphèmes-phonèmes et du décodage (Goigoux & Cèbe, 2006). Dans les années 1960-1970, en réaction à l'enseignement assez technique de la lecture qui prévalait jusque-là (les fameux « syllabaires »), l'approche « globale » ou *whole-language* préconise de partir de textes de littérature, considérés comme des activités signifiantes de lecture. Cette approche débute en général par l'apprentissage par cœur d'un corpus de mots et les élèves sont incités à deviner le sens d'autres mots sur la base du contexte et des images accompagnant le texte. Dans ce type d'approche, l'enseignement des correspondances graphèmes-phonèmes se fait en fonction des correspondances présentes dans le texte, ayant ainsi lieu de manière incidentelle. Ces méthodes ne contiennent donc pas de séquence prédéterminée d'enseignement des correspondances graphèmes-phonèmes ni d'activités pour la pratique du décodage, d'où leur qualification d'enseignement « non-systématique » de la lecture. Dans sa version la plus extrême, la méthode globale dite « idéovisuelle » (Foucambert, 1976) préconise même de ne pas s'intéresser aux lettres composant les mots, mais uniquement à la silhouette de ceux-ci. À l'inverse, l'approche dite d'« enseignement dirigé » (*direct instruction*) préconise un enseignement transmissif et direct des correspondances graphèmes-phonèmes à travers une guidance forte de la part de l'enseignant. Ces méthodes-là, dites « phoniques » ou « syllabiques » (*phonics instruction*), font la part belle à la compréhension du principe alphabétique, c'est-à-dire à la compréhension du fait que dans la plupart des langues l'écrit transcrit l'oral. Des activités de conscience phonologique précèdent et accompagnent en général l'apprentissage des correspondances graphèmes-phonèmes, abordées dans un ordre prédéterminé, et une part substantielle de l'enseignement est consacré à des activités de décodage (appelées parfois activités de « combinatoire »).

Il est désormais reconnu que les correspondances graphèmes-phonèmes et le décodage doivent être enseignés de façon dirigée (par l'enseignant) et structurée.

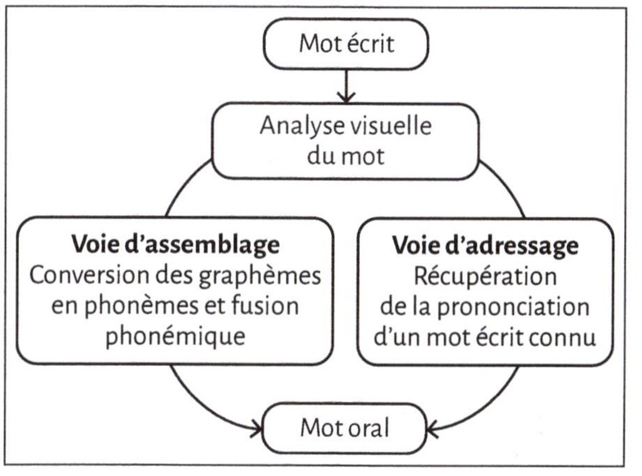

Modèle à deux voies simplifié (Coltheart *et al.*, 1978, 2001)

Dans les années qui ont suivi, plusieurs travaux de grande ampleur se sont penchés sur l'efficacité de ces différentes approches pédagogiques. La méta-analyse du National Reading Panel (NICCHD, 2000) – comité mis en place en 1997 par le Congrès américain avec comme mission de faire le point sur les méthodes les plus favorables à l'apprentissage de la lecture – a bien mis en évidence la nécessité d'enseigner les correspondances graphèmes-phonèmes de façon explicite et systématique. D'autres recherches expérimentales et méta-analyses ont été conduites depuis et sont arrivées à la même conclusion (Hattie, 2009 ; Machin *et al.*, 2018 ; National Institute for Literacy, 2008). Précisons si nécessaire que cette supériorité des méthodes phoniques par rapport aux méthodes globales est également valable pour la langue française (Braibant & Gérard, 1996 ; Goigoux, 2000 ; Goigoux *et al.*, 2015). Ces nombreuses données scientifiques ont permis de mettre fin aux « guerres de la lecture » (Castles *et al.*, 2018) et la recherche sur cet apprentissage est depuis un certain temps « remarquablement convergente » (Dehaene *et al.*, 2018, p. 4). Il est désormais bien établi que « les enfants à qui l'on enseigne explicitement quelles lettres correspondent à quels sons apprennent plus vite et comprennent mieux l'écrit que des élèves à qui on laisse découvrir le principe de l'alphabet » (Dehaene, 2011, p. 42). Il en découle donc qu'un enseignement dirigé des correspondances graphèmes-phonèmes est indispensable.

Il faut toutefois préciser que dans une langue comme le français, dans laquelle la consistance entre les graphèmes et les phonèmes n'est pas complètement univoque, un nombre considérable de mots ne peut pas être lu par simple conversion graphophonologique (ou par simple « assemblage », en référence au modèle à deux voies, Coltheart, 1978 ; Coltheart *et al.*, 2001, *cf.* schéma ci-dessus). En effet, un même graphème ne correspond pas systématiquement au même phonème. D'une part, certains graphèmes ont tantôt un correspondant phonique, tantôt une valeur grammaticale ou morphologique insonore (« bu<u>s</u> » versus « prend<u>s</u> » ou « gri<u>s</u> »), et d'autres graphèmes ont un correspondant phonique qui dépend du contexte (« <u>c</u>iel » versus « <u>c</u>amion », « <u>g</u>renouille » versus « <u>g</u>irafe », « bi<u>s</u>e » versus « bi<u>s</u>trot », « ch<u>e</u>min » versus « ch<u>e</u>rcher »). D'autre part, dans certains mots dits irréguliers, notamment dans de nombreux mots-outils, la prononciation de certains graphèmes ne correspond pas à la valeur phonique dominante de ces graphèmes ou suite de graphèmes (« chorale » versus « chocolat », « examen » versus « entorse », « le » versus « poule », « tes » versus « voutes » ou « tester »). Dans ce genre de langue, il est donc également utile d'apprendre assez tôt à reconnaitre certains mots « en entier », c'est-à-dire à lire certains mots directement par « adressage », en référence au modèle à deux voies susmentionné. Précisons qu'il s'agit alors de faire apprendre aux élèves les suites de lettres qui composent les mots écrits afin de les associer directement aux formes orales correspondantes, et non de leur faire apprendre les silhouettes des mots écrits (Goigoux & Cèbe, 2006).

Par ailleurs, il est également bien établi que d'autres compétences que ces habiletés de base sont nécessaires pour qu'un élève comprenne ce qu'il lit. Ainsi, les autres piliers de l'enseignement de la lecture identifiés par le National Reading Panel sont la fluence, le vocabulaire et la compréhension. Il est bien reconnu que l'enseignement de tous ces piliers a un effet positif significatif sur l'apprentissage de la lecture d'élèves avec et sans difficultés de lecture.

Les cinq piliers du National Reading Panel :
- la conscience phonémique
- le principe alphabétique et les correspondances graphème-phonème
- la fluence
- le vocabulaire
- la compréhension

Lier l'apprentissage de la lecture à celui de l'écriture

L'apprentissage de la lecture est étroitement lié à l'apprentissage de l'autre versant du langage écrit qu'est l'écriture. Tous deux constituent des apprentissages fondamentaux qu'il est préconisé de conduire simultanément et dès les premiers stades de la scolarité (Ehri, 2000 ; Fayol, 2020). Si comme nous l'avons vu, la lecture et plus précisément la compréhension écrite mobilisent plusieurs compétences, ceci est encore plus vrai pour l'écriture : conversions de phonèmes en graphèmes ; gestes graphomoteurs pour écrire les suites de lettres dans différentes graphies (scripte, liée, majuscules, minuscules...) ; connaissance de l'orthographe lexicale et grammaticale ; capacité à produire des textes de différents types (narratif, argumentatif...). De plus, en français, une grande asymétrie existe entre la difficulté de ces deux versants du langage écrit (Fayol & Jaffré, 2014 ; Ziegler, 2018). Si lire en français est un apprentissage relativement facile, l'orthographe française est l'une des orthographes les plus difficiles au monde et apprendre à la maitriser nécessite une dizaine d'années (Fayol, 2020). Ceci s'explique principalement par le fait qu'à un même phonème peuvent correspondre plusieurs graphèmes (par exemple, le phonème /è/ peut s'écrire e, è, ê, ai, ei...), que l'orthographe lexicale comporte de nombreux graphèmes qui ne s'entendent pas (doubles consonnes, lettres étymologiques...), comme c'est également le cas pour de nombreuses marques grammaticales (s au pluriel, certaines terminaisons des verbes...). Quoi qu'il en soit, lire et écrire sont des apprentissages qu'il est recommandé de conduire simultanément, notamment parce qu'ils s'alimentent mutuellement. Par exemple, s'entrainer à écrire des lettres constitue un bon moyen de moins confondre en lecture des lettres qui se ressemblent visuellement (b, d). De même, comprendre les classes grammaticales qui distinguent le « est » de « il est » ou de « l'est » contribue à savoir comment chacun des deux se prononce. Par ailleurs, connaitre l'orthographe lexicale de « monsieur » aide à reconnaitre ce mot irrégulier « en entier » lorsqu'il est rencontré dans un texte et à lui associer la bonne forme phonologique. Ou encore, comprendre la nature grammaticale du « -ent » en fin de verbe aide à savoir que ces trois lettres ne se prononcent pas dans « ils mangent » alors qu'elles se prononcent dans « comment » ou dans « moment ». Notons qu'en référence aux méthodes d'apprentissage du langage écrit, les méthodes qui visent à développer simultanément toutes les compétences requises pour lire et écrire sont en général nommées méthodes « intégratives » ou méthodes « équilibrées ».

L'apprentissage de la lecture et celui de l'écriture constituent tous deux des apprentissages fondamentaux qu'il est préconisé de conduire simultanément dès les débuts de la scolarité. Ceux-ci s'alimentent mutuellement.

L'enseignement de la lecture auprès d'élèves avec une DI

Les recherches qui se sont intéressées à l'enseignement de la lecture auprès d'élèves avec une DI ont mis en évidence que lorsque la lecture était enseignée à ces élèves, elle l'était plus de manière globale que phonique, au point qu'en 2004, Joseph et Seery ont intitulé leur revue de littérature sur ce sujet "Where is the phonics?". Or les les recherches sur l'enseignement de la lecture auprès d'élèves présentant une DI se sont multipliées ces quinze dernières années et ont permis de mettre en évidence les approches et stratégies les plus efficaces pour faire progresser ces élèves en lecture (Sermier Dessemontet *et al.*, 2019). Il s'avère que les principes de base d'un enseignement efficace de la lecture aux élèves dits « ordinaires » sont également à recommander auprès d'élèves ayant une DI. Ainsi, un enseignement systématique des correspondances phonèmes-graphèmes et du décodage réalisé en articulation avec un entrainement de la conscience phonémique est aussi l'approche la plus efficace pour apprendre à ces élèves à décoder. Néanmoins, les élèves ayant une DI dite moyenne ont besoin d'une progression beaucoup plus graduelle ainsi que d'étayages bien plus conséquents et ciblés que ceux proposés dans les méthodes d'enseignement de la lecture disponibles sur le marché pour les élèves dits « ordinaires ». La méthode ***Décodi*** applique donc les recommandations générales pour un enseignement efficace de la lecture, tout en intégrant des adaptations, étayages et stratégies dont l'efficacité a été démontrée auprès d'élèves ayant une DI.

Que propose la méthode *Décodi*, en référence au cinq piliers de la lecture ?

• **1er pilier** : dans ***Décodi***, la **conscience phonémique** est entrainée de façon systématique et progressive. C'est bien la conscience *phonémique* (du phonème) qui est la plus pertinente dans un système d'écriture alphabétique tel que le français, dans lequel les symboles graphiques transcrivent des phonèmes (Bosse & Zagar, 2017). L'acquisition de la conscience du phonème est en soi déjà plus difficile que la conscience syllabique, par exemple ; or il n'est pas rare que les activités de conscience phonémique rencontrées dans différents supports soient particulièrement difficiles. Il n'est par exemple pas aisé pour un élève de dire s'il entend le son /t/ dans le mot « pâtisserie », d'une part parce qu'on ne lui indique pas sur quel endroit du mot focaliser son attention, d'autre part parce que le son /t/ est un phonème très bref. Par ailleurs, des études ont montré que les élèves avec une DI présentent un développement phonologique atypique, et que les tâches de conscience phonémique leur sont d'autant plus difficiles (Sermier Dessemontet *et al.*, 2017). Il est donc particulièrement important, avec ces élèves, de choisir les activités de conscience phonologique qui leur seront les plus accessibles et les plus utiles aux activités de lecture-écriture. Dans la présente méthode, les activités de conscience phonémique sont conçues de manière à ne pas surcharger leur mémoire de travail et sont choisies en fonction de leur pertinence pour le décodage (fusion de phonèmes) et pour l'encodage (i.e. activité consistant à transcrire les suites de phonèmes composant des syllabes ou des mots en suites de graphèmes ; prolongement des phonèmes dans des mots).

• **2e pilier** : les **correspondances graphèmes-phonèmes** sont quant à elles introduites dans un ordre prédéterminé. Celui-ci est largement inspiré de la progression pédagogique proposée pour le français par Sprenger-Charolles (2017), qui préconise de commencer par les correspondances graphèmes-phonèmes stables, fréquentes et dont le phonème est prolongeable (p.e. /a/, /r/, /u/, /l/). Le **décodage** est pour sa part également enseigné très explicitement et entrainé en tant que tel. En effet, plusieurs travaux ont mis en évidence que nombre d'élèves avec une DI moyenne ne parviennent pas à fusionner les phonèmes correspondant aux graphèmes (c'est-à-dire à décoder) quand bien même ils connaissent les correspondances graphèmes-phonèmes. La présente méthode propose donc une technique de « décodage en trois étapes » qui s'est avérée efficace dans des études menées dans des pays anglophones (Bradford *et al.*, 2006 ; Engelmann *et al.*, 1999 ; Fredrick *et al.*, 2013 ; Tucker Cohen *et al.*, 2008). Il est demandé aux élèves de :

1) dire le phonème correspondant à chaque graphème pointé successivement par l'adulte (p.e. pour mur : /m/ - /u/ - /r/) ;

2) lire le mot lentement en allongeant les sons continus et en suivant sous les lettres avec le doigt (p.e. /mmmuuuurrrrr/) ;
3) lire le mot rapidement, également en suivant sous les lettres avec le doigt (p.e. /mur/).

Il s'agit d'aider les élèves à passer de la connaissance du phonème associé à chaque graphème à la prononciation rapide de ces sons telle qu'elle a lieu lorsque les mots sont prononcés « naturellement », et ce en passant par une prolongation artificielle des phonèmes correspondant aux graphèmes pour encourager l'activité d'assemblage. Précisons que ces trois étapes ne sont évidemment pas un but en soi, mais bien un moyen pour que les élèves apprennent à décoder, de façon à ce qu'*in fine*, ils puissent lire le plus fluidement possible. Il s'agit donc d'une technique à utiliser provisoirement. Dans l'expérience que nous avons menée, plusieurs élèves ont décroché en décodage après une assez longue utilisation de cette technique, notamment pour les syllabes/mots de structure voyelle-consonne (ar, il...). Toutefois, si un élève parvient d'emblée à décoder différents types de syllabes/mots sans passer par ce décodage en trois étapes, il est bien entendu inutile de l'obliger à le faire.

Précisons également que dans la méthode ***Décodi***, cette procédure de décodage est entrainée dès le début, dès que les élèves ont appris le phonème correspondant à deux graphèmes (ra, ar). Ils s'entrainent tout au long de la méthode à décoder des suites de lettres de plus en plus longues (rol, fél...). Pour simplifier, ces suites de lettres sont appelées « syllabes » dans la méthode, même si elles ne correspondent pas toujours à une syllabe dans le mot dans lequel elles sont ensuite placées.

Au-delà de ces compétences de base, il a plus récemment été démontré que les élèves avec une DI bénéficient également de *comprehensive/multicomponent programs* (Afacan *et al.*, 2018), c'est-à-dire de programmes englobant aussi **les autres composantes identifiées par le NRP** comme indispensables à une compréhension écrite efficace. Ainsi, la méthode ***Décodi***, tout en visant de façon prioritaire les habiletés de base susmentionnées, intègre également dès le début les autres dimensions que sont le vocabulaire, la compréhension et la fluidité. Le vocabulaire et la compréhension sont entrainés à partir des petites comptines créées pour introduire chaque nouvelle correspondance graphème-phonème puis sur la base des phrases et textes créés pour être entièrement déchiffrables par les élèves. Il s'agit donc de phrases et de textes relativement basiques. Le vocabulaire et la compréhension des élèves mériteront d'être aussi développés dans d'autres situations, comme par exemple lors de la lecture d'albums de jeunesse adaptés en langage *Facile à Lire et à Comprendre* (*cf.* ci-dessous).

En raison de son caractère particulièrement indispensable dans la vie de tous les jours et de sa moindre difficulté par rapport à l'écriture, le versant lecture est clairement l'objectif principal de la méthode ***Décodi***. Néanmoins, étant donné les travaux sur les liens qui unissent ces deux versants du langage écrit, plusieurs apprentissages relevant de l'écriture sont également intégrés dans la méthode : calligraphie, encodage, notions relevant de l'étude de la langue comme les concepts de singulier-pluriel, féminin-masculin, nom-verbe, etc. Ces ajouts constituent une nouveauté par rapport aux travaux qui ont été menés précédemment dans la littérature anglophone sur l'apprentissage de la lecture pour élèves avec DI. Ces apprentissages-là ne constituent pas des objectifs prioritaires devant être atteints pour continuer à avancer dans la méthode. Pourtant, dans la recherche expérimentale que nous avons menée, les progrès des élèves ayant bénéficié de la méthode ***Décodi*** ont également été observés au niveau de la capacité à écrire des syllabes et des mots avec des lettres mobiles. Précisons toutefois que cette méthode n'a pas la prétention d'insister suffisamment sur les apprentissages relevant de l'écriture pour amener les élèves à maitriser la complexité de l'orthographe française.

Décodi vise plus particulièrement l'enseignement des correspondances graphèmes-phonèmes et du décodage mais intègre également plusieurs autres dimensions de la lecture et de l'écriture : vocabulaire, compréhension, calligraphie, encodage et notions grammaticales.

Une progression réfléchie autour d'apprentissages centraux et d'autres visés sur le plus long terme

Afin de ne pas survoler les apprentissages fondamentaux mais également pour ne pas répéter inlassablement certains apprentissages que les élèves peinent à intégrer, ***Décodi*** propose une progression autour d'objectifs prioritaires – nécessaires à l'avancée dans certaines leçons – et d'objectifs visés sur le plus long terme. En comprenant bien la logique de la progression pensée, l'enseignant pourra décider de l'avancée optimale pour chacun de ses élèves.

Pour décoder un mot (p.e. « vélo »), il est nécessaire de connaitre les phonèmes correspondant aux graphèmes qui le composent (v, é, l et o) et de pouvoir les fusionner. Les élèves qui parviennent difficilement à mémoriser les correspondances graphèmes-phonèmes étudiées et/ou à les fusionner auront besoin d'activités et d'étayages supplémentaires autour de ces compétences centrales mais continueront à avancer dans d'autres activités telles que conscience phonémique, découverte d'autres correspondances graphèmes-phonèmes, calligraphie, enrichissement du vocabulaire, et compréhension d'un court texte lu par l'adulte. Distinguer des compétences qui doivent être acquises dès que possible de compétences qui peuvent être visées sur le plus long terme permet de fournir aux élèves les révisions dont ils ont besoin tout en maintenant leur intérêt par l'introduction régulière de nouveautés.

Les élèves qui mémorisent bien les correspondances graphèmes-phonèmes étudiées et qui arrivent à les fusionner avanceront assez rapidement dans l'ensemble des leçons et découvriront, à chaque nouvelle correspondance graphème-phonème introduite, de nouveaux mots qu'ils seront capables de décoder. En plus des activités listées ci-dessus, auxquelles ils pourront participer avec des camarades qui ne parviennent pas à mémoriser aussi facilement les correspondances graphèmes-phonèmes, les élèves plus « rapides » seront amenés, au fur et à mesure des leçons, à reconnaitre des mots-outils, à lire des phrases, à aborder des notions relevant de l'étude de la langue, à lire des textes de différents types ainsi qu'à entrainer leur fluence.

Cette progression différenciée permettra aux enseignants travaillant dans des classes spécialisées avec plusieurs élèves ayant une DI et étant non-décodeurs de réaliser au moins la moitié des séances avec un groupe d'élèves (plutôt qu'en individuel), ce qui rendra cet enseignement plus compatible avec leur emploi du temps. Néanmoins, les leçons peuvent également très bien être réalisées en individuel. Pour aider l'enseignant à déterminer comment continuer à avancer dans la méthode, de brèves évaluations formatives sont proposées à la fin de chaque leçon. Le parcours à suivre, également précisé à la fin des leçons, dépend de la réussite ou non à ces évaluations formatives.

La méthode ***Décodi*** propose une progression autour d'objectifs prioritaires et d'objectifs visés sur le plus long terme. Ainsi, si certains objectifs doivent être atteints pour avancer dans une série de leçons, les élèves avec des difficultés plus importantes peuvent tout de même avancer dans une autre série de leçons.

2 Enseigner comment ?

Un enseignement intensif, explicite et systématique

Les élèves avec DI bénéficient :

- d'un enseignement intensif (quatre à cinq fois 20 à 30 minutes par semaine) ;
- d'un enseignement explicite et systématique, incluant :
  - les phases de modelage, de pratique guidée puis de pratique autonome ;
  - des feedbacks systématiques pour valider ou corriger les réponses des élèves avec la technique du délai constant (laisser aux élèves un nombre fixe et limité de secondes pour répondre *cf.* ci-dessous) ;
  - des révisions fréquentes et cumulatives ;
- d'étayages du moins au plus « intrusif » (*cf.* ci-dessous) ;
- d'un langage *Facile à Lire et à Comprendre* ;
- de mises en évidence des objets d'apprentissage pour éviter les malentendus ;
- du recours, parfois, à des récompenses.

Étant donné les difficultés d'apprentissage que les élèves avec une DI rencontrent, ceux-ci **doivent généralement bénéficier de plus d'enseignement que leurs camarades au développement « ordinaire »**, et ce même pour atteindre des objectifs adaptés (Browder *et al.*, 2006 ; Allor *et al.*, 2014). Il est donc recommandé que chaque élève bénéficie de leçons de lecture quotidiennes de 20 à 30 minutes. Dans l'expérience que nous avons menée, les classes dans lesquelles seulement deux leçons hebdomadaires ont pu être mises en place n'ont pu couvrir que la moitié du programme prévu pour la durée de l'intervention.

Les recherches sur l'enseignement de la lecture auprès d'élèves avec une DI – de même que les recherches sur d'autres apprentissages auprès d'élèves présentant d'autres difficultés – ont montré qu'**un enseignement explicite profite plus à ces élèves** qu'un enseignement « naturel » ou constructiviste (Allor *et al.*, 2014). L'enseignement explicite – parfois qualifié aussi de direct, systématique ou structuré – se caractérise par une transmission des savoirs et l'acquisition d'habiletés et de compétences par les élèves qui sont fortement guidées par l'enseignant. Dans ce type de démarche, l'enseignement est dit structuré en ce qu'il procède par étapes séquencées et fortement intégrées. C'est le cas de la méthode ***Décodi***, où les prérequis de tel apprentissage sont introduits avant celui-ci, qui constitue lui-même le prérequis d'un apprentissage ultérieur, et ainsi de suite. Par enseignement explicite, on entend également la mise en évidence – l'explicitation – des objets d'apprentissage et des procédures à utiliser. En effet, si les élèves en facilité scolaire réalisent par eux-mêmes et de façon implicite toute une série de déductions et d'apprentissages, ce n'est souvent pas le cas des élèves présentant des difficultés d'apprentissage et encore moins le cas des élèves avec une DI. Dans ***Décodi***, tout est explicité : la lettre majuscule ne peut être rencontrée qu'en début d'un mot, les mots d'une phrases sont séparés par des espaces, les signes de ponctuation ne font pas de son, certains mots peuvent être lus en assemblant les sons que font les lettres qui les composent et d'autres doivent être reconnus « en entier »...

Dans cet ordre d'idée, si la méthode ***Décodi*** recourt dans l'ensemble à un **matériel plutôt sobre, quelques couleurs sont utilisées** pour illustrer des procédures à utiliser :

- les mots pouvant être lus par décodage sont écrits en noir ;
- les lettres muettes sont grisées ;
- les graphèmes complexes, dans lesquels deux ou trois lettres sont inséparables, sont écrits en violet ;
- les mots devant être reconnus « en entier » (les mots-outils, les mots irréguliers, ou alors les mots dont on ne connait pas encore toutes les lettres) sont écrits en bleu.

Lors de la conduite d'une leçon dans ce type d'enseignement, l'enseignant commence par montrer aux élèves ce qu'il s'agit de faire (**modelage**) (Gauthier *et al.*, 2013 ; Hollingsworth & Ybarra, 2012). Ensuite, l'enseignant accompagne les élèves dans la réalisation de l'activité (**pratique guidée**) pour leur faire ensuite accomplir la tâche seuls (**pratique autonome**). Il est également important que l'enseignant planifie des **révisions fréquentes et cumulatives**, c'est-à-dire que les savoirs et habiletés précédemment enseignés soient régulièrement réactivés, et qu'au fur et à mesure de l'avancée dans la méthode, les nouveaux apprentissages soient insérés dans ces réactivations. Il ne s'agit pas de réviser à chaque fois tous les apprentissages réalisés jusqu'à un certain point mais d'organiser un roulement dans ces révisions. Ce roulement est prévu dans la méthode ***Décodi*** : p.e., les graphèmes nécessaires au décodage des mots de telle leçon sont introduits dans la révision du début de leçon, les principales compétences acquises au sein d'un module sont réactivées en fin de module, etc. Il est à noter qu'en révisant les apprentissages régulièrement, les révisions se font de plus en plus rapidement, ce qui rend possible le fait de réactiver régulièrement des objets d'apprentissage de plus en plus nombreux. Rappelons que ***Décodi*** a été pensé pour des élèves avec une DI moyenne et que **de nombreux modelages, étayages et révisions ont été intégrés**. Il s'agira pour l'enseignant d'adapter la quantité de ces aides en fonction des besoins de ses élèves, en particulier si ceux-ci présentent des limitations moins conséquentes (DI légère) ou démontrent plus d'aisance que prévu dans les apprentissages proposés.

Dans ce type de démarche pédagogique auprès d'élèves avec une DI, il est souvent préconisé d'utiliser une **procédure de feedbacks correctifs** (rétroactions) systématiques pour valider ou à l'inverse corriger la réponse d'un élève, procédure incluant la technique dite du **délai constant** (*constant time delay*, Tucker Cohen *et al.*, 2008). Cette procédure de feedback diffère légèrement selon que la réponse attendue de l'élève soit orale (dire le son que fait une lettre, décoder un mot...) ou motrice (montrer une lettre dans un texte, mettre une carte dans une boite, écrire un mot avec des lettres mobiles...). De manière générale, après avoir posé une question à un élève, l'enseignant lui laisse un temps constant et court, environ 4 secondes, pour répondre. Si l'élève répond correctement durant ce laps de temps, l'enseignant valide la réponse et le félicite. Si l'élève ne répond pas ou répond de manière erronée durant cet intervalle, l'enseignant donne la bonne réponse (il dit ou montre la bonne réponse). Il repose ensuite directement la même question au même élève, en lui laissant toujours le même temps pour répondre. Si à cette deuxième tentative l'élève répond correctement, l'enseignant valide la réponse et le félicite. Si l'élève ne répond de nouveau pas ou répond à nouveau de manière erronée, l'enseignant redonne la bonne réponse (il redit la bonne réponse à l'élève ou lui fait produire la bonne réponse par guidance physique). L'enseignant n'insiste pas au-delà et passe à la suite. Utilisées de façon systématique, ces techniques ont le mérite de dynamiser le rythme d'enseignement, de fournir des réponses claires sur le caractère correct ou non des réponses des élèves, ainsi que de dédramatiser les situations dans lesquelles ils ne connaissent pas la réponse à la question posée.

En plus de ces feedbacks correctifs systématiques, l'enseignant peut également recourir à un système d'**étayage gradué** (du moins au plus « intrusif ») (least *to most intrusive prompts*, Downing, 2010) au lieu de donner directement la réponse à un élève qui ne parvient pas à répondre à une demande. Par exemple, lorsque l'enseignant demande à un élève d'écrire le mot « lire » avec des lettres mobiles et que celui-ci ne répond pas, l'enseignant peut commencer par le solliciter à nouveau verbalement, en lui reposant la question ou alors en lui disant « vas-y, à toi ». Si nécessaire, il peut éventuellement aussi lui donner une petite incitation physique, par exemple en lui montrant les lettres mobiles ou en lui faisant un petit geste sur l'épaule. Il est également possible de donner des indices aux élèves pour les aider à trouver la réponse sans la leur donner complètement : p.e., l'enseignant peut demander à l'élève par quelle lettre commence le mot à écrire, en prolongeant le premier son du mot : « Écoute bien, /lllllir/ ». L'enseignant peut fournir une aide encore plus soutenue en donnant la première lettre à l'élève et en lui demandant de trouver la deuxième, et ainsi de suite. Dans l'ensemble, l'idée est de donner des impulsions aux élèves dans un ordre croissant. L'enseignant attend à chaque fois un délai constant et court (environ 4 secondes) avant de donner un étayage plus intrusif (plus soutenu). Dans ce genre de séquence, il faut veiller à ne pas trop allonger la série d'étayages fournis, et être attentif à ce que l'élève se rappelle bien de la question initiale (la lui rappeler si nécessaire).

Comme autre système d'incitation, des **récompenses** peuvent parfois également être données aux élèves. De manière générale, en pédagogie, on a tendance à privilégier la motivation intrinsèque, c'est-à-dire qu'on cherche préférentiellement à ce que les actions soient conduites par l'intérêt et le plaisir que les élèves y trouvent, sans attente de récompense externe (Lieury & Fenouillet, 2013). Toutefois, les élèves présentant une DI ont en général une motivation intrinsèque plus basse que celle de leurs pairs. De plus, ils risquent de passer un certain temps à renforcer des compétences de base, par exemple à mémoriser les correspondances graphèmes-phonèmes, qui ne constituent pas forcément des activités passionnantes en tant que telles. Ainsi, les élèves peuvent se voir attribuer une petite récompense après chaque réussite. Ces récompenses peuvent être sociales (« tope là ! ») ou matérielles (des jetons, des tampons-smileys, un autocollant...). Selon la préférence de l'enseignant et les besoins des élèves, les récompenses peuvent éventuellement être attribuées de manière coopérative et légèrement différée : p.e., à chaque fois qu'un élève répond correctement, un jeton est placé dans un pot, et lorsque les élèves ont obtenu 20 jetons ensemble, ils peuvent choisir un album que leur enseignant leur lira en fin de journée. Nos expériences sur le terrain nous ont par ailleurs montré qu'un système de récompenses personnalisé est tout particulièrement important auprès d'élèves cumulant DI et trouble du spectre de l'autisme, qui manifestent souvent très peu de motivation à répondre aux questions et incitations de l'enseignant (p.e., restent passifs pendant les activités). Dans ces cas-là, les récompenses sont plus efficaces si elles correspondent aux intérêts des élèves, en produisant des stimuli sensoriels qui leur sont particulièrement plaisants (p.e., l'élève a le droit de tourner un hand spinner lumineux après une bonne réponse, ou l'enseignant fait des bulles de savon pour un élève qui adore ça après 10 bonnes réponses de sa part, représentées par des jetons).

Par ailleurs, et notamment suite aux travaux sur les malentendus sociocognitifs (Bautier & Rochex, 1997 ; Chauveau & Rogovas-Chauveau, 1992), il est également préconisé **d'annoncer** en début de leçon sur quels apprentissages celle-ci va porter, ainsi que de **synthétiser** en fin de leçon les apprentissages effectués. Ceci permet aux élèves en difficulté d'identifier les apprentissages pertinents afin de mieux les retenir. Par exemple, lorsqu'il s'agit de procéder à de la fusion de phonèmes avec des pièces de LEGO®, il est important que les élèves retiennent qu'ils ont appris à « coller des sons ensemble dans le bon ordre », et non à « jouer avec des LEGO® ». Ainsi, chaque leçon commence par l'annonce de ses objectifs et se termine par la synthèse des apprentissages réalisés. Il incombera bien sûr à l'enseignant d'adapter ces explications en fonction de ses élèves.

Enfin, de manière plus générale, il est recommandé de s'adresser aux personnes avec une DI dans un langage **Facile à Lire et à Comprendre** (FALC, Gangloff, 2015) afin d'accroitre leur compréhension et donc leurs opportunités de participation sociale. Ce langage a ses origines dans les mouvements des années 1970-1980 (Personne d'Abord, Inclusion Europe), où des personnes en situation de handicap se sont réunies afin de défendre leurs droits, notamment celui d'avoir accès aux informations les concernant. Étant donné les fréquentes difficultés de compréhension de ces personnes, formuler les informations selon certaines règles permet d'en faciliter l'accessibilité. Ce langage est caractérisé par l'utilisation de mots simples ou bien expliqués, l'utilisation d'un même mot pour parler de la même chose tout au long d'un document, la formulation de phrases courtes, directes, positives et actives, etc.

Dans la méthode ***Décodi***, qui se veut clé en main, nous avons rédigé en bleu, dans un langage s'inspirant des principes du FALC, les explications et questions qui s'adressent aux élèves, que les enseignants peuvent donc en principe formuler tel quel. Nous avons fait le choix d'exposer les élèves dès le début de la méthode à certains termes relativement précis : le nom et le son des lettres, majuscule et minuscule, lettre muette... Il est intéressant de relever que si certains enseignants craignaient, au départ de la recherche menée, que ces explications soient trop complexes pour leurs élèves, ils ont été plusieurs à s'étonner de les voir répéter assez spontanément certains de ces termes en pointant ce à quoi ils se référaient. Les explications rédigées en noir s'adressent quant à elles aux enseignants. Ainsi, si nous parlons par exemple de « sons des lettres » dans les explications qui s'adressent aux élèves, nous utilisons le terme « phonèmes » à l'intention des enseignants.

3 Présentation générale des leçons

Structure des leçons

À chaque correspondance graphème-phonème nouvellement introduite correspondent plusieurs leçons : une leçon **d'introduction** de la correspondance graphème-phonème, une leçon de **calligraphie** (pour les élèves dont les capacités motrices permettent la tenue d'un outil scripteur), une leçon de **remédiation de la correspondance graphème-phonème** si nécessaire, une leçon de **décodage**, une leçon **d'encodage** ainsi qu'une leçon de **remédiation du décodage** si nécessaire. Le contenu de chacun de ces types de leçon est fortement ritualisé d'une correspondance graphème-phonème à l'autre. Ainsi, si au début de la méthode l'enseignant peut avoir l'impression qu'un grand nombre de nouveautés sont abordées, toutes les activités sont reprises dans les mêmes leçons portant sur les correspondances graphèmes-phonèmes suivantes. Concrètement, toutes les leçons d'introduction des correspondances graphèmes-phonèmes se ressemblent, de même que toutes les leçons de décodage, et ainsi de suite. Notons que certaines leçons ont été pensées pour être faites deux fois. C'est le cas par exemple des leçons d'introduction, dans lesquelles les élèves sont amenés à répondre à des questions sur un petit texte lu par l'adulte, ou de trier des images selon que le mot qu'elles représentent commence ou non par tel phonème cible. Durant la recherche menée, les enseignants nous ont souvent dit que ces leçons valaient vraiment la peine d'être effectuées deux fois, car certaines activités qui paraissaient difficiles lors de la première présentation étaient beaucoup mieux réussies par les élèves lors de la deuxième. Dans la méthode ***Décodi***, des précisions sont, le cas échant, indiquées en fin de leçon.

La grande majorité des leçons dure entre 20 et 30 minutes. Quelques-unes d'entre elles (p.e. certaines leçons de fin de module) sont plus longues et mériteront probablement d'être scindées en deux voire en trois sessions. Il est également possible que quelques autres leçons (p.e. certaines leçons de remédiation) durent moins de 20 minutes, permettant parfois de réaliser deux leçons différentes en une trentaine de minutes. Il incombe à l'enseignant de faire ces ajustements en fonction de ses élèves. Lorsqu'une leçon est réalisée en plusieurs sessions, l'enseignant fait simplement une brève synthèse des apprentissages effectués avant de terminer la première session. Lorsqu'il reprend la suite de cette leçon, il annonce simplement les objets d'apprentissage sur lesquels va porter cette session et réactive brièvement les connaissances nécessaires à celle-ci.

Enfin, pour ce qui est des **leçons de remédiation**, que ce soit des correspondances graphèmes-phonèmes ou du décodage, elles sont indiquées par des titres en orange. Elles sont à effectuer **uniquement si les objectifs de la leçon précédente n'ont pas été atteints**. Il est donc indispensable de se baser sur les évaluations formatives pour déterminer si elles sont nécessaires ou non. En effet, les réaliser de façon automatique alors que les apprentissages visés sont déjà maitrisés ralentirait inutilement les élèves dans leur progression, voire pourrait engendrer des comportements oppositionnels chez certains.

Les correspondances graphèmes-phonèmes sont regroupées en « modules » comportant les leçons de trois ou quatre correspondances graphèmes-phonèmes (module 1 = a, r, u, i, etc.). À la fin d'un module, autrement dit à la fin de toutes les leçons concernant les trois ou quatre correspondances graphèmes-phonèmes qui constituent un module, une ou plusieurs leçons de fin de module sont prévues. Ces leçons visent autant à réviser les apprentissages effectués au sein du module concerné qu'à introduire certains nouveaux apprentissages. En somme, les différentes composantes importantes de la lecture mentionnées plus haut sont abordées au fur et à mesure des leçons et des modules.

Les élèves qui mémorisent les correspondances graphèmes-phonèmes étudiées avancent dans l'entier des leçons	Les élèves qui ne parviennent pas bien à mémoriser les CGP avancent dans ces leçons	Leçon d'introduction de la CGP Leçon de calligraphie de la CGP Leçon de remédiation de la CGP (si nécessaire)
		Leçon de décodage Leçon d'encodage Leçon de remédiation du décodage (si nécessaire) Leçons de fin de module

Objectifs des leçons

Les leçons sont organisées autour d'objectifs prioritaires et d'autres plus secondaires. Plus précisément, les leçons **d'introduction, de calligraphie et de remédiation de la correspondance graphème-phonème** portent sur la mémorisation de la correspondance graphème-phonème concernée, du vocabulaire, de la compréhension d'un petit texte lu par l'adulte, de la conscience phonémique et de la calligraphie. Ces leçons peuvent donc être réalisées par tous les élèves, qui peuvent avancer d'une correspondance graphème-phonème à l'autre même s'ils ne les mémorisent pas bien.

Par contre, les leçons de **décodage, d'encodage et de fin de module** sont destinées aux élèves qui retiennent les correspondances graphèmes-phonèmes étudiées, afin qu'ils apprennent à les fusionner en mots et qu'ensuite ils puissent lire des phrases et des textes. Ces leçons de décodage et d'encodage sont composées d'unités (syllabes, mots, phrases) qui sont complètement décodables/encodables grâce aux correspondances graphèmes-phonèmes étudiées jusque-là. Par exemple, quand les élèves ont étudié les correspondances graphèmes-phonèmes a, r, u, i, l et o et qu'ils apprennent la correspondance graphème-phonème f, alors les mots « fort » et « fil » peuvent être lus ; puis quand le é est introduit, ce sont alors les mots « filé » et « allé » qui peuvent être introduits. Ainsi, les leçons de décodage et d'encodage seront parfaitement à la portée des élèves qui retiennent les correspondances graphèmes-phonèmes apprises au fur et à mesure de la méthode, mais ne seront vraisemblablement pas accessibles aux élèves qui ne mémorisent pas les correspondances graphèmes-phonèmes étudiées. Il sera alors préférable pour eux d'en rester, en tout cas momentanément, aux apprentissages prévus dans les leçons d'introduction, de calligraphie et de remédiation des correspondances graphèmes-phonèmes, pour raccrocher dès que possible sur les leçons de décodage et d'encodage. Concevoir ainsi deux types de « parcours » permet qu'environ une moitié des leçons soit réalisée en collectif. Les différents parcours à suivre sont précisés en fin de leçon.

Exemple de mise en place avec des élèves ayant des rythmes d'apprentissage différents

Admettons que dans une classe donnée, l'enseignant mette en place cinq leçons de la méthode ***Décodi*** d'une trentaine de minutes par semaine. S'il y a dans cette classe un élève qui mémorise difficilement les correspondances graphèmes-phonèmes et deux élèves qui les mémorisent bien, l'enseignant pourra organiser son enseignement comme suit :

- Lundi : leçon d'introduction d'une correspondance graphème-phonème avec les trois élèves ;
- Mardi : deuxième présentation de la leçon d'introduction avec les trois élèves ;
- Mercredi : leçon de calligraphie avec les trois élèves ;
- Jeudi :
  - leçon de remédiation de la correspondance graphème-phonème avec l'élève qui les mémorise difficilement (15 min) ;
  - leçon de décodage avec les deux élèves qui mémorisent bien les correspondances graphèmes-phonèmes (20 min) ;
- Vendredi :
  - leçon de remédiation de la correspondance graphème-phonème avec l'élève qui les mémorise difficilement (10 min) ;
  - leçon d'encodage avec les deux élèves qui mémorisent bien les correspondances graphèmes-phonèmes (20 min).

Semaine suivante

- Lundi : leçon d'introduction de la correspondance graphème-phonème suivante avec les trois élèves ;
- Mardi : deuxième présentation de la leçon d'introduction avec les trois élèves ;
  etc.

4 Avant de commencer

Préparation des lettres mobiles

Des lettres mobiles ont été créées pour la méthode ***Décodi***. Elles ont une police de caractère claire et sobre. Elles sont à faire imprimer et découper dans un laboratoire Fablab, à très petits frais, où elles peuvent être obtenues directement dans les couleurs prévues par la méthode. Vous trouverez de plus amples informations ainsi que le fichier de découpe à télécharger depuis un Fablab sur le site https://www.hepl.ch/lettresmobiles.

Boite pour les activités de conscience phonologique

La plupart des activités de conscience phonologique requièrt que les élèves trient des cartes-images selon qu'on entend ou pas le phonème ciblé par la leçon à tel endroit du mot représenté. Il faut donc une boite (par exemple, une boite à chaussures), sur laquelle on accrochera avec un gros trombone la carte-graphème correspondant au phonème cible, pour que les élèves puissent y mettre les images des mots dans lesquels on entend ce phonème cible. Les images des mots dans lesquels on ne l'entend pas resteront alors à l'extérieur de la boite. Certains enseignants ont trouvé que leurs élèves comprenaient mieux l'activité lorsqu'il y avait deux boites : une pour les images des mots dans lesquels on entend le phonème cible et une pour les images des mots dans lesquels on ne l'entend pas.

Plastifier le matériel

Les différents supports (cartes-images, cartes-lettres, cartes-mots, cartes-flèche...) utilisés dans la méthode sont souvent manipulés, par l'enseignant et par les élèves. Ils resteront en meilleur état s'ils sont plastifiés dès le début de l'utilisation de la méthode, ou à minima imprimés sur du papier légèrement cartonné (160 mg).

Se préparer à animer les leçons

Dans cette méthode qui se veut « clé en main », les leçons sont écrites mot à mot. Toutefois, avant d'animer chaque leçon, il est indispensable de bien prendre connaissance de son contenu et de s'entrainer à la mener. Ceci est important tant pour être à l'aise et attentif aux élèves durant les leçons que pour faire les adaptations nécessaires en fonction de chacun d'eux. Ces préparations sont particulièrement importantes au début de l'utilisation de la méthode. Au fur et à mesure de l'avancée, l'enseignant deviendra de plus en plus familier avec le déroulement de chaque type de leçon, jusqu'à connaitre quasiment par cœur les explications à donner, les questions à poser et les feedbacks à fournir.

5 Foire aux questions

La section ci-après contient les réponses à des questions qui nous ont souvent été posées par les enseignants lors de la recherche menée.

a. Dans la méthode **Décodi** *telle qu'elle est rédigée, il y a de nombreuses explications et répétitions. Suis-je obligé de toutes les donner telles quelles à mes élèves ?*

Non ! La méthode ***Décodi*** a été pensée pour des élèves rencontrant des difficultés d'apprentissage très conséquentes. Il appartient vraiment à chaque enseignant d'ajuster les explications et les répétitions nécessaires en fonction de la connaissance qu'il a de ses élèves. Si au bout de quelques leçons d'introduction, à peine la boite est-elle sortie que les élèves savent déjà qu'il va s'agir de l'activité de tri des images en fonction du premier phonème, il n'est pas nécessaire de modeler. Si les élèves mémorisent facilement les correspondances graphèmes-phonèmes, il n'est pas nécessaire de les réactiver systématiquement au début des leçons de décodage et d'encodage. Si les élèves parviennent rapidement à décoder les syllabes et les mots en fusionnant les phonèmes correspondant aux graphèmes, il est inutile de les forcer à passer par le « décodage en trois étapes ». Dans la recherche que nous avons menée, certains enseignants qui avaient des élèves plus « rapides » nous ont dit qu'ils étaient ravis de pouvoir aller, pour une fois, plus vite que la méthode proposée !

b. La procédure de feedback préconise de reposer directement la même question au même élève en cas de réponse erronée de sa part, et ce alors qu'on vient juste de lui donner la bonne réponse. Or il me semble qu'un de mes élèves est agacé par cette façon de faire. Dois-je l'y contraindre quand même ?

Non ! L'idée de cette réinterrogation juste après avoir donné la réponse correcte est de favoriser la rétention de la bonne association tout autant que de donner l'opportunité à l'élève de rester sur une réussite. Or, si un élève s'agace face à cette procédure qui peut paraitre un peu injonctive, il risque de commencer à donner des réponses alternatives... Dans la recherche que nous avons menée, cette réinterrogation systématique ne convenait effectivement pas très bien à certains élèves, en l'occurence à des élèves à tendance un peu oppositionnelle. Les enseignants concernés ont assez spontanément opté pour la mise de côté de l'item sur lequel leur élève s'était trompé afin de le réinterroger un peu plus tard, ce qui convenait mieux.

c. Dans la méthode **Décodi***, il est proposé d'illustrer la fusion de phonèmes (à l'oral) en accrochant des pièces de LEGO® ensemble, et d'illustrer l'allongement de phonèmes dans les mots en étirant les bras. Il me semble que ces « supports » ne conviennent pas bien à mes élèves, qui tantôt jouent avec les LEGO®, tantôt tapent leurs camarades avec leurs bras ! Puis-je utiliser par exemple des lettres mobiles à la place ?*

Le support pour ces activités n'est vraiment qu'une façon d'illustrer les activités de fusion et d'allongement des phonèmes. Les objectifs derrière ces « prérequis » sont bien de s'entrainer à « coller » des sons ensemble dans le bon ordre (tel qu'on doit le faire lorsqu'on décode) et d'allonger des sons dans des mots (tel qu'on doit le faire lorsqu'on encode), et en aucun cas de savoir le faire en accrochant des pièces de LEGO® ou en étirant les bras. Ainsi, si ces objectifs de fusion ou d'allongement sont atteints sans support ou avec un autre support, c'est parfait ! Dans la version prototype de cette méthode, nous avions prévu un élastique pour ces activités, mais ce n'était pas très concluant... Dans la recherche menée, certains enseignants ont simplement symbolisé ces activités en joignant ou en éloignant les mains. D'autres ont utilisé des blocs de bois accrochés par des Velcro®. Il faut juste être attentif au fait que ces activités sont prévues à l'oral (donc sans les lettres), en guise de prérequis aux activités de décodage et d'encodage qui, elles, portent sur les lettres. Ainsi, l'activité d'allongement des sons dans les mots a pour but d'aider les élèves à entendre les sons composant les mots, dans le bon ordre, pour ensuite pouvoir associer à chacun d'eux le graphème correspondant. Cette compétence devrait leur permettre, à terme, de pouvoir écrire – au moins phonologiquement – différents mots. L'activité n'est donc pas tout à fait la même si l'on demande à un élève d'allonger les sons dans un mot à partir du mot écrit. De la même manière, si l'on remplace l'activité de fusion de phonèmes à l'oral (avec des pièces de LEGO®) par une fusion de lettres mobiles, il s'agira d'une activité de décodage à part entière plutôt que d'une activité de conscience phonologique à proprement parler. Précisons que si ces prérequis sont travaillés régulièrement dans la méthode, ils ne constituent pas pour autant des objectifs devant être atteints par les élèves pour continuer à avancer dans les leçons. C'est dire que si les élèves parviennent à atteindre les objectifs visés (décodage et encodage) sans parvenir à réaliser les supposés « prérequis », c'est que ces derniers ne leur sont visiblement pas d'une grande aide. Les « prérequis » peuvent dans ce cas être abandonnés.

d. Les parents de mes élèves sont ravis que leur enfant apprenne à lire et sont très intéressés par la méthode. Ils me demandent si je peux leur donner des devoirs à faire avec eux à la maison. Est-ce possible ?

Bien sûr ! Les parents d'enfant avec un handicap, ainsi que l'enfant lui-même, sont parfois très contents d'avoir des devoirs à faire « comme les autres ». Il ne faut donc pas hésiter à leur en donner. Il faudra juste veiller à ce que ces devoirs se passent dans de bonnes conditions. Les devoirs sont censés porter plus sur l'automatisation de connaissances déjà acquises par l'enfant que sur l'appropriation de nouvelles connaissances. Certaines activités de la méthode ***Décodi*** se prêteront donc très bien à ce type d'objectifs : relire des mots que l'élève sait décoder, encoder des mots qu'il est capable d'encoder, trier des images en fonction du premier son qu'on entend dans le mot, réaliser certaines activités du cahier d'écriture, etc. Il est par contre probablement préférable de ne pas confier aux parents des apprentissages nécessitant des connaissances didactiques et pédagogiques relativement pointues, ou alors en veillant à bien leur expliquer comment mener de telles activités.

e. Je suis tout à fait d'accord que les élèves à qui la méthode **Décodi** *s'adresse ont besoin d'un enseignement intensif mais je n'arrive pas à dégager cinq moments d'enseignement de la lecture par semaine. Que faire ?*

Ces difficultés sont bien connues dans la littérature et elles ont aussi été rencontrées dans l'expérience que nous avons menée. Il nous semble que la place accordée à l'enseignement de la lecture et les conditions de sa mise en œuvre pourraient faire l'objet d'une politique d'institution. En effet, maintenant qu'il est bien démontré que ces élèves peuvent apprendre à lire et que des méthodes adaptées commencent à exister, peut-être que les priorités pourraient être revues dans certaines situations, ou que différentes solutions pourraient être imaginées entre les acteurs (décloisonnement, présence de stagiaires...).

f. Puis-je utiliser la méthode **Décodi** *avec des élèves qui ont une déficience intellectuelle légère ?*

Oui tout à fait. Environ un tiers des élèves qui ont participé à notre étude présentaient des limitations plus légères et la méthode a montré de bons résultats avec eux également. Néanmoins, avec ces élèves, nous vous conseillons de diminuer assez rapidement la quantité d'étayage fourni et de ne pas hésiter à aller plus vite si vous voyez que cela est possible (voir question a.).

g. Puis-je utiliser la méthode **Décodi** *avec des élèves qui rencontrent des difficultés en décodage sans déficience intellectuelle ?*

Non, en tout cas pas telle quelle. Certains principes de cette méthodes sont tout à fait valables pour des élèves rencontrant des difficultés de décodage sans déficience intellectuelle (des élèves dyslexiques p.e.), comme : entrainer la conscience phonémique, enseigner les correspondances graphèmes-phonèmes et le décodage de manière explicite, systématique et progressive, entrainer les élèves à décoder et à reconnaitre certains mots « en entier », entrainer la fluence, faire lire des mots, phrases et textes en bonne partie déchiffrables... Toutefois, cette méthode a été conçue pour des élèves présentant une déficience intellectuelle et des limitations relativement importantes. Elle prévoit une progression par « petits pas » et propose de nombreux modelages, étayages et révisions. Le risque serait donc de ralentir et d'ennuyer des élèves qui ont des compétences cognitives préservées.

h. Je ne sais pas bien comment ranger mon matériel **Décodi** *pour que la préparation de chaque leçon ne me prenne pas trop de temps. Auriez-vous un conseil ?*

Commençons par préciser que si ce genre de matériel « clé en main » a pour objectif d'économiser du temps de conception et de préparation aux enseignants, il leur restera quand même, et de façon inévitable, un travail conséquent de préparation des leçons. Il faut toutefois garder à l'esprit qu'il est moins chronophage de chercher des images ou des mots classés dans une boite que de chercher soi-même, pour chaque exercice, des mots qui conviennent à l'activité, qui soient entièrement déchiffrables tout en étant fréquents ou de trouver des images faciles à interpréter... Dans l'expérience que nous avons menée, certains enseignants ont rangé le matériel par correspondance graphème-phonème dans des pochettes, certains par module dans des cartons. D'autres enseignants ont préféré photocopier à plusieurs exemplaires certains supports et préparer des enveloppes avec tout le matériel nécessaire à chaque leçon. Après un peu de pratique, chaque enseignant trouvera probablement la façon de procéder qui lui conviendra le mieux.

i. Puis-je utiliser cette méthode avec des élèves qui présentent une déficience intellectuelle et n'arrivent pas à s'exprimer par oral, qui utilisent des moyens alternatifs et augmentés de communication (gestes, pictogrammes, logiciel GoTalk Now sur iPad) ?

L'acquisition du langage écrit est d'autant plus importante pour ces élèves qui ne peuvent s'exprimer oralement. Après le projet de recherche qui a conduit à la présente méthode, nous avons justement enchainé avec le développement des adaptations nécessaires pour ces élèves-là. Dans l'ensemble, cette méthode est également indiquée pour les élèves qui ne s'expriment pas oralement et la plupart des activités peuvent être faites avec eux. Toutefois, les modalités de réponse doivent être adaptées pour ces élèves, en leur proposant par exemple de pointer la bonne réponse parmi un choix multiple. Ces différentes adaptations sont en cours de réalisation dans notre équipe de recherche.

De plus, la technologie numérique représente un soutien particulièrement précieux avec ces élèves. Dans ce sens, nous avons développé une application (***Décodi. Apprendre à lire pas à pas***) qui permet aux élèves non-verbaux de s'entrainer à associer les unités écrites aux unités orales correspondantes. Ces activités peuvent d'ailleurs également être réalisées par les élèves qui peuvent s'exprimer oralement, en guise de prolongement ou de pratique autonome. Cette application peut être téléchargée sur tablette (App Store, Google Play). Vous touverez de plus amples informations sur cette application et sur d'autres ressources pour ces élèves sur le site https://www.hepl.ch/ELODImateriel

Références bibliographiques

Afacan K., Wilkerson K.L. & Ruppar A.L. (2018), "Multicomponent reading interventions for students with intellectual disability", *Remedial and Special Education*, 39 (4), p. 229-242, https://doi.org/10.1177/0741932517702444

Allor J.H., Mathes P.G., Roberts J.K., Cheatham J.P. & Al Otaiba S. (2014), "Is scientifically based reading instruction effective for students with below-average IQs?", *Exceptional Children*, 80 (3), p. 287-306, https://doi.org/10.1177/0014402914522208

Bautier E. & Rochex J.-Y. (1997), « Apprendre : des malentendus qui font la différence », in J.-P. Terrail (Ed.), *La Scolarisation de la France*, Paris, La Dispute, p. 105-122

Bosse M.-L. & Zagar D. (2017), « La conscience phonémique en maternelle : État des connaissances et proposition d'évolution des pratiques pédagogiques actuelles », *Approche neuropsychologique des apprentissages chez l'enfant*, 139 (27), p. 573-582

Bradford S., Shippen M.E., Alberto P., Houchins D.E. & Flores M. (2006), "Using systematic instruction to teach decoding skills to middle school students with moderate intellectual disabilities", *Education and Training in Developmental Disabilities*, 41 (4), p. 333-343

Braibant J.-M. & Gérard F.-M. (1996), « Savoir lire : une question de méthode de méthodes ? » *Bulletin de psychologie scolaire et d'orientation*, 1, p. 7-45

Browder D., Ahlgrim-Delzell L., Flowers C. & Baker J. (2012), "An evaluation of a multicomponent early literacy program for students with severe developmental disabilities", *Remedial and Special Education*, 33 (4), p. 237-246, https://doi.org/10.1177/0741932510387305

Browder D.M., Wakeman S.Y., Spooner F., Ahlgrim-Delzell L. & Algozzine B. (2006), "Research on reading for individuals with significant cognitive disabilities", *Exceptional Children*, 72, p. 394-408

Castles A., Rastle K. & Nation K. (2018), "Ending the reading wars: Reading acquisition from novice to expert", *Psychological Science in the Public Interest*, 19 (1), p. 5-51, https://doi.org/10.1177/1529100618772271

Chauveau G. & Rogovas-Chauveau É. (1992), « Relations école/familles populaires et réussite au CP », *Revue française de pédagogie*, 100, p. 5-18

Coltheart M. (1978), "Lexical access in simple reading tasks", in G. Underwood (Ed.), *Strategies of Information Processing*, London, Academic Press, p. 151-216

Coltheart M., Rastle K., Perry C., Langdon R. & Ziegler J. (2001), "DRC: A Dual Route Cascaded Model of Visual Word Recognition and Reading Aloud", *Psychological Review*, *108* (1), p. 204-256, https://doi.org/I0.1037//0033-295X.108.1.204

Dehaene S. (dir.) (2018), *Pédagogies et manuels pour l'apprentissage de la lecture : comment choisir ?* Analyse menée en 2018-2019 par le groupe de travail Pédagogies et manuels scolaires du Conseil scientifique de l'Éducation nationale (Csen) 1, en collaboration avec l'académie de Paris, https://www.reseau-canope.fr/fileadmin/user_upload/Projets/conference_role_experimentation_domaine_educatif/MANUELS_CSEN_VDEF.pdf

Dehaene S. (dir.) (2011), *Apprendre à lire. Des sciences cognitives à la salle de classe*, Paris, Odile Jacob

Downing J.E. (2010), *Academic Instruction for Students with Moderate and Severe Intellectual Disabilities in Inclusive Classrooms*, London, SAGE

Ehri L.C. (2000), "Learning to read and learning to spell: Two sides of a coin" *Topics in Language Disorders*, *20* (3), p. 19-36, https://doi.org/10.1097/00011363-200020030-00005

Engelmann S., Hanner S. & Johnson G. (1999), *Corrective Reading. Series-Guide*, Columbus, McGraw Hill

Fayol M. (2020), *L'Acquisition de l'écrit*, Paris, Presses universitaires de France

Fayol M. & Jaffré J.-P. (2014), *L'Orthographe*, Paris, Presses universitaires de France

Foucambert J. (1976), *La manière d'être lecteur*, Paris, SERMAP

Fredrick L.D., Davis D.H., Alberto P.A. & Waugh R.E. (2013), "From initial phonics to functional phonics: Teaching word-analysis skills to students with moderate intellectual disability" *Education and Training in Autism and Developmental Disabilities*, *48* (1), p. 49-66

Gangloff D. (2015), « Le langage facile à lire et à comprendre », *Revue suisse de pédagogie spécialisée*, *4*, p. 44-50

Gauthier C., Bissonnette S. & Richard M. (2013), *Enseignement explicite et réussite des élèves : la gestion des apprentissages*, Bruxelles, De Boeck

Goigoux R. (2000), « Apprendre à lire à l'école : les limites d'une approche idéo-visuelle », *Psychologie française*, *45*, p. 233-243

Goigoux R. (dir.) (2015), *Lire et écrire : Étude de l'influence des pratiques d'enseignement de la lecture et de l'écriture sur la qualité des premiers apprentissages*, Lyon, Institut français de l'Éducation, http://ife.ens-lyon.fr/ife/recherche/lire-ecrire/rapport/synthese-du-rapport-lire-et-ecrire

Goigoux R. & Cèbe S. (2006), *Apprendre à lire à l'école. Tout ce qu'il faut savoir pour accompagner l'enfant*, Paris, Retz

Hattie J. (2009), *Visible Learning. A Synthesis of over 800 Meta-Analyses Relating to Achievement*, New York, Routledge

Hill D.R. (2016), "Phonics based reading interventions for students with intellectual disability: A systematic literature review", *Journal of Education and Training Studies*, 4 (5), p. 205-214, https://doi.org/10.11114/jets.v4i5.1472

Hollingsworth J. & Ybarra S. (2012), *L'Enseignement explicite : une pratique efficace*, Montréal, Chenelière Éducation

Joseph L.M. & Seery M.E. (2004), "Where is the phonics? A review of the literature on the use of phonetic analysis with students with mental retardation", *Remedial and Special Education*, *25* (2), p. 88-94, https://doi.org/10.1177/07419325040250020301

Lemons C.J., Mrachko A.A., Kostewicz D.E. & Paterra M.F. (2012), "Effectiveness of decoding and phonological awareness interventions for children with Down syndrome", *Exceptional Children*, 79 (1), p. 67-90, https://doi.org/10.1177/001440291207900104

Lemons C.J., King S.A., Davidson K.A., Puranik C.S., Fulmer D., Mrachko A., Fidler D.J. (2015), "Adapting phonological awareness interventions for children with Down syndrome based on the behavioral phenotype: A promising approach?", *Intellectual and Developmental Disabilities*, 53 (4), p. 271-288, https://doi.org/10.1352/1934-9556-53.4.271

Lieury A. & Fenouillet F. (2013), *Motivation et réussite scolaire*, Paris, Dunod

Machin S., McNally S. & Viarengo M. (2018), "Changing how literacy is taught: evidence on synthetic phonics", *American Economic Journal: Economic Policy*, 10 (2), p. 217-241

National Institute for Literacy (2008), *Developing Early Literacy: Report of the Early Literacy Panel: A scientific synthesis of early literacy development and implications for intervention*, Jessup M.D. author

National Institute of Child Health and Human Development [NICHHD] (2000), *Report of the National Reading Panel: Teaching children to read: An evidence-based assessment of the scientific research literature on reading and its implications for reading instruction*, NIH Publication No. 00-4769, Washington, DC, Government Printing Office

Sermier Dessemontet R., de Chambrier A.-F., Martinet C., Meuli N. & Linder A.-L. (2021), "Effects of a phonic-based intervention on the reading skills of students with intellectual disability", *Research in Developmental Disabilities*, 111, 103883

Sermier Dessemontet R., Martinet C., de Chambrier A.-F., Martini-Willemin B.-M. & Audrin C. (2019), "A meta-analysis on the effectiveness of phonics instruction for teaching decoding skills to students with intellectual disability", *Educational Research Review*, 26, p. 52-70, https://doi.org/10.1016/j.edurev.2019.01.001

Sermier Dessemontet R., de Chambrier A.-F., Martinet C., Moser U. & Bayer N. (2017). "Exploring strengths and weaknesses in phonological awareness in primary pupils with intellectual disability", *American Journal on Intellectual and Developmental Disabilities*, 122 (6), p. 476-49x, https://doi.org/10.1352/1944-7558-122.6.476

Sprenger-Charolles L. (2017), « Une progression pédagogique construite à partir de statistiques sur l'orthographe du français (d'après Manulex-Morpho): pour les lecteurs débutants et atypiques », *Approche neuropsychologique des apprentissages chez l'enfant*, 148, p. 247-256

Tucker Cohen E., Wolff Heller K., Alberto P. & Fredrick L.D. (2008), "Using a three-step decoding strategy with constant time delay to teach word reading to students with mild and moderate mental retardation", *Focus on Autism and other developmental disabilities*, 23 (2), p. 67-78, https://doi.org/10.1177/1088357608314899

Ziegler J.C. (2018), « Différences inter-linguistiques dans l'apprentissage de la lecture », *Langue française*, 199 (3), p. 35-49

Les graphèmes
« a », « r », « u », « i »

plan du module

Le graphème « a »
Le graphème « r »
Le graphème « u »
Le graphème « i »
Révision du module 1

matériel

matériel collectif

- Le livre des comptines
- Les pages-graphèmes a-A, r-R, u-U, i-I
- Les cartes-lettres a et A, r et R, u et U, i et I
- Des cartes-syllabes
- Des cartes-mots
- Des cartes-images
- Des cartes-flèches
- Des pièces de LEGO®
- Des smileys

matériel individuel par élève

- Des modèles de lettres a-A, r-R, u-U, i-I en gris
- Un feutre effaçable
- Un crayon ou stylo
- Un cahier d'écriture

Le graphème « a »

Introduire la CGP

1 Annonce de l'objectif de la leçon

Aujourd'hui on va (1re présentation de la leçon) apprendre une lettre / (lorsque la leçon est répétée) revoir la lettre qu'on a apprise la dernière fois. Les lettres sont utiles pour savoir lire et écrire des mots et des histoires. C'est important de connaitre la forme des lettres. C'est aussi important de connaitre le son qu'elles font.

2 Présentation de la comptine du phonème /a/ et travail sur la compréhension

Matériel
Le livre des comptines

Je vais vous raconter une petite histoire. Écoutez bien (montrer l'image aux élèves) : Arthur et Aïcha atterrissent avec leur avion en Afrique. Affamés, ils achètent des ananas.

Dans cette histoire, Arthur (montrer Arthur) et Aïcha (montrer Aïcha) atterrissent (geste d'atterrir) avec leur avion (montrer l'avion) en Afrique. L'Afrique, c'est un continent où il fait chaud, où il y a des éléphants et des girafes (montrer l'illustration au verso).

Arthur et Aïcha sont affamés. Ça veut dire qu'ils ont très faim. Ils veulent manger. Ils achètent des ananas (montrer). L'ananas est un fruit.

Vocabulaire

1re leçon	Lorsque la leçon est répétée
Compréhension du vocabulaire Montrer l'image de la comptine. Questionner au moins une fois chaque élève : – *Prénom*, montre-moi Arthur. – *Prénom*, montre-moi Aïcha. – *Prénom*, montre-moi l'avion. – *Prénom*, montre-moi les ananas.	**Production du vocabulaire** Montrer l'image de la comptine. Demander aux élèves, à tour de rôle, de produire les mots suivants (une question par élève) : – *Prénom*, qu'est-ce que c'est (montrer l'avion) ? – *Prénom*, qu'est-ce que c'est (montrer les ananas) ? – *Prénom*, Aïcha et Arthur ont atterri en… (chercher à faire produire « Afrique »).

Donner systématiquement un feedback à chaque élève pour chaque question en suivant la procédure, et selon les précisions ci-après :

1re leçon *La réponse attendue est motrice.*	Lorsque la leçon est répétée *La réponse attendue est orale.*
• Si l'élève répond correctement, le féliciter et valider la réponse (Bravo, Arthur est ici. montrer Arthur sur l'image). • Si l'élève ne répond pas après 4 secondes, ou s'il répond de manière erronée : – donner la bonne réponse (Arthur est ici. montrer Arthur sur l'image) ; – réinterroger tout de suite le même élève (*Prénom*, montre-moi où est Arthur.) : • si l'élève donne la bonne réponse, le féliciter et valider la réponse ; • si l'élève ne réagit pas après 4 secondes ou s'il répond de manière erronée, utiliser la guidance physique.	• Si l'élève répond correctement, le féliciter et valider la réponse (Bravo, c'est un avion.). • Si l'élève ne répond pas après 4 secondes, ou s'il répond de manière erronée : – donner la bonne réponse (C'est un avion.) ; – réinterroger tout de suite le même élève (*Prénom*, qu'est-ce que c'est ? ; pointer l'avion) : • si l'élève donne la bonne réponse, le féliciter et valider la réponse ; • si l'élève ne répond pas après 4 secondes ou s'il répond de manière erronée, donner la bonne réponse.

Compréhension

- Questions en lien avec le **schéma narratif** (une question à chaque élève) :

– *Prénom*, qui sont les personnages de l'histoire ?
– *Prénom*, qu'est-ce qu'Arthur et Aïcha achètent ?
– *Prénom*, que font Arthur et Aïcha ?
– *Prénom*, pourquoi ils achètent des ananas ?

Donner systématiquement un feedback à chaque élève pour chaque question en suivant la procédure, et selon les précisions ci-après *(réponse orale)* :

- Si l'élève répond correctement, le féliciter et valider la réponse (Bravo ! Arthur et Aïcha sont les personnages de cette histoire).
- Si l'élève ne répond pas après 4 secondes, ou s'il répond de manière erronée :
  – donner la bonne réponse (Arthur et Aïcha sont les personnages de l'histoire.) ;
  – réinterroger tout de suite le même élève (*Prénom*, qui sont les personnages de l'histoire ?) :
    - si l'élève donne la bonne réponse, le féliciter et valider la réponse ;
    - si l'élève ne répond pas après 4 secondes ou s'il répond de manière erronée, donner la bonne réponse.
- **Prédiction** de la suite de l'histoire (ne pas questionner plus de deux élèves) : Qu'est-ce que vous pensez qu'ils vont faire après avoir mangé les ananas ?
  – Si un élève répond correctement, le féliciter et valider sa réponse.
  – Si aucun élève ne répond après 4 secondes, donner une réponse : Moi, j'imagine qu'ils vont reprendre leur avion et rentrer chez eux.
- Questionner ensuite les autres élèves.

Et les autres, vous imaginez autre chose ? Qu'est-ce que vous pensez qu'ils vont faire après avoir mangé les ananas ?
  – Si un élève répond correctement, le féliciter et valider sa réponse.
  – Si aucun élève ne répond après 4 secondes, donner une autre réponse : On pourrait aussi imaginer qu'ils vont visiter l'Afrique, aller voir les girafes et les éléphants.

3 Introduction de la correspondance graphème a – phonème /a/

Matériel
- La page-graphème a-A

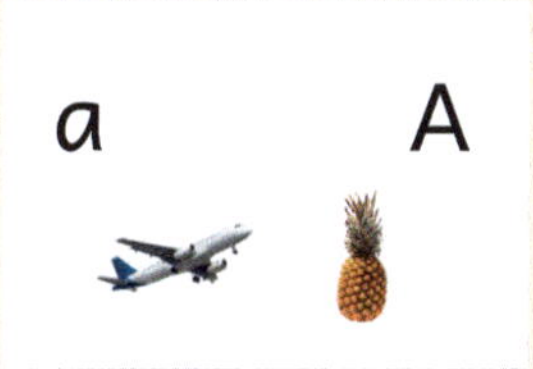

- Le texte de la comptine

Introduction de la correspondance graphème-phonème en lien avec la comptine

Je vais relire l'histoire en vous montrant le texte cette fois-ci. Lire l'histoire en suivant le texte du doigt, en allongeant légèrement les phonèmes /a/ : Aarthur et Aaïchaa aatterrissent aavec leur aavion en Aafrique. Aaffaamés, ils aachètent des aanaanaas.

Vous avez remarqué, on entend beaucoup de /a/ dans cette histoire. On voit aussi beaucoup cette lettre. Montrer la page-graphème et pointer la lettre A majuscule et a minuscule. C'est la lettre a qui fait le son /a/.

La lettre a s'écrit comme ça en minuscule (montrer le a sur la page-graphème). La lettre a s'écrit comme ça en majuscule (montrer le A sur la page-graphème). C'est la même lettre ; c'est un a.

Cette lettre permet d'écrire le son /a/, qu'on entend dans aaavion (montrer l'image de l'avion sur la page-graphème) et dans aaananas (montrer l'image de l'ananas sur la page-graphème).

Questionner chaque élève au moins une fois sur la majuscule ET sur la minuscule : *Prénom*, quel son fait cette lettre ?

Donner systématiquement un feedback à chaque élève pour chaque question en suivant la procédure, et selon les précisions ci-après *(réponse orale)* :

- Si l'élève répond correctement, le féliciter et valider la réponse (Bravo, cette lettre fait le son /a/.).
- Si l'élève ne répond pas après 4 secondes, ou s'il répond de manière erronée :
  - donner la bonne réponse (/a/) ;
  - reposer tout de suite la question au même élève (*Prénom*, quel son fait cette lettre ?) :
    - si l'élève donne la bonne réponse, le féliciter et valider la réponse ;
    - si l'élève ne répond pas après 4 secondes ou s'il répond de manière erronée, donner la bonne réponse.

Identification de la lettre a dans le texte de la comptine

- Reprendre le texte et le montrer aux élèves.
- Questionner chaque élève au moins une fois : *Prénom*, peux-tu me montrer une lettre a dans ce texte (montrer la page-graphème) ? Quel son fait cette lettre ?
  - Si l'élève montre un a minuscule : C'est bien la lettre a. C'est le a minuscule. Peux-tu maintenant me montrer la lettre A majuscule (montrer le A sur la page-graphème) ? Quel son fait cette lettre ?
  - Si l'élève montre le A majuscule : C'est bien la lettre A. C'est le A majuscule. Peux-tu maintenant me montrer une lettre a minuscule (montrer le a minuscule sur la page-graphème) ? Quel son fait cette lettre ?

Donner systématiquement un feedback à chaque élève pour chaque question en suivant la procédure, et selon les précisions ci-après *(réponse motrice)* :

- Si l'élève répond correctement, le féliciter et valider la réponse (Bravo, c'est bien un a.).
- Si l'élève ne répond pas après 4 secondes, ou s'il répond de manière erronée :
  - donner la bonne réponse (Là il y a un a. pointer une lettre a dans le texte) ;
  - reposer tout de suite la question au même élève (*Prénom*, montre-moi un a. en montrant la page-graphème) :
    - si l'élève donne la bonne réponse, le féliciter et valider la réponse ;
    - si l'élève ne répond pas après 4 secondes ou s'il répond de manière erronée, faire de la guidance physique (le faire pointer une lettre a en lui tenant la main) et verbaliser (Là il y a un a, qui fait le son /aa/.).

4 Tâche de conscience phonémique : identification du phonème initial

Maintenant, on va écouter (montrer son oreille) les sons dans les mots. On va bien écouter si les mots commencent par le son /a/ ou pas.

- Montrer l'image de l'avion. Écoutez (dire le mot lentement, en allongeant le /a/), aaavion. Est-ce qu'on entend /a/ au début de aaaavion ? Oui, on entend /a/ au début de aaaavion. On met avion dans la boite du /a/.

Matériel

- Une boite au bord de laquelle on a fixé les cartes-lettres du a et du A
- Les cartes-images à mélanger : avion, ananas, arbre, abeille, araignée, armoire, fourmi, robe, lire (*si l'activité est faite avec plus de deux élèves, ajouter :* abricot, assiette, igloo)

Faire de même avec l'image de l'ananas en n'allongeant que le premier /a/ : aaaaananas.

• Montrer l'image de la fourmi. Écoutez (dire le mot lentement, en allongeant le /f/), ffffourmi. Est-ce qu'on entend /a/ au début de ffffourmi ? Non, on n'entend pas /a/ au début de ffffourmi. On ne met pas fourmi dans la boite du /a/ (enlever la carte, de manière à ce qu'elle ne reste pas dans le champ de vision des élèves).

• Questionner les élèves à tour de rôle (au moins deux fois chacun) : À vous maintenant. *Prénom*, est-ce qu'on entend /a/ au début de aaaaarbre (montrer la carte à tous, puis la donner à l'élève qui décide où la mettre) ?

• Continuer exactement de la même manière avec les mots suivants. Attention à bien allonger le phonème initial de chaque mot, même des mots qui ne commencent pas par le son /a/.

Donner systématiquement un feedback à chaque élève pour chaque question en suivant la procédure, et selon les précisions ci-après *(réponse orale et motrice)* :

• Si l'élève répond correctement, le féliciter et valider la réponse (Bravo, on entend /a/ au début de aaaaarbre, alors on met la carte dans la boite., l'y mettre ou Tu as raison, on n'entend pas /a/ au début de ffffourmi, alors on ne met pas la carte dans la boite., la mettre à côté de la boite).

• Si l'élève ne répond pas après 4 secondes ou s'il répond de manière erronée :
  - donner la bonne réponse ;
  - reposer tout de suite la même question au même élève (*Prénom*, est-ce qu'on entend /a/ au début de aaaaarbre ?) :
    - si l'élève donne la bonne réponse, le féliciter et valider la réponse ;
    - si l'élève ne répond pas après 4 secondes ou s'il répond de manière erronée, faire de la guidance physique (lui prendre la main pour mettre la carte dans la boite) et verbaliser (Oui, on entend /a/ au début de aaaaarbre, alors on met la carte dans la boite., l'y mettre ou Non, on n'entend pas /a/ au début de ffffourmi, alors on ne met pas la carte dans la boite., la mettre à côté de la boite).

5 Apprentissage du geste d'écriture avec le doigt sur un modèle

Matériel
- La page-graphème a-A
- Les modèles de lettres a-A en gris par élève

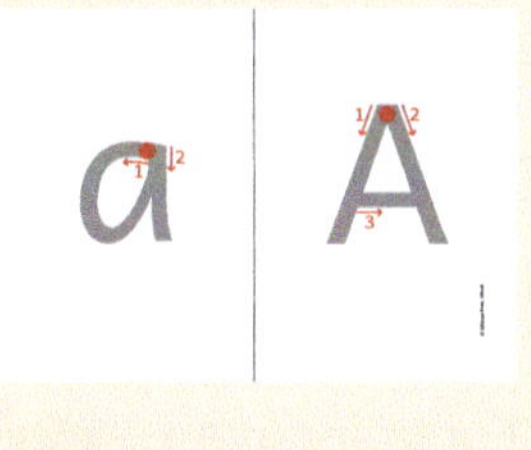

Cet exercice vise à aider les élèves à mémoriser la correspondance graphème-phonème, en réalisant le geste d'écriture de la lettre tout en prononçant le phonème correspondant.

• Montrer le a minuscule sur la page-graphème. Ça, c'est la lettre a en minuscule. On va s'entrainer à l'écrire. Prendre le modèle en gris. Je vous montre comment faire. Je commence là où il y a le point rouge. Faire le geste d'écriture avec le doigt. Je recommence en disant le son. Faire le geste en disant /aaaa/.

• Faire faire le geste aux élèves environ cinq fois en leur demandant de dire le son en même temps. On va faire ce geste plusieurs fois, pour bien s'entrainer, et en même temps on dit le son. Si un élève n'arrive pas à faire le geste seul, le faire avec lui en guidance physique (se mettre derrière lui, à sa gauche s'il est gaucher, à sa droite s'il est droitier), et lui demander de dire le son en même temps.

• Montrer le A majuscule sur la page-graphème. Ça, c'est la lettre A en majuscule. On va s'entrainer à l'écrire. Je vous remontre comment faire. Je commence là où il y a le point rouge. Faire le geste d'écriture avec le doigt. Je suis la flèche. Je recommence en disant le son. Faire le geste en disant /aaaa/.

• Faire faire le geste aux élèves environ cinq fois en leur demandant de dire le son en même temps selon la même procédure que pour la minuscule.

6 Synthèse

Bravo, vous avez bien travaillé ! Aujourd'hui, on a (lors de la 1re présentation de la leçon) appris / (lorsque la leçon est répétée) revu la lettre a en minuscule (pointer le a sur la page-graphème) et en majuscule (pointer le A sur la page-graphème). Cette lettre fait le son /a/.

Cette leçon doit être effectuée au moins deux fois avec tous les élèves.

Matériel
La page-graphème a-A

7 Évaluation formative

Après avoir répété cette leçon (***Introduire la CGP***), passer à la leçon ***Calligraphie*** avec les élèves dont les capacités motrices rendent la tenue du crayon possible.

Pour ceux pour qui ce n'est pas le cas, faire l'évaluation formative décrite à la fin de la leçon ***Calligraphie*** (p. 31) pour déterminer comment continuer à avancer.

Calligraphie

Cette leçon est destinée aux élèves ayant des compétences en motricité fine qui devraient leur permettre, à terme, d'acquérir une écriture manuscrite fonctionnelle.

1 Annonce de l'objectif de la leçon

Aujourd'hui, on va s'entrainer à écrire la lettre a (montrer la page-graphème).

2 Apprentissage du geste d'écriture avec le feutre sur le modèle en gris

Matériel
- La page-graphème a-A
- Un modèle de la lettre a en gris par élève

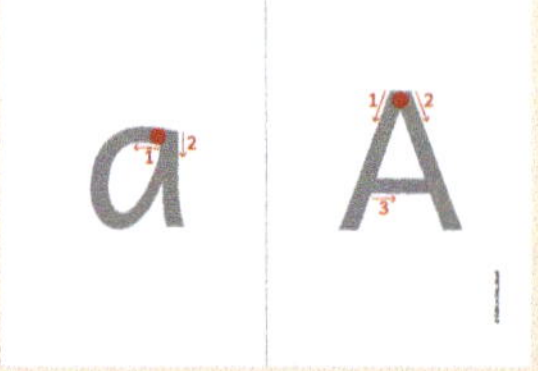

- Un feutre effaçable par élève
- Un crayon ou stylo par élève
- Un cahier d'écriture par élève

- Chaque élève reçoit la feuille plastifiée avec le modèle du a et un feutre effaçable : On va s'entrainer à écrire la lettre a (montrer la page-graphème) avec un feutre.
- Expliquer comment écrire la lettre a en **verbalisant la procédure** : Je vous montre comment on fait. Je commence là où il y a le point. Je suis les flèches.
- Effacer. Recommencer en **prononçant le phonème** /a/ : Maintenant on dit le son /a/ en écrivant : /aaaaa/. Effacer.
- À vous. Contrôler que les élèves tiennent leur feutre correctement et corriger la position de leurs doigts si nécessaire. Écrivez la lettre a et en même temps vous dites le son /aaaaa/.
- Contrôler que les élèves fassent le geste correctement. Lorsqu'un élève réalise le geste correctement, lui donner la consigne suivante : Bravo *Prénom* ! Tu peux effacer la lettre et recommencer encore trois fois pour t'entrainer (ou plus si l'élève est rapide). N'oublie pas de dire le son /a/ en écrivant la lettre.

Donner systématiquement des aides à chaque élève en fonction des besoins.

- Si l'élève ne fait pas le geste après 4 secondes, commencer par fournir une aide verbale : Commence au point (éventuellement montrer le point de départ). Suis les flèches.
- Si l'aide verbale ne suffit pas, lui faire une démonstration sur sa feuille, puis lui demander d'essayer seul. Fournir à nouveau une aide verbale si nécessaire.

• Si la démonstration sur sa feuille ne suffit pas, faire le geste en guidance physique avec lui, puis lui demander d'essayer seul. Fournir à nouveau une aide verbale si nécessaire.

• Si la guidance physique reste nécessaire, faire plusieurs tracés avec guidance physique et lui demander de dire le son correspondant pendant ces tracés.

3 Apprentissage du geste avec le feutre sans modèle

Tournez vos feuilles. Essayez d'écrire la lettre a tout seuls sans modèle. Si vous ne vous rappelez pas, vous avez le droit de retourner votre feuille.

• Contrôler que les élèves fassent le geste correctement. Si les élèves ont fait juste, les féliciter et leur demander de continuer : Bravo ! Vous pouvez effacer la lettre et recommencer encore trois fois (ou plus s'ils le souhaitent) pour vous entrainer. N'oubliez pas de dire le son /a/ en écrivant la lettre.

Donner systématiquement des aides à chaque élève en fonction des besoins.

• Fournir une aide verbale ; dessiner le point de départ ; faire une démonstration sur sa feuille ; utiliser la guidance physique.

• Lui demander d'essayer seul.

4 Écriture de lettres dans le cahier

Maintenant, je vais vous donner votre cahier d'écriture.
Montrez-moi d'abord comment vous tenez votre stylo/crayon. Contrôler que les élèves tiennent leur stylo/crayon correctement et corriger la position de leurs doigts si nécessaire. Maintenant, écrivez la lettre a dans votre cahier. Écrivez sur les lettres en gris en faisant le geste comme on vient de l'apprendre.
Les élèves écrivent les a avec les modèles en gris. Contrôler que les élèves fassent le geste correctement. Leur donner des feedbacks personnalisés si nécessaire (p.e. : Le trait s'arrête à la ligne, il ne descend pas plus bas.).

Maintenant, écrivez les lettres sans modèle en partant du point de départ, comme on vient de l'apprendre. Contrôler que les élèves fassent le geste correctement. Leur donner des feedbacks personnalisés si nécessaire.

5 Synthèse

Matériel
La page-graphème a-A

Bravo, vous avez bien travaillé ! Aujourd'hui, vous vous êtes entrainés à écrire la lettre a en minuscule (pointer sur la page-graphème). Cette lettre fait le son /a/.

Cette leçon (ou une partie de celle-ci) peut être effectuée deux fois avec les élèves.

6 Évaluation formative

Matériel
Les cartes-lettres a et A

Faire l'évaluation formative suivante pour déterminer comment continuer à avancer.

Prénom, concentre-toi. C'est important.

• Montrer à l'élève la carte-lettre a. Quel son fait cette lettre ?

• Montrer à l'élève la carte-lettre A. Quel son fait cette lettre ?

• Si l'élève réussit l'évaluation, passer à la leçon ***Introduire la CGP « r »*** (p. 35), même si l'élève a montré des difficultés dans les tâches de conscience phonémique, de compréhension de texte ou d'écriture de la lettre dans les leçons ***Introduire la CGP « a »*** et ***Calligraphie***.

• Si l'élève ne réussit pas l'évaluation (il ne dit le son ni de la minuscule, ni de la majuscule, ou ne dit le son que d'une des deux écritures), passer à la leçon ***Remédiation de la CGP*** (ci-après).

Remédiation de la CGP

1 Annonce de l'objectif de la leçon

Aujourd'hui, on va s'entrainer à mieux connaitre la lettre a.

2 Répétition de la correspondance graphème-phonème

Matériel
La page-graphème a-A

Matériel optionnel
Quatre cartes-lettres : A, a, u et R

• Prendre la page-graphème. La lettre a s'écrit comme ça en minuscule (montrer le a minuscule sur la page-graphème). La lettre A s'écrit comme ça en majuscule (montrer le A majuscule sur la page-graphème). C'est la même lettre, c'est un a.

Cette lettre permet d'écrire le son /a/, qu'on entend dans aaavion (montrer l'image de l'avion sur la page-graphème) ou dans aaananas (montrer l'image de l'ananas sur la page-graphème).

• Questionner chaque élève sur la majuscule ET sur la minuscule : *Prénom*, quel son fait cette lettre ?

Donner systématiquement un feedback à chaque élève pour chaque question en suivant la procédure, et selon les précisions ci-après *(réponse orale)*.

• Si l'élève répond correctement, le féliciter et valider la réponse (Bravo, /a/).

• Si l'élève ne répond pas après 4 secondes, ou s'il répond de manière erronée :
  - donner la bonne réponse (/a/) ;
  - reposer tout de suite la question au même élève (*Prénom*, quel son fait cette lettre ?) :
    - si l'élève donne la bonne réponse, le féliciter et valider la réponse ;
    - si l'élève ne répond pas après 4 secondes ou s'il répond de manière erronée, donner la bonne réponse.

• Prendre les cartes-lettres A, a, u et R et demander à l'élève de pointer la lettre qui fait le son /a/.

Si un a a été pointé, lui demander· : Y a-t-il une autre lettre qui fait le son /a/ ?

Donner systématiquement un feedback à chaque élève pour chaque question en suivant la procédure, et selon les précisions ci-après *(réponse motrice)*.

• Si l'élève répond correctement, le féliciter et valider la réponse (Bravo ! Cette lettre fait le son /a/. la pointer).

• Si l'élève ne répond pas après 4 secondes, ou s'il répond de manière erronée :
  - donner la bonne réponse (Cette lettre fait le son /a/. en pointer une) ;

- reposer tout de suite la question au même élève (*Prénom*, peux-tu me montrer une lettre qui fait le son /a/ ?) :
  - si l'élève donne la bonne réponse, le féliciter et valider la réponse ;
  - si l'élève ne répond pas après 4 secondes ou s'il répond de manière erronée, donner la bonne réponse.

3 Entrainement du geste d'écriture avec le doigt sur un modèle

Cet exercice vise à aider les élèves à mémoriser la correspondance graphème-phonème, en réalisant le geste d'écriture de la lettre tout en prononçant le phonème correspondant.

- Montrer le a minuscule sur la page-graphème. Ça c'est la lettre a en minuscule. On va s'entrainer à l'écrire. Prendre le modèle en gris. Je vous montre comment faire. Je commence là où il y a le point rouge. Faire le geste d'écriture avec le doigt. Je recommence en disant le son. Faire le geste en disant /aaaa/.

- Montrer le A majuscule sur la page-graphème. Ça, c'est la lettre A en majuscule. On va s'entrainer à l'écrire. Je vous remontre comment faire. Je commence là où il y a le point rouge. Faire le geste d'écriture avec le doigt. Je suis la flèche. Je recommence en disant le son. Faire le geste en disant /aaaa/.

- Faire faire le geste aux élèves environ cinq fois en leur demandant de dire le son en même temps selon la même procédure que pour la minuscule.

Matériel
- La page-graphème a-A
- Les modèles de lettres a-A en gris par élève

4 Tri de graphèmes

- Poser la page-graphème devant les élèves.

- Prendre une carte-lettre a (a ou A), la montrer aux élèves et modeler : Est-ce que cette lettre fait le son /a/ ? Oui, elle fait le son /a/. Je la mets ici (poser la carte-lettre sur la page-graphème).

- Prendre la carte-lettre d'une autre lettre du module 1 et modeler : Est-ce que cette lettre fait le son /a/ ? Non, elle ne fait pas le son /a/. Ce n'est pas le a. Je mets cette lettre là (sur un tas éloigné de la page-graphème).

- À vous maintenant. Posez ici les lettres qui font le son /a/ (montrer la page-graphème). Donner les cartes-lettres aux élèves à tour de rôle.

- Si nécessaire donner des relances verbales : Est-ce que cette lettre fait le son /a/ ?

Donner systématiquement un feedback à chaque élève pour chaque question en suivant la procédure, et selon les précisions ci-après *(réponse orale et motrice)*.

- Si l'élève répond correctement, le féliciter et valider la réponse (Bravo, cette lettre fait le son /a/, elle va là. montrer la page-graphème et si nécessaire demander à l'élève de mettre la carte-lettre dessus) ou Tu as raison, cette lettre ne fait pas le son /a/, elle va là. montrer à côté de la page-graphème et si nécessaire demander à l'élève de la mettre à l'endroit indiqué).

- Si l'élève ne répond pas après 4 secondes, ou s'il répond de manière erronée :
  - donner la bonne réponse (Oui, cette lettre fait le son /a/, elle va là. montrer la page-graphème ou Cette lettre ne fait pas le son /a/, elle va là. montrer à côté de la page-graphème) ;
  - reposer tout de suite la question au même élève (*Prénom*, est-ce que cette lettre fait le son /a/?) :

Matériel
- Huit cartes-lettres : 2 × a, 2 × A, et 4 autres cartes-lettres du module 1
- La page-graphème a-A

- si l'élève donne la bonne réponse, le féliciter et valider la réponse ;
- si l'élève ne répond pas après 4 secondes ou s'il répond de manière erronée, donner la bonne réponse.

5 Synthèse

Bravo, vous avez bien travaillé. Aujourd'hui on s'est entrainés à bien connaitre la forme du a minuscule (montrer le a sur la page-graphème) et du A majuscule (montrer le A sur la page-graphème). C'est important de bien se rappeler la forme des lettres et de savoir quel son elles font pour lire des histoires.

Cette leçon (ou une partie de celle-ci) peut être effectuée deux fois avec les élèves.

Matériel
La page-graphème a-A

6 Évaluation formative

Faire l'évaluation formative suivante pour déterminer comment continuer à avancer.

Prénom, concentre-toi. C'est important.

- Montrer à l'élève la carte-lettre a : quel son fait cette lettre ?
- Montrer à l'élève la carte-lettre A : quel son fait cette lettre ?
- Si l'élève échoue, ne pas donner de feedback correctif et évaluer ses acquis en modalité non-verbale :
  - disposer les quatre lettres minuscules sur la table, mélangées : *Prénom*, quelle lettre fait le son /a/ ?
  - disposer les quatre lettres majuscules sur la table, mélangées : *Prénom*, quelle lettre fait le son /a/ ?
- Si l'élève réussit l'évaluation, que ce soit l'évaluation orale ou par pointage, passer à la leçon ***Introduire la CGP*** (ci-après).
- Si l'élève ne réussit pas l'évaluation (ni orale, ni par pointage) après avoir fait au moins deux fois cette leçon ***Remédiation de la CGP*** (il ne dit le son / ne pointe ni la minuscule, ni la majuscule, ou ne dit le son / ne pointe que l'une des deux écritures), passer à la leçon ***Introduire la CGP « r »***, en continuant parallèlement à réviser la CGP a (***Remédiation de la CGP***).

Matériel
Les cartes-lettres a et A

Matériel optionnel
Huit cartes-lettres : r, a, u, i et R, A, U, I

Le graphème « r »

Introduire la CGP

1 Annonce de l'objectif de la leçon

Aujourd'hui, on va (1re présentation de la leçon) apprendre une nouvelle lettre / (lorsque la leçon est répétée) revoir les lettres qu'on a apprises les dernières fois. Les lettres sont utiles pour savoir lire et écrire des mots et des histoires. C'est important de connaitre la forme des lettres. C'est aussi important de connaitre le son qu'elles font.

2 Présentation de la comptine du phonème /r/ et travail sur la compréhension

Matériel
Le livre des comptines

Je vais vous raconter une petite histoire. Écoutez bien (montrer l'image aux élèves) : Ruben le robot roule rapidement sur la route. Il regarde un rat courir entre ses roues !

Dans cette histoire, le robot (montrer le robot) s'appelle Ruben. Il roule rapidement, ça veut dire qu'il va très vite. Il regarde un rat (pointer le rat). Un rat, c'est comme une grosse souris. Le rat court entre ses roues (montrer les roues).

Vocabulaire

1re leçon	Lorsque la leçon est répétée
Compréhension du vocabulaire	**Production du vocabulaire**
Montrer l'image de la comptine. Questionner au moins une fois chaque élève :	Montrer l'image de la comptine. Demander aux élèves, à tour de rôle, de produire les mots suivants (une question par élève) :
– *Prénom*, montre-moi le robot.	– *Prénom*, qu'est-ce que c'est (montrer le robot) ?
– *Prénom*, montre-moi les roues.	– *Prénom*, qu'est-ce que c'est (montrer les roues) ?
– *Prénom*, montre-moi le rat.	– *Prénom*, qu'est-ce que c'est (montrer le rat) ?
– *Prénom*, montre-moi la route.	– *Prénom*, qu'est-ce que c'est (montrer la route) ?

Donner systématiquement un feedback à chaque élève pour chaque question en suivant la procédure, et selon les précisions ci-après :

1re leçon *La réponse attendue est motrice.*	**Lorsque la leçon est répétée** *La réponse attendue est orale.*
• Si l'élève répond correctement, le féliciter et valider la réponse (Bravo, le robot est ici. montrer le robot sur l'image). • Si l'élève ne répond pas après 4 secondes, ou s'il répond de manière erronée : – donner la bonne réponse (Le robot est ici. montrer le robot sur l'image) ; – réinterroger tout de suite le même élève (*Prénom*, montre-moi où est le robot.) : • si l'élève donne la bonne réponse, le féliciter et valider la réponse ; • si l'élève ne réagit pas après 4 secondes ou s'il répond de manière erronée, utiliser la guidance physique.	• Si l'élève répond correctement, le féliciter et valider la réponse (Bravo, c'est un robot.). • Si l'élève ne répond pas après 4 secondes, ou s'il répond de manière erronée : – donner la bonne réponse (C'est un robot.) ; – réinterroger tout de suite le même élève (*Prénom*, qu'est-ce que c'est ? pointer le robot) : • si l'élève donne la bonne réponse, le féliciter et valider la réponse ; • si l'élève ne répond pas après 4 secondes ou s'il répond de manière erronée, donner la bonne réponse.

Compréhension

- Questions en lien avec le **schéma narratif** (une question à chaque élève).

– *Prénom*, qui sont les personnages de cette histoire ?

– *Prénom*, que fait Ruben le robot dans cette histoire ?

– *Prénom*, qu'est-ce que le robot regarde ?

Donner systématiquement un feedback à chaque élève pour chaque question en suivant la procédure, et selon les précisions ci-après *(réponse orale)* :

- Si l'élève répond correctement, le féliciter et valider la réponse (Bravo ! Ruben le robot et le rat sont les personnages de cette histoire.).
- Si l'élève ne répond pas après 4 secondes, ou s'il répond de manière erronée :
  - donner la bonne réponse (Ruben le robot et le rat sont les personnages de l'histoire.) ;
  - réinterroger tout de suite le même élève (*Prénom*, qui sont les personnages de l'histoire ?) :
    - si l'élève donne la bonne réponse, le féliciter et valider la réponse ;
    - si l'élève ne répond pas après 4 secondes ou s'il répond de manière erronée, donner la bonne réponse.

- **Prédiction** de la suite de l'histoire (ne pas questionner plus de deux élèves) : Qu'est-ce que vous pensez qu'il va se passer après ?
  - Si un élève répond correctement, le féliciter et valider sa réponse.
  - Si aucun élève ne répond après 4 secondes, donner une réponse : Moi, j'imagine que le robot va avoir un accident. Il va tomber.

- Questionner ensuite les autres élèves.

Et les autres, vous imaginez autre chose ? Qu'est-ce que vous pensez qu'il va se passer ?

- Si un élève répond correctement, le féliciter et valider sa réponse.
- Si aucun élève ne répond après 4 secondes, donner une autre réponse : On pourrait aussi imaginer que le robot va juste crier au rat de faire attention et continuer à rouler rapidement sur la route.

3 Introduction de la correspondance graphème r – phonème /r/

Matériel

- La page-graphème r-R

- Le texte de la comptine

Introduction de la correspondance graphème-phonème en lien avec la comptine

Je vais relire l'histoire en vous montrant le texte cette fois-ci. Lire l'histoire en suivant le texte du doigt, en allongeant légèrement les phonèmes /r/ : Rruben le rrobot rroule rrapidement sur la rroute. Il rregarde un rrat courrir entre ses rroues.

Vous avez remarqué, on entend beaucoup de /r/ dans cette histoire. On voit aussi beaucoup cette lettre. Montrer la page-graphème et pointer la lettre R majuscule et r minuscule. C'est la lettre r qui fait le son /r/.

La lettre r s'écrit comme ça en minuscule (montrer le r sur la page-graphème). La lettre r s'écrit comme ça en majuscule (montrer le R sur la page-graphème). C'est la même lettre ; c'est le r.

Cette lettre permet d'écrire le son /r/, qu'on entend dans rrrrobot (montrer l'image du robot sur la page-graphème) et dans rrrroues (montrer l'image des roues sur la page-graphème).

Questionner chaque élève au moins une fois sur la majuscule ET sur la minuscule : *Prénom*, quel son fait cette lettre ?

Feedback (voir p. 28)

Identification de la lettre r dans le texte de la comptine

- Reprendre le texte et le montrer aux élèves.

- Questionner chaque élève au moins une fois : *Prénom*, peux-tu me montrer une lettre r dans ce texte (montrer la page-graphème) ? Quel son fait cette lettre ?
  - Si l'élève montre un r minuscule : C'est bien la lettre r. C'est le r minuscule. Peux-tu maintenant me montrer la lettre R majuscule (montrer le R sur la page-graphème) ? Quel son fait cette lettre ?
  - Si l'élève montre le R majuscule : C'est bien la lettre R. C'est le R majuscule. Peux-tu maintenant me montrer une lettre r minuscule (montrer le r minuscule sur la page-graphème) ? Quel son fait cette lettre ?

Feedback (voir p. 28)

4 Tâche de conscience phonémique : identification du phonème initial

Matériel
- Une boite au bord de laquelle on a fixé les cartes-lettres r et R
- Les cartes-images à mélanger : robot, roue, rouge, rat, roi, robe, hibou, avion, loup (*si l'activité est faite avec plus de deux élèves, ajouter* : requin, os, fumée)

Maintenant on va écouter (montrer son oreille) les sons dans les mots. On va bien écouter si les mots commencent par le son /r/ ou pas.

- Montrer l'image du robot. Écoutez (dire le mot lentement, en allongeant le /r/), rrrrobot. Est-ce qu'on entend /r/ au début de rrrrobot ? Oui, on entend /r/ au début de rrrrobot. On met robot dans la boite du /r/. Faire de même avec l'image de roue.

- Montrer l'image du hibou. Écoutez (dire le mot lentement, en allongeant le /i/), hiiiibou. Est-ce qu'on entend /r/ au début de hiiiibou ? Non, on n'entend pas /r/ au début de hiiiibou. On ne met pas hibou dans la boite du /r/ (enlever la carte, de manière à ce qu'elle ne reste pas dans le champ de vision des élèves).

- Questionner les élèves à tour de rôle (au moins deux fois chacun) : À vous maintenant. *Prénom*, est-ce qu'on entend /r/ au début de rrrrouge (montrer la carte à tous, puis la donner à l'élève qui décide où la mettre) ?

- Continuer exactement de la même manière avec les mots suivants. Attention à bien allonger le phonème initial de chaque mot, même des mots qui ne commencent pas par le son /r/.

Donner systématiquement un feedback à chaque élève pour chaque question en suivant la procédure, et selon les précisions ci-après *(réponse orale et motrice)* :

- Si l'élève répond correctement, le féliciter et valider la réponse (Bravo, on entend /r/ au début de rrrrouge, alors on met la carte dans la boite., l'y mettre ou Tu as raison, on n'entend pas /r/ au début de hiiiibou, alors on ne met pas la carte dans la boite., la mettre à côté de la boite).

- Si l'élève ne répond pas après 4 secondes ou s'il répond de manière erronée :
  - donner la bonne réponse ;
  - reposer tout de suite la même question au même élève (*Prénom*, est-ce qu'on entend /r/ au début de rrrrouge ?).
    - si l'élève donne la bonne réponse, le féliciter et valider la réponse :
    - si l'élève ne répond pas après 4 secondes ou s'il répond de manière erronée, faire de la guidance physique (lui prendre la main pour mettre la carte dans la boite) et verbaliser (Oui, on entend /r/ au début de rrrrouge, alors on met la carte dans la boite., l'y mettre ou Non, on n'entend pas /r/ au début de hiiiibou, alors on ne met pas la carte dans la boite., la mettre à côté de la boite).

5 Apprentissage du geste d'écriture avec le doigt sur un modèle

Matériel
- La page-graphème r-R
- Les modèles de lettres r et R en gris par élève

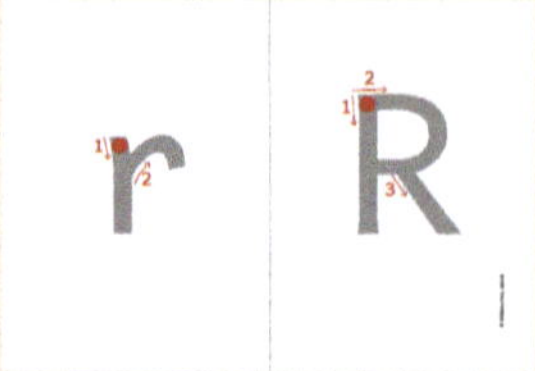

Cet exercice vise à aider les élèves à mémoriser la correspondance graphème-phonème, en réalisant le geste d'écriture de la lettre tout en prononçant le phonème correspondant.

- Montrer le r minuscule sur la page-graphème. Ça, c'est la lettre r en minuscule. On va s'entrainer à l'écrire. Prendre le modèle en gris. Je vous montre comment faire. Je commence là où il y a le point rouge. Faire le geste d'écriture avec le doigt. Je recommence en disant le son. Faire le geste en disant /rrrr/.
- Faire faire le geste aux élèves environ cinq fois en leur demandant de dire le son en même temps. On va faire ce geste plusieurs fois, pour bien s'entrainer, et en même temps on dit le son. Si un élève n'arrive pas à faire le geste seul, le faire avec lui en guidance physique (se mettre derrière lui, à sa gauche s'il est gaucher, à sa droite s'il est droitier), et lui demander de dire le son en même temps.
- Montrer le R majuscule sur la page-graphème. Ça c'est la lettre R en majuscule. On va s'entrainer à l'écrire. Je vous remontre comment faire. Je commence là où il y a le point rouge. Faire le geste d'écriture avec le doigt. Je suis la flèche. Je recommence en disant le son. Faire le geste en disant /rrrr/.
- Faire faire le geste aux élèves environ cinq fois en leur demandant de dire le son en même temps selon la même procédure que pour la minuscule.

6 Synthèse

Matériel
La page-graphème r-R

Bravo, vous avez bien travaillé ! Aujourd'hui, on a (lors de la 1re présentation de la leçon) appris / (lorsque la leçon est répétée) revu la lettre r en minuscule (pointer le r sur la page-graphème) et en majuscule (pointer le R sur la page-graphème). Cette lettre fait le son /r/.

Cette leçon doit être effectuée au moins deux fois avec tous les élèves.

7 Évaluation formative

Après avoir répété cette leçon ***Introduire la CGP***, passer à la leçon ***Calligraphie*** (ci-après) avec les élèves dont les capacités motrices rendent la tenue du crayon possible.

Pour ceux pour qui ce n'est pas le cas, faire l'évaluation formative décrite à la fin de la leçon ***Calligraphie*** (p. 39) pour déterminer comment continuer à avancer.

Calligraphie

Cette leçon est à proposer aux élèves ayant des compétences en motricité fine qui devraient leur permettre, à terme, d'acquérir une écriture manuscrite fonctionnelle.

1 Annonce de l'objectif de la leçon

Aujourd'hui, on va s'entrainer à écrire la lettre r (montrer la page-graphème).

2 Apprentissage du geste d'écriture avec le feutre sur le modèle en gris

Matériel
- La page-graphème r-R
- Un modèle de la lettre r en gris par élève

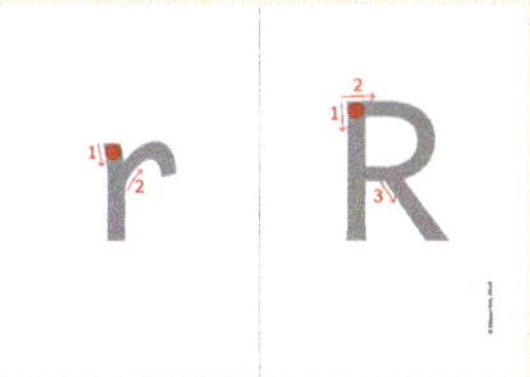

- Un feutre effaçable par élève
- Un crayon ou stylo par élève
- Un cahier d'écriture par élève

• Chaque élève reçoit la feuille plastifiée avec le modèle du r et un feutre effaçable : On va s'entrainer à écrire la lettre r (montrer la page-graphème) avec un feutre.

• Expliquer comment écrire la lettre r en **verbalisant la procédure** : Je vous montre comment on fait. Je commence là où il y a le point. Je suis les flèches.

• Effacer. Recommencer en **prononçant le phonème** /r/ : Maintenant on dit le son /r/ en écrivant : /rrrrr/. Effacer.

• À vous. Contrôler que les élèves tiennent leur feutre correctement et corriger la position de leurs doigts si nécessaire. Écrivez la lettre r et en même temps vous dites le son /rrrrr/.

• Contrôler que les élèves fassent le geste correctement. Lorsqu'un élève réalise le geste correctement, lui donner la consigne suivante : Bravo *Prénom* ! Tu peux effacer la lettre et recommencer encore trois fois pour t'entrainer (ou plus si l'élève est rapide). N'oublie pas de dire le son /r/ en écrivant la lettre.

• Donner systématiquement des aides à chaque élève en fonction des besoins (*cf.* p. 30) : fournir une aide verbale ; faire une démonstration sur la feuille ; utiliser la guidance physique.

3 Apprentissage du geste avec le feutre sans modèle

Tournez vos feuilles. Essayez d'écrire la lettre r tout seuls sans modèle. Si vous ne vous rappelez pas, vous avez le droit de tourner votre feuille.

• Contrôler que les élèves fassent le geste correctement. Si les élèves ont fait juste, les féliciter et leur demander de continuer : Bravo ! Vous pouvez effacer la lettre et recommencer encore trois fois (ou plus s'ils le souhaitent) pour vous entrainer. N'oubliez pas de dire le son /r/ en écrivant la lettre.

• Donner systématiquement des aides à chaque élève en fonction des besoins (*cf.* p. 31).

4 Écriture de lettres dans le cahier

Cf. ***Calligraphie*** p. 31.

5 Synthèse

Matériel
La page-graphème r-R

Bravo, vous avez bien travaillé ! Aujourd'hui vous vous êtes entrainés à écrire la lettre r en minuscule (pointer sur la page-graphème). Cette lettre fait le son /r/.

Cette leçon (ou une partie de celle-ci) peut être effectuée plusieurs fois avec les élèves.

6 Évaluation formative

Matériel
Les cartes-lettres r et R

Faire l'évaluation formative suivante pour déterminer comment continuer à avancer.

Prénom, concentre-toi. C'est important.

• Montrer à l'élève la carte-lettre r. Quel son fait cette lettre ?

• Montrer à l'élève la carte-lettre R. Quel son fait cette lettre ?

• Si l'élève réussit l'évaluation, passer à la leçon ***Décodage*** (p. 42), même si l'élève a montré des difficultés dans les tâches de conscience phonémique, de compréhension de texte ou d'écriture de la lettre dans les leçons ***Introduire la CGP*** et ***Calligraphie***.

• Si l'élève ne réussit pas l'évaluation (il ne dit le son ni de la minuscule, ni de la majuscule, ou ne dit le son que d'une des deux écritures), passer à la leçon ***Remédiation de la CGP*** (ci-après).

Remédiation de la CGP

1 Annonce de l'objectif de la leçon

Aujourd'hui, on va s'entrainer à mieux connaitre la lettre r.

2 Répétition de la correspondance graphème-phonème

Matériel
- La page-graphème r-R
- Les cartes-lettres R, r, a, U

• Prendre la page-graphème. La lettre r s'écrit comme ça en minuscule (montrer le r minuscule sur la page-graphème). La lettre R s'écrit comme ça en majuscule (montrer le R majuscule sur la page-graphème). C'est la même lettre, c'est un r.

Cette lettre permet d'écrire le son /r/, qu'on entend dans rrrobot (montrer l'image du robot sur la page-graphème) ou dans rrroue (montrer l'image de roue sur la page-graphème).

• Questionner chaque élève sur la majuscule ET sur la minuscule : *Prénom*, quel son fait cette lettre ?

Feedback (voir p. 32)

• Prendre les cartes-lettres R, r, a et U et demander à l'élève de pointer une lettre qui fait le son /r/. Si un r a été pointé, lui demander : Y a-t-il une autre lettre qui fait le son /r/ ?

Feedback (voir p. 33)

3 Entrainement du geste d'écriture avec le doigt sur un modèle

Matériel
- La page-graphème r-R
- Les modèles de lettres r et R en gris par élève

Cet exercice vise à aider les élèves à mémoriser la correspondance graphème-phonème, en réalisant le geste d'écriture de la lettre tout en prononçant le phonème correspondant.

• Montrer le r minuscule sur la page-graphème. Ça c'est la lettre r en minuscule. On va s'entrainer à l'écrire. Prendre le modèle gris. Je vous montre comment faire. Je commence là où il y a le point rouge. Faire le geste d'écriture avec le doigt. Je recommence en disant le son. Faire le geste en disant /rrrr/.

• Faire faire le geste aux élèves environ cinq fois en leur demandant de dire le son en même temps. On va faire ce geste plusieurs fois, pour bien s'entrainer, et en même temps on dit le son. Si un élève n'arrive pas à faire le geste seul, le faire avec lui en guidance physique (se mettre derrière lui, à sa gauche s'il est gaucher, à sa droite s'il est droitier), et lui demander de dire le son en même temps.

• Montrer le R majuscule sur la page-graphème. Ça, c'est la lettre R en majuscule. On va s'entrainer à l'écrire. Je vous remontre comment faire. Je commence là où il y a le point rouge. Faire le geste d'écriture avec le doigt. Je suis la flèche. Je recommence en disant le son. Faire le geste en disant /rrrr/.

• Faire faire le geste aux élèves environ cinq fois en leur demandant de dire le son en même temps selon la même procédure que pour la minuscule.

4 Tri de graphèmes

- Poser les deux pages-graphèmes devant les élèves.

- Prendre une carte-lettre r, la montrer aux élèves et modeler. Quel son fait cette lettre ? Elle fait le son /r/. Je la mets ici (poser la carte-lettre sur la page-graphème r-R).

- Prendre une carte-lettre a. Quel son fait cette lettre ? Elle fait le son /a/. Je la mets ici (poser la carte-lettre sur la page-graphème a-A).

- À vous maintenant. Dites le son que fait la lettre et posez la lettre au bon endroit (montrer les pages-graphèmes). Donner les cartes-lettres aux élèves à tour de rôle. *Prénom*, quel son fait cette lettre ?

- Chaque élève est interrogé individuellement sur au moins trois cartes-lettres.

Si nécessaire donner des relances verbales : Quel son fait cette lettre ?

Matériel
- Huit cartes-lettres : 2 □ r, 2 □ R, 2 □ a, 2 □ A
- Les pages-graphèmes r-R et a-A

Feedback (voir p. 33)

5 Synthèse

Bravo, vous avez bien travaillé. Aujourd'hui on s'est entrainés à bien connaitre la forme du r minuscule (montrer le r sur la page-graphème) et du R majuscule (montrer le R sur la page-graphème). C'est important de bien se rappeler de la forme des lettres et de savoir quel son elles font pour lire des histoires.

Cette leçon (ou une partie de celle-ci) peut être effectuée deux fois avec les élèves.

Matériel
La page-graphème r-R

6 Évaluation formative

Faites l'évaluation formative suivante pour déterminer comment continuer à avancer.

Prénom, concentre-toi. C'est important.

- Montrer à l'élève la carte-lettre r. Quel son fait cette lettre ?

- Montrer à l'élève la carte-lettre R. Quel son fait cette lettre ?

- Si l'élève échoue, ne pas donner de feedback correctif et évaluer ses acquis en modalité non-verbale :
  - disposer les quatre lettres minuscules sur la table, mélangées : *Prénom*, quelle lettre fait le son /r/ ?
  - disposer les quatre lettres majuscules sur la table, mélangées : *Prénom*, quelle lettre fait le son /r/ ?

- Si l'élève réussit l'évaluation, que ce soit l'évaluation orale ou par pointage, passer à la leçon ***Décodage*** (ci-après).

- Si l'élève ne réussit pas l'évaluation (ni orale, ni par pointage) après avoir fait au moins deux fois la leçon ***Remédiation de la CGP*** (il ne dit le son / ne pointe ni la minuscule, ni la majuscule, ou ne dit le son / ne pointe que l'une des deux écritures), passer à la leçon ***Introduire la CGP « u »*** (p. 54), en continuant parallèlement à réviser la CGP r (***Remédiation de la CGP***) et si nécessaire la CGP a (***Remédiation de la CGP***).

Matériel
Les cartes-lettres r et R

Matériel optionnel
Huit cartes-lettres : r, a, u, i et R, A, U, I

Décodage

1 Annonce de l'objectif de la leçon

Aujourd'hui, on va réviser les lettres qu'on a apprises, le r et le a. On va aussi (1re présentation de la leçon) apprendre à lire / (lorsque la leçon est répétée) revoir comment lire ces lettres ensemble, on va lire des syllabes. C'est important de connaitre beaucoup de lettres et de pouvoir les lire ensemble pour savoir lire des mots et des histoires.

2 Répétition des correspondances graphèmes-phonèmes

Matériel
- Les pages-graphèmes r-R et a-A
- Quatre cartes-lettres : a, A, r, R

- Montrer la page-graphème r-R. Vous vous souvenez, le son /r/ s'écrit avec le r. Le r s'écrit comme ça en minuscule (montrer sur la page-graphème) et comme ça en majuscule (montrer sur la page-graphème). On utilise le r pour écrire rrrrobot ou rrrroue (montrer les images sur la page-graphème).
- Montrer la page-graphème a-A. Le son /a/ s'écrit avec la lettre a. La lettre a s'écrit comme ça en minuscule (montrer) et comme ça en majuscule (montrer). On utilise le a pour écrire aaaavion, aaaananas (montrer les images).
- Mettre les pages-graphèmes de côté pour qu'elles ne soient pas visibles.
- Prendre les quatre cartes-lettres et les mélanger. En montrer une à la fois aux élèves, à tour de rôle, et leur demander de dire le phonème correspondant au graphème présenté. Je vais vous montrer une lettre et vous allez me dire quel son elle fait, d'accord ? Interroger au moins une fois chaque élève sur chaque lettre : *Prénom*, quel son fait cette lettre ?

Feedback (voir p. 32)

3 Fusion de phonèmes à l'oral

Matériel
- Les cartes-images rat, rouge, lard, or
- Trois pièces de LEGO®

- Prendre les trois pièces de LEGO®.

Je vais dire un mot en séparant les sons. On va coller les sons pour retrouver quel mot c'est. Écoutez bien. Dire chaque son en montrant une pièce de LEGO®, de la gauche vers la droite pour les élèves : /rrr – ouououou – jjj/ puis assembler les pièces : C'est le mot rouge (dire le mot en prolongeant légèrement les sons). Si nécessaire montrer la carte-image correspondante.

- Interroger les élèves à tour de rôle, individuellement. *Prénom*, à toi. Prendre deux pièces de LEGO®, dire /ooo/ en montrant la pièce à la gauche de l'élève et /rrr/ en montrant la pièce à la droite de l'élève, assembler les pièces et demander : C'est quel mot ? Si nécessaire montrer la carte-image correspondante après la fusion des phonèmes.
- Procéder de la même manière avec les mots rat, lard.

Donner systématiquement un feedback à chaque élève pour chaque question en suivant la procédure, et selon les précisions ci-après *(réponse orale)* :

- Si l'élève répond correctement, le féliciter et valider la réponse (Bravo, or.).
- Si l'élève ne répond pas après 4 secondes, ou s'il répond de manière erronée :
  - donner la bonne réponse (C'est le mot /or/.) ;

– reposer tout de suite la question au même élève (*Prénom*, /ooo – rrr/, assembler les pièces de LEGO®, c'est quel mot ?) :
  • si l'élève donne la bonne réponse, le féliciter et valider la réponse ;
  • si l'élève ne répond pas après 4 secondes ou s'il répond de manière erronée, donner la bonne réponse.

4 Enseignement de la procédure de décodage

Matériel
• Les cartes-syllabes ra et ar
• La carte-mot rat
• La carte-image rat

Lire la syllabe consonne-voyelle ra

ra → Prendre la carte-syllabe ra et la montrer aux élèves de façon à ce qu'elle soit bien visible, face à eux. On va lire cette syllabe.

Lire chaque graphème

On va d'abord dire le son de chaque lettre. Pointer r : /rrrr/. Pointer a : /aaaa/. Encore une fois, faites-le avec moi. Pointer r : /rrrr/. Pointer a : /aaaa/.

• Interroger les élèves à tour de rôle, individuellement. Maintenant chacun votre tour : *Prénom*, pointer r : Quel son ? Pointer a : Quel son ?

Donner systématiquement un feedback à chaque élève pour chaque question en suivant la procédure, et selon les précisions ci-après *(réponse orale)* :

• Si l'élève répond correctement, le féliciter et valider la réponse.

• Si l'élève ne répond pas après 4 secondes, ou s'il répond de manière erronée :
  – donner la bonne réponse (/r/, /a/) ;
  – reposer tout de suite la question au même élève (*Prénom*, pointer r : Quel son ? pointer a : Quel son ?) :
    • si l'élève donne la bonne réponse, le féliciter et valider la réponse ;
    • si l'élève ne répond pas après 4 secondes ou s'il répond de manière erronée, donner la bonne réponse.

Lire la syllabe lentement

• Pointer le rond au début de la flèche. Maintenant, on va lire la syllabe lentement en allongeant les sons. On ne va pas s'arrêter entre les sons.

• Avancer lentement sur la flèche avec le doigt, au fur et à mesure de la prononciation : /rrrraaaaa/. Encore une fois, faites-le avec moi. L'enseignant et/ou les élèves avancent lentement sur la flèche avec le doigt : /rrrraaaaa/.

• Répéter l'exercice jusqu'à ce que les élèves lisent la syllabe en allongeant les sons et sans pause.

• Interroger les élèves à tour de rôle, individuellement. Maintenant chacun votre tour. *Prénom*, à toi. L'enseignant et/ou l'élève avance lentement sur la flèche avec le doigt.

Donner systématiquement un feedback à chaque élève pour chaque question en suivant la procédure, et selon les précisions ci-après *(réponse orale)* :

• Si l'élève répond correctement, le féliciter et valider la réponse (Bravo, /rrrrrraaaaaa/).

• Si l'élève ne répond pas après 4 secondes, ou s'il répond de manière erronée :
  – donner la bonne réponse (/rrrrrraaaaaa/) ;
  – reposer tout de suite la question au même élève (*Prénom*, à toi, lis cette syllabe lentement, en allongeant les sons, avancer lentement sur la flèche avec le doigt). Donner des précisions si nécessaire : Ne t'arrête pas entre les sons.
    • si l'élève donne la bonne réponse, le féliciter et valider la réponse ;
    • si l'élève ne répond pas après 4 secondes ou s'il répond de manière erronée, donner la bonne réponse.

Lire la syllabe rapidement

- Pointer le rond au début de la flèche. Maintenant, on va lire la syllabe rapidement. Avancer rapidement sur la flèche avec le doigt en lisant la syllabe : /ra/. Encore une fois, faites-le avec moi. L'enseignant et/ou les élèves avancent rapidement sur la flèche avec le doigt : /ra/.

- Interroger les élèves à tour de rôle, individuellement. Maintenant, chacun votre tour. *Prénom*, à toi. L'enseignant et/ou l'élève avance rapidement sur la flèche avec le doigt.

Donner systématiquement un feedback à chaque élève pour chaque question en suivant la procédure, et selon les précisions ci-après *(réponse orale)* :

- Si l'élève répond correctement, le féliciter et valider la réponse (Bravo, /ra/).
- Si l'élève ne répond pas après 4 secondes, ou s'il répond de manière erronée :
  - donner la bonne réponse (/ra/) ;
  - reposer tout de suite la question au même élève (*Prénom*, à toi, lis cette syllabe rapidement., avancer rapidement sur la flèche avec le doigt) :
    - si l'élève donne la bonne réponse, le féliciter et valider la réponse ;
    - si l'élève ne répond pas après 4 secondes ou s'il répond de manière erronée, donner la bonne réponse.

1re leçon	Lorsque la leçon est répétée
Bravo, vous avez lu /ra/, comme un rat, l'animal ! (Si nécessaire montrer la carte-image du rat.) On entend aussi /ra/ dans les mots râteau, ravioli, raconter.	**Introduction de la lettre muette** rat → Montrer la carte-mot rat avec la lettre muette en gris, face aux élèves : on va lire ce mot, avec cette lettre à la fin (montrer le t). Cette lettre ne fait aucun son à la fin de ce mot. On dit que c'est une lettre muette. C'est pour ça que je l'ai écrite en gris. **Lire chaque graphème** On va d'abord dire le son de chaque lettre. Pointer r : /rrrrr/. Pointer a : /aaaaa/. Pointer t : Cette lettre ne fait aucun son dans ce mot. Encore une fois, faites-le avec moi. Pointer r : /rrrrr/. Pointer a : /aaaaa/. Pointer t : Cette lettre ne fait aucun son dans ce mot. **Lire le mot en allongeant les phonèmes** Pointer le rond au début de la flèche. Maintenant, on va lire ce mot lentement en allongeant les sons. On ne va pas s'arrêter entre les sons. Avancer lentement sur la flèche avec le doigt, au fur et à mesure de la prononciation : /rrrraaaaa/. Encore une fois, faites-le avec moi. L'enseignant et/ou les élèves avancent lentement sur la flèche avec le doigt : /rrrraaaaa/. Répéter l'exercice jusqu'à ce que les élèves lisent le mot en allongeant les sons et sans pause. Interroger les élèves à tour de rôle, individuellement. Maintenant chacun votre tour. *Prénom*, à toi. L'enseignant et/ou l'élève avance lentement sur la flèche avec le doigt. **Lire le mot rapidement** Pointer le rond au début de la flèche. Maintenant, on va lire ce mot rapidement. Avancer rapidement sur la flèche avec le doigt en lisant le mot : /ra/. Encore une fois, faites-le avec moi. L'enseignant et/ou les élèves avancent rapidement sur la flèche avec le doigt : /ra/. Interroger les élèves à tour de rôle, individuellement. Maintenant chacun votre tour. *Prénom*, à toi. L'enseignant et/ou l'élève avance rapidement sur la flèche avec le doigt.

1re leçon	Lorsque la leçon est répétée
	Bravo, vous avez lu rat, l'animal ! (Si nécessaire montrer la carte-image du rat.) **Donner systématiquement un feedback :** • Si l'élève répond correctement, le féliciter et valider la réponse (Bravo, /r/, /a/ ou /rrrrrrraaaaaaa/ ou rat). • Si l'élève ne répond pas après 4 secondes, ou s'il répond de manière erronée : – donner la bonne réponse (/r/, /a/ ou /rrrrrrraaaaaaa/ ou rat) ; – reposer tout de suite la question au même élève (*Prénom*, à toi, pointer les lettres ou avancer sur la flèche avec le doigt).

Lire la syllabe voyelle-consonne ar

Prendre la carte-syllabe ar et la montrer aux élèves de façon à ce qu'elle soit bien visible, face à eux. On va lire cette syllabe.

Lire chaque graphème

On va d'abord dire le son de chaque lettre. Pointer a : /aaaa/. Pointer r : /rrrr/. Encore une fois, faites-le avec moi. Pointer a : /aaaa/. Pointer r : /rrrr/.

ar

Interroger les élèves à tour de rôle, individuellement. Maintenant chacun votre tour : *Prénom*, pointer a : Quel son ? Pointer r : Quel son ?

Donner systématiquement un feedback à chaque élève pour chaque question en suivant la procédure, et selon les précisions ci-après *(réponse orale)* :

- Si l'élève répond correctement, le féliciter et valider la réponse.
- Si l'élève ne répond pas après 4 secondes, ou s'il répond de manière erronée :
  - donner la bonne réponse (/a/, /r/) ;
  - reposer tout de suite la question au même élève (*Prénom*, pointer a : Quel son ? Pointer r : Quel son ?) :
    - si l'élève donne la bonne réponse, le féliciter et valider la réponse ;
    - si l'élève ne répond pas après 4 secondes ou s'il répond de manière erronée, donner la bonne réponse.

Lire la syllabe lentement

• Pointer le rond au début de la flèche. Maintenant, on va lire la syllabe lentement en allongeant les sons. On ne va pas s'arrêter entre les sons.

• Avancer lentement sur la flèche avec le doigt, au fur et à mesure de la prononciation : /aaaaarrrrr/. Encore une fois, faites-le avec moi. L'enseignant et/ou les élèves avancent lentement sur la flèche avec le doigt : /aaaaarrrrr/. Répéter l'exercice jusqu'à ce que les élèves lisent la syllabe en allongeant les sons et sans pause.

• Interroger les élèves à tour de rôle, individuellement. Maintenant, chacun votre tour. *Prénom*, à toi. L'enseignant et/ou l'élève avance lentement sur la flèche avec le doigt.

Donner systématiquement un feedback à chaque élève pour chaque question en suivant la procédure, et selon les précisions ci-après *(réponse orale)* :

• Si l'élève répond correctement, le féliciter et valider la réponse (Bravo, /aaaaaaarrrrrrr/.).

- Si l'élève ne répond pas après 4 secondes, ou s'il répond de manière erronée :
  - donner la bonne réponse (/aaaaaaarrrrrrr/) ;
  - reposer tout de suite la question au même élève (*Prénom*, à toi, lis cette syllabe lentement, en allongeant les sons., avancer lentement sur la flèche avec le doigt). Donner des précisions si nécessaire : Ne t'arrête pas entre les sons.
    - Si l'élève donne la bonne réponse, le féliciter et valider la réponse.
    - Si l'élève ne répond pas après 4 secondes ou s'il répond de manière erronée, donner la bonne réponse.

Lire la syllabe rapidement

- Pointer le rond au début de la flèche. Maintenant, on va lire la syllabe rapidement.
- Avancer rapidement sur la flèche avec le doigt en lisant la syllabe : /ar/. Encore une fois, faites-le avec moi. L'enseignant et/ou les élèves avancent rapidement sur la flèche avec le doigt : /ar/.
- Interroger les élèves à tour de rôle, individuellement. Maintenant chacun votre tour. *Prénom*, à toi. L'enseignant et/ou l'élève avance rapidement sur la flèche avec le doigt.

Donner systématiquement un feedback à chaque élève pour chaque question en suivant la procédure, et selon les précisions ci-après *(réponse orale)* :

- Si l'élève répond correctement, le féliciter et valider la réponse (Bravo, /ar/.).
- Si l'élève ne répond pas après 4 secondes, ou s'il répond de manière erronée :
  - donner la bonne réponse (/ar/) ;
  - reposer tout de suite la question au même élève (*Prénom*, à toi, lis cette syllabe rapidement., avancer rapidement sur la flèche avec le doigt) :
    - si l'élève donne la bonne réponse, le féliciter et valider la réponse ;
    - si l'élève ne répond pas après 4 secondes ou s'il répond de manière erronée, donner la bonne réponse.

Vous avez lu /ar/, bravo ! On entend /ar/ dans les mots arbre, argent, arme.

5 Synthèse

Matériel
La carte-syllabe ra

Bravo, vous avez bien travaillé ! Aujourd'hui, on a appris à lire deux lettres ensemble en les collant, comme ça (montrer la carte-syllabe ra), /r/ et /a/, qui font /rrrrrraaaaaaa/, comme dans râteau.

Effectuer deux fois cette leçon avec tous les élèves puis passer à la leçon d'encodage.

Encodage

1 Annonce de l'objectif de la leçon

Aujourd'hui, on va s'entrainer à écrire des débuts de mots avec les lettres qu'on a apprises, le r et le a. C'est important de connaitre beaucoup de lettres et de savoir dans quel ordre les mettre pour écrire des mots et des histoires.

2 Répétition des correspondances graphèmes-phonèmes

Matériel
- Les pages-graphèmes r-R et a-A
- Quatre cartes-lettres : a, A, r, R

- Montrer la page-graphème r-R. Vous vous souvenez, le son /r/ s'écrit avec le r. Le r s'écrit comme ça en minuscule (montrer sur la page-graphème) et comme ça en majuscule (montrer sur la page-graphème). On utilise le r pour écrire rrrrobot ou rrrroue (montrer les images sur la page-graphème).

- Montrer la page-graphème a-A. Le son /a/ s'écrit avec la lettre a. La lettre a s'écrit comme ça en minuscule (montrer) et comme ça en majuscule (montrer). On utilise le a pour écrire aaaavion, aaaananas (montrer les images).

- Mettre les pages-graphèmes de côté pour qu'elles ne soient pas visibles.

- Prendre les quatre cartes-lettres et les mélanger. En montrer une à la fois aux élèves, à tour de rôle, et leur demander de dire le phonème correspondant au graphème présenté. Je vais vous montrer une lettre et vous allez me dire quel son elle fait, d'accord ? Interroger au moins une fois chaque élève sur chaque lettre : *Prénom*, quel son fait cette lettre ?

Donner systématiquement un feedback à chaque élève pour chaque question en suivant la procédure, et selon les précisions ci-après *(réponse orale)* :

- Si l'élève répond correctement, le féliciter et valider la réponse (Bravo, cette lettre fait le son /a/.).
- Si l'élève ne répond pas après 4 secondes, ou s'il répond de manière erronée :
  - donner la bonne réponse (/a/) ;
  - reposer tout de suite la question au même élève (*Prénom*, quel son fait cette lettre ?) :
    - si l'élève donne la bonne réponse, le féliciter et valider la réponse ;
    - si l'élève ne répond pas après 4 secondes ou s'il répond de manière erronée, donner la bonne réponse.

3 Allongement des phonèmes dans les mots

Matériel
Les cartes-images rat, rouge, lard, or

On va dire des mots très lentement en allongeant les sons. Poser la carte-image du rat sur la table, de manière à ce qu'elle soit bien visible pour les élèves : On va commencer par le mot rat. Prononcer le mot en allongeant les sons et en étirant les bras en même temps : /rrrrrrrraaaaaaaa/.

Tout le monde le fait avec moi, vous êtes prêts ? /rrrrrrrraaaaaaaa/ (étirer les bras).

- Faire de même avec les mots rouge, lard, or.

- Interroger les élèves à tour de rôle, individuellement. Donner une carte-image à un élève : *Prénom*, à toi, dis ce mot très lentement en allongeant les sons.

Donner systématiquement un feedback à chaque élève pour chaque question en suivant la procédure, et selon les précisions ci-après *(réponse orale)* :

- Si l'élève répond correctement, le féliciter et valider la réponse.
- Si l'élève ne répond pas après 4 secondes, ou s'il répond de manière erronée :
  - donner la bonne réponse (/rrrrrrrrouououououououjjjjjjjjjjjjjjjj/) ;
  - reposer tout de suite la question au même élève (donner une carte-image à l'élève : *Prénom*, à toi, dis ce mot très lentement en allongeant les sons) :
    - si l'élève donne la bonne réponse, le féliciter et valider la réponse ;
    - si l'élève ne répond pas après 4 secondes ou s'il répond de manière erronée, donner la bonne réponse.

4 Enseignement de la procédure d'encodage avec des lettres mobiles

Matériel
- Deux lettres mobiles : r et a par élève
- Une carte-flèche par élève
- Les cartes-images râteau, arbre

Encodage de la syllabe consonne-voyelle /ra/

- Poser les lettres mobiles pour qu'elles soient visibles face aux élèves. Maintenant, on va écrire des syllabes. Je vous montre comment faire.

On va écrire /ra/. Dans /rrrrrraaa/, on entend d'abord /r/. On met le r ici au début de la flèche (placer la lettre mobile r au-dessus du rond sur la carte-flèche). Dans /rrraaaaaaa/, on entend ensuite /aaaaa/ (placer la lettre mobile a à côté du r). On a écrit /rrrrraaaaa/ (suivre la flèche du doigt), c'est le début du mot râteau (montrer la carte-image).

- Donner les deux lettres mobiles et une carte-flèche à chaque élève. Interroger chaque élève à tour de rôle, individuellement. À vous maintenant.

- *Prénom*, écris /rrrrraaaaa/. Donner des aides verbales si nécessaire : Qu'est-ce que tu entends au tout début de /rrrrrraaa/ ? Prends la lettre et pose-la au début de la flèche. Qu'est-ce que tu entends ensuite dans /rrraaaaaaa/ ? Prends la lettre et pose-la après le r.

Donner systématiquement un feedback à chaque élève pour chaque question en suivant la procédure, et selon les précisions ci-après *(réponse orale et motrice)* :

- Si l'élève répond correctement, le féliciter et valider la réponse (Bravo, on entend /r/ au début de /rrrraa/ ; on met le r au début de la flèche.).
- Si l'élève ne répond pas après 4 secondes, ou s'il répond de manière erronée :
  - donner la bonne réponse : On entend /r/ au début de /rrrrrrraaa/ (montrer la lettre r). Prends-la et mets-la au début de la flèche (si l'élève ne réagit pas après 4 secondes, la mettre au début de la flèche).
  - reposer tout de suite la question au même élève (*Prénom*, qu'est-ce que tu entends au tout début de /rrrrrrraaa/ ?) :
    - si l'élève donne la bonne réponse, le féliciter et valider la réponse ;
    - si l'élève ne répond pas après 4 secondes ou s'il répond de manière erronée, donner la bonne réponse : On entend /r/ au début de /rrrrrrraaa/ (montrer la lettre r). On met le r au début de la flèche (si l'élève ne réagit pas après 4 secondes, utiliser la guidance physique pour mettre le r au début de la flèche).

Bravo, tu as écrit ra, c'est le début du mot râteau (montrer la carte-image), radeau, ravioli…

Enlever les lettres mobiles des cartes-flèches avant d'interroger l'élève suivant.

Encodage de la syllabe voyelle-consonne /ar/

Maintenant, on va écrire ar. Dans /aaaaaarrr/, j'entends d'abord /a/. On le met ici au début de la flèche (placer la lettre mobile a au-dessus du rond sur la carte-flèche). Dans /aaarrrrrr/, on entend ensuite /rrrrrr/ (placer la lettre mobile r à côté du a). On a écrit /aaaaarrrrrr/ (suivre la flèche du doigt), c'est le début du mot arbre (montrer la carte-image).

- Interroger chaque élève à tour de rôle, individuellement. À vous maintenant.

Prénom, écris /aaaaarrrrr/. Donner des aides verbales si nécessaire : Qu'est-ce que tu entends au tout début de /aaaaaarrr/ ? Prends la lettre et pose-la au début de la flèche. Qu'est-ce que tu entends ensuite dans /aaarrrrrrrr/ ? Prends la lettre et pose-la après le a.

Donner systématiquement un feedback à chaque élève pour chaque question en suivant la procédure, et selon les précisions ci-après *(réponse orale et motrice)* :

- Si l'élève répond correctement, le féliciter et valider la réponse (Bravo, on entend /a/ au début de /aaaarr/, on met le a au début de la flèche.).
- Si l'élève ne répond pas après 4 secondes, ou s'il répond de manière erronée :
  - donner la bonne réponse : On entend /a/ au début de /aaaaaarrr/ (montrer la lettre a). Prends-la et mets-la au début de la flèche (si l'élève ne réagit pas après 4 secondes, la mettre au début de la flèche) ;
  - reposer tout de suite la question au même élève (*Prénom*, qu'est-ce que tu entends au tout début de /aaaaaarrr/ ?) :
    - si l'élève donne la bonne réponse, le féliciter et valider la réponse ;
    - si l'élève ne répond pas après 4 secondes ou s'il répond de manière erronée, donner la bonne réponse : On entend /a/ au début de /aaaaaarrr/ (montrer la lettre a). On met le a au début de la flèche (si l'élève ne réagit pas après 4 secondes, utiliser la guidance physique pour mettre le a au début de la flèche).

Bravo, tu as écrit ar, c'est le début du mot arbre (montrer la carte-image), arriver, argent…

Enlever les lettres mobiles des cartes-flèches avant d'interroger l'élève suivant.

5 Écriture manuscrite des syllabes ra et ar dans le cahier

Matériel
Un cahier d'écriture et un crayon par élève

Cette activité est destinée aux élèves ayant des compétences en motricité fine qui devraient leur permettre, à terme, d'acquérir une écriture manuscrite fonctionnelle.

Maintenant, je vais vous donner votre cahier d'écriture.

Montrez-moi d'abord comment vous tenez votre stylo/crayon. Contrôler que les élèves tiennent leur stylo/crayon correctement et corriger la position de leurs doigts si nécessaire.

Maintenant :

- écrivez la syllabe ra sur les lettres en gris (montrer la première ligne d'écriture) ; écrivez la syllabe ar sur les lettres en gris (montrer la première ligne d'écriture) ;
- écrivez la syllabe ra sans modèle, en partant du point de départ (montrer la troisième ligne d'écriture) ; maintenant écrivez la syllabe ar sans modèle, en partant du point de départ (montrer la quatrième ligne d'écriture) ;
- écrivez la bonne syllabe, ra ou ar, au début des mots (montrer les endroits à compléter) ;
- écrivez la syllabe que je dis sur les quatre traits en bas de la page : ar, ra, ra, ar (si nécessaire, montrer les traits au fur et à mesure).

Contrôler que les élèves fassent le geste correctement et leur donner des feedbacks personnalisés si nécessaire (p.e. : Le trait s'arrête à la ligne, il ne descend pas plus bas ; qu'est-ce que tu entends au tout début de /aaaaaarrr/ ? etc.).

6 Synthèse

Matériel
Les lettres mobiles a et r

Bravo, vous avez bien travaillé ! Aujourd'hui, on a appris à écrire ra et ar. On a appris à mettre les bonnes lettres dans le bon ordre : r – a pour ra (mettre les lettres mobiles dans le bon ordre) et a – r pour ar (changer l'ordre des lettres mobiles). On s'est aussi entrainés à écrire ces syllabes avec le crayon.

Effectuer une fois cette leçon avec tous les élèves.

7 Évaluation formative

Après avoir effectué deux fois la leçon ***Décodage*** et une fois la leçon ***Encodage***, faire l'évaluation formative pour déterminer comment continuer à avancer.

Prénom, concentre-toi. C'est important.

- Montrer à l'élève la carte-syllabe ra. Lis cette syllabe.
- Montrer à l'élève la carte-syllabe ar. Lis cette syllabe.
- Si l'élève lit la syllabe en séparant les sons, dire : C'est bien, mais maintenant tu lis sans t'arrêter entre les sons. Avancer lentement sur la flèche avec le doigt. Ne considérer l'évaluation comme réussie que s'il arrive à lire les syllabes en fusionnant les sons.
- Si l'élève réussit l'évaluation, passer à la leçon ***Introduire la CGP « u »*** (p. 54), même s'il a montré des difficultés dans la tâche de fusion de phonèmes, d'allongement de mots ou d'encodage de syllabes. En effet, ces compétences seront retravaillées par la suite avec d'autres sons.
- Si l'élève ne réussit pas l'évaluation, faire la leçon ***Remédiation du décodage*** (ci-après).

Matériel
Les cartes-syllabes ra et ar

Remédiation du décodage

La leçon suivante est prévue dans le cas où les correspondances graphèmes-phonèmes sont mémorisées de façon isolée mais que le décodage des syllabes n'est pas réussi. Il s'agit d'effectuer la leçon suivante en adaptant les aides selon ce qui pose problème aux élèves. Pour ce faire, (re)passer l'évaluation formative avant de commencer cette leçon. Les différents cas de figure possibles et les aides correspondantes sont les suivants :

- **L'élève lit les deux graphèmes sans les fusionner (fait une pause entre les phonèmes)** : réaliser cette leçon de remédiation dans son ensemble en insistant sur la fusion de phonèmes à l'oral (activité 2) et sur le rapprochement physique des lettres mobiles lors du décodage (activité 3).
- **Si l'élève ne prononce pas le bon nombre de phonèmes par rapport au nombre de graphèmes dans la syllabe/le mot** : le rendre attentif au fait que ce qu'il a dit correspond à une seule lettre alors qu'il y en a deux (ou à deux lettres alors qu'il y en a trois, etc.). Pointer chaque graphème en nommant le phonème correspondant, rendre l'élève attentif au nombre de lettres puis fusionner les phonèmes correspondant (par exemple : pointer r : /r/, pointer a : /a/, dire à l'élève : Attention, il y a deux sons, /rrrrraaaaa/.).
- **L'ordre des deux graphèmes n'est pas respecté lors du décodage** (p.e. l'élève lit la syllabe ar /ra/) : réaliser cette leçon de remédiation dans son ensemble, mais dans l'activité de décodage (activité 3) cacher le 2e graphème le temps que l'élève lise le premier en l'allongeant, puis découvrir le 2e.
- **Le regard de l'élève se porte sur la flèche au lieu de se porter sur les lettres** : réaliser cette leçon de remédiation dans son ensemble, mais dans l'activité de décodage, enlever la flèche et faire le geste de gauche à droite directement en-dessous des lettres mobiles.
- **Si un élève montre une difficulté à se souvenir d'une des correspondances graphèmes-phonèmes** (par exemple, se souvient de la dernière correspondance graphème-phonème apprise mais plus des précédentes) : refaire la/les leçon-s de mémorisation de la CGP correspondante-s.

1 Annonce de l'objectif de la leçon

Aujourd'hui, on va s'entrainer à bien lire des lettres ensemble.

2 Fusion de phonèmes à l'oral

Matériel
Deux pièces de LEGO®

- Prendre les deux pièces de LEGO® et les placer l'une à côté de l'autre. On va s'entrainer à assembler des sons.

- Montrer la pièce à gauche de l'élève en disant /rrrrr/ puis la deuxième pièce à droite de l'élève en disant /aaaaa/. Assembler les deux pièces en fusionnant les phonèmes : /rrrraaaa/. Mettre en évidence le sens du mot ou placer la syllabe dans un mot : /ra/, comme on entend dans radeau, radis...

- Faites-le avec moi. Montrer la pièce à gauche des élèves en disant /rrrrr/ puis la deuxième pièce à droite des élèves en disant /aaaaa/. Assembler les deux pièces en fusionnant les phonèmes : /rrrraaaa/. Veiller à ce que les élèves disent la syllabe avec vous ou après vous. Mettre en évidence le sens du mot ou placer la syllabe dans un mot.

- Interroger les élèves à tour de rôle, individuellement. *Prénom*, à toi. Prendre deux pièces de LEGO®, dire /aaaaa/ en montrant la pièce à la gauche de l'élève et /rrrrr/ en montrant la pièce à la droite de l'élève, assembler les pièces et laisser l'élève fusionner les phonèmes. Mettre en évidence le sens du mot ou placer la syllabe dans un mot : /ar/, comme on entend dans argent, arbre...

- Recommencer avec les syllabes suivantes : ru, ur, ri, ir.

Donner systématiquement un feedback à chaque élève pour chaque question en suivant la procédure, et selon les précisions ci-après *(réponse orale)* :

- Si l'élève répond correctement, le féliciter et valider la réponse (Bravo, /ar/.).

- Si l'élève ne répond pas après 4 secondes, ou s'il répond de manière erronée :
  - donner la bonne réponse (/ar/) ;
  - reposer tout de suite la question au même élève (*Prénom*, à toi : /aaa/. montrer la pièce à la gauche de l'élève, /rrr/ montrer la pièce à la droite de l'élève, puis assembler les pièces : Ça fait ...?) :
    - si l'élève donne la bonne réponse, le féliciter et valider la réponse ;
    - si l'élève ne répond pas après 4 secondes ou s'il répond de manière erronée, donner la bonne réponse.

3 Répétition de la procédure de décodage

Matériel
- Deux lettres mobiles : r et a
- Une carte-flèche

- Prendre la carte-flèche et les lettres mobiles. Mettre les lettres mobiles l'une à côté de l'autre (écrire ra), au-dessus de la flèche, de façon bien visible, face aux élèves. On va lire cette syllabe.

- Pointer chaque graphème et demander aux élèves de dire le phonème correspondant : pointer r : /rrrr/, pointer a : /aaaa/.

Lire la syllabe en faisant le geste de gauche à droite

- Lire la syllabe, ni trop lentement, ni trop rapidement, en suivant la flèche avec le doigt : /rrraaa/. Faites-le avec moi : /rrraaa/.

- Adapter les aides selon les difficultés rencontrées par les élèves :
  - Si l'ordre des graphèmes n'est pas respecté, procéder de la même manière mais en cachant le deuxième graphème le temps que le premier soit oralisé.

– Si un élève regarde la flèche au lieu de regarder les lettres : supprimer la carte-flèche et procéder de la même manière en faisant le geste de gauche à droite directement sous les lettres.

– Si un élève fait une pause entre les phonèmes, illustrer la fusion des phonèmes en rapprochant les lettres mobiles l'une de l'autre en allongeant les sons.

• Interroger les élèves à tour de rôle, individuellement, sur les syllabes ra ET ar. Maintenant chacun votre tour.

Prénom, à toi. Pointer r : Quel son ? Pointer a : Quel son ? Lis la syllabe. L'enseignant et/ou l'élève avance ni lentement ni rapidement sur la flèche avec le doigt (ou juste sous les lettres ; ou en cachant momentanément le deuxième graphème ; ou en rapprochant les lettres mobiles l'une de l'autre).

• Changer les deux lettres mobiles de place pour écrire ar. *Prénom*, à toi. Pointer a : Quel son ? Pointer r : Quel son ? Lis la syllabe. L'enseignant et/ou l'élève avance ni lentement, ni rapidement, sur la flèche avec le doigt (ou juste sous les lettres ; ou en cachant momentanément le deuxième graphème ; ou en rapprochant les lettres mobiles l'une de l'autre).

Donner systématiquement un feedback à chaque élève pour chaque question en suivant la procédure, et selon les précisions ci-après *(réponse orale)* :

• Si l'élève répond correctement, le féliciter et valider la réponse (Bravo, /ra/).

• Si l'élève ne répond pas après 4 secondes, ou s'il répond de manière erronée :

– donner la bonne réponse (/ra/) ;

– reposer tout de suite la question au même élève (*Prénom*, à toi : pointer r : Quel son ? pointer a : Quel son ? Lis la syllabe. avancer sur la flèche avec le doigt) :
  • si l'élève donne la bonne réponse, le féliciter et valider la réponse ;
  • si l'élève ne répond pas après 4 secondes ou s'il répond de manière erronée, donner la bonne réponse.

4 Pointer la bonne syllabe

Matériel
Quatre cartes-syllabes : ra, ar, ru, ur

• Prendre les quatre cartes-syllabes et les mettre les unes à côtés des autres, face aux élèves. On va montrer la syllabe que je dis : /aaaarrrr/. Montrer la carte-syllabe ar.

• Faites-le avec moi. Montrez-moi : /aaaarrrr/. Demander aux élèves de pointer la bonne syllabe.

• Changer les quatre cartes-syllabes de place. Interroger ensuite les élèves individuellement au moins deux fois sur les syllabes ra ET ar : *Prénom*, montre-moi.... Changer systématiquement de place les quatre cartes-syllabes après chaque réponse de l'élève.

Donner systématiquement un feedback à chaque élève pour chaque question en suivant la procédure, et selon les précisions ci-après *(réponse motrice)* :

• Si l'élève répond correctement, le féliciter et valider la réponse (Bravo, c'est celle-là /ra/.).

• Si l'élève ne répond pas après 4 secondes, ou s'il répond de manière erronée :

– donner la bonne réponse (montrer la bonne syllabe) ;

– reposer tout de suite la question au même élève (*Prénom*, montre-moi /rrrraaaa/.) :
  • si l'élève donne la bonne réponse, le féliciter et valider la réponse ;
  • si l'élève ne répond pas après 4 secondes ou s'il répond de manière erronée, donner la bonne réponse en utilisant la guidance physique.

5 Synthèse

Bravo, vous avez bien travaillé. Aujourd'hui, on s'est entrainés à bien lire des lettres ensemble (montrer les cartes-syllabes).

Cette leçon peut être effectuée deux fois avec les élèves.

Matériel
Les cartes-syllabes ra et ar

6 Évaluation formative

Faites l'évaluation formative suivante pour déterminer comment continuer à avancer.

Prénom, concentre-toi. C'est important.

- Montrer à l'élève la carte-syllabe ra. Lis cette syllabe.
- Montrer à l'élève la carte-syllabe ar. Lis cette syllabe.
- Si l'élève échoue, ne pas donner de feedback correctif et évaluer ses acquis en modalité non-verbale :
  – disposer les quatre cartes-syllabes sur la table, mélangées : *Prénom*, montre-moi /ar/.
  – changer les cartes de place : *Prénom*, montre-moi /ra/.
- Si l'élève réussit l'évaluation, que ce soit l'évaluation orale ou par pointage, passer à la leçon ***Introduire la CGP « u »*** (ci-après).
- **Si l'élève ne réussit pas l'évaluation** (ni orale, ni par pointage), passer à la leçon ***Introduire la CGP « u »*** (ci-après) et continuer à bien entrainer la procédure de décodage dans les prochaines leçons de décodage.

Matériel
Les cartes-syllabes ra et ar

Matériel optionnel
Quatre cartes-syllabes : ra, ar, ru et ur

Introduire la CGP

1 Annonce de l'objectif de la leçon

Aujourd'hui, on va (1re présentation de la leçon) apprendre une nouvelle lettre / (lorsque la leçon est répétée) revoir les lettres qu'on a apprises les dernières fois. Les lettres sont utiles pour savoir lire et écrire des mots et des histoires. C'est important de connaitre la forme des lettres. C'est aussi important de connaitre le son qu'elles font.

2 Présentation de la comptine du phonème /u/ et travail sur la compréhension

Matériel
Le livre des comptines

Je vais vous raconter une petite histoire. Écoutez bien (montrer l'image aux élèves) : Ulysse, dans son usine, utilise son ustensile usé. Urgence, il hurle !

Dans cette histoire, le monsieur (le montrer) s'appelle Ulysse. Il travaille dans une usine (montrer l'image de l'usine dans le livre des comptines), c'est un endroit où on fabrique des choses. Ici on fabrique des choses à manger. Il utilise un ustensile (montrer l'ustensile) pour faire de la cuisine. Son ustensile est usé (montrer là où il est abimé). Et tout d'un coup... urgence, Ulysse hurle.

Vocabulaire

1re leçon	Lorsque la leçon est répétée
Compréhension du vocabulaire Montrer l'image de la comptine. Questionner au moins une fois chaque élève : – *Prénom*, montre-moi l'ustensile. – *Prénom*, montre-moi Ulysse. – *Prénom*, montre-moi quelque chose d'usé.	**Production du vocabulaire** Montrer l'image de la comptine. Demander aux élèves, à tour de rôle, de produire les mots attendus (une question par élève) : – *Prénom*, Ulysse se trouve dans une ... (montrer l'usine) ? – *Prénom*, qu'est-ce que c'est (montrer l'ustensile) ? – *Prénom*, comment est l'ustensile (montrer l'endroit où l'ustensile est abimé) ?

Donner systématiquement un feedback à chaque élève pour chaque question en suivant la procédure, et selon les précisions ci-après :

1re leçon *La réponse attendue est motrice.*	Lorsque la leçon est répétée *La réponse attendue est orale.*
• Si l'élève répond correctement, le féliciter et valider la réponse (Bravo, l'ustensile est ici. montrer l'ustensile sur l'image). • Si l'élève ne répond pas après 4 secondes, ou s'il répond de manière erronée : – donner la bonne réponse (L'ustensile est ici. montrer l'ustensile sur l'image) ; – réinterroger tout de suite le même élève (*Prénom*, montre-moi où est l'ustensile.) : • si l'élève donne la bonne réponse, le féliciter et valider la réponse ; • si l'élève ne réagit pas après 4 secondes ou s'il répond de manière erronée, utiliser la guidance physique.	• Si l'élève répond correctement, le féliciter et valider la réponse (Bravo, Ulysse est dans une usine.). • Si l'élève ne répond pas après 4 secondes, ou s'il répond de manière erronée : – donner la bonne réponse (Ulysse est dans une usine.) ; – réinterroger tout de suite le même élève (*Prénom*, Ulysse est dans une... ?, montrer l'usine) : • si l'élève donne la bonne réponse, le féliciter et valider la réponse ; • si l'élève ne répond pas après 4 secondes ou s'il répond de manière erronée, donner la bonne réponse.

Compréhension

• Questions en lien avec le **schéma narratif** (une question à chaque élève).

– *Prénom*, qui est le personnage de cette histoire ?

– *Prénom*, que fait Ulysse dans cette histoire ?

– *Prénom*, qu'est-ce qu'il utilise ?

Donner systématiquement un feedback à chaque élève pour chaque question en suivant la procédure, et selon les précisions ci-après *(réponse orale)* :

• Si l'élève répond correctement, le féliciter et valider la réponse (Bravo ! Ulysse est le personnage de cette histoire.).

• Si l'élève ne répond pas après 4 secondes, ou s'il répond de manière erronée :
- donner la bonne réponse (Ulysse est le personnage de l'histoire.) ;
- réinterroger tout de suite le même élève (*Prénom*, qui est le personnage de l'histoire ?) :
  - si l'élève donne la bonne réponse, le féliciter et valider la réponse ;
  - si l'élève ne répond pas après 4 secondes ou s'il répond de manière erronée, donner la bonne réponse.

• Compréhension des **inférences** (ne pas questionner plus de deux élèves) : Dans l'histoire on explique qu'Ulysse hurle. Qu'est-ce que vous pensez qu'il s'est passé ?
- Si un élève répond correctement, le féliciter et reformuler sa réponse.
- Si aucun élève ne répond après 4 secondes, donner une réponse : Moi j'imagine qu'Ulysse s'est blessé avec son ustensile usé.

• Questionner ensuite les autres élèves : Et les autres, vous imaginez autre chose ? Qu'est-ce que vous pensez qu'il s'est passé ?
- Si un élève répond correctement, le féliciter et reformuler sa réponse.
- Si aucun élève ne répond après 4 secondes, donner une autre réponse : On pourrait aussi imaginer qu'Ulysse s'est brûlé vers les casseroles.

3 Introduction de la correspondance graphème u – phonème /u/

Matériel
• La page-graphème u-U

• Le texte de la comptine

Introduction de la correspondance graphème-phonème en lien avec la comptine

Je vais relire l'histoire en vous montrant le texte cette fois-ci. Lire l'histoire en suivant le texte du doigt, en allongeant légèrement les phonèmes /u/ : Uulysse, dans son uusine, uutilise un uustensile uusé. Uurgence, il huurle.

Vous avez remarqué, on entend beaucoup de /u/ dans cette histoire. On voit aussi beaucoup cette lettre. Montrer la page-graphème et pointer la lettre U majuscule et u minuscule. C'est la lettre u qui fait le son /u/.

La lettre u s'écrit comme ça en minuscule (montrer le u sur la page-graphème). La lettre u s'écrit comme ça en majuscule (montrer le U sur la page-graphème). C'est la même lettre ; c'est le u.

Cette lettre permet d'écrire le son /u/, qu'on entend dans uuusine (montrer l'image de l'usine sur la page-graphème).

Questionner chaque élève au moins une fois sur la majuscule ET sur la minuscule : *Prénom*, quel son fait cette lettre ?

Feedback (voir p. 32)

Identification de la lettre u dans le texte de la comptine

- Reprendre le texte et le montrer aux élèves.
- Questionner chaque élève au moins une fois : *Prénom*, peux-tu me montrer une lettre u dans ce texte (montrer la page-graphème) ? Quel son fait cette lettre ?
  - Si l'élève montre un u minuscule : C'est bien la lettre u. C'est le u minuscule. Peux-tu maintenant me montrer la lettre U majuscule (montrer le U sur la page-graphème) ? Quel son fait cette lettre ?
  - Si l'élève montre le U majuscule : C'est bien la lettre u. C'est le U majuscule. Peux-tu maintenant me montrer une lettre u minuscule (montrer le u minuscule sur la page-graphème) ? Quel son fait cette lettre ?

Feedback (voir p. 28)

4 Tâche de conscience phonémique : identification du phonème initial

Matériel
- Une boite au bord de laquelle on a fixé les cartes-lettres u et U
- Les cartes-images à mélanger : usine, ustensile, hurle, uniforme, hublot, armoire, vélo, robot (*si l'activité est faite avec plus de deux élèves, ajouter* : oreille, chat, lapin)

Maintenant, on va écouter (montrer son oreille) les sons dans les mots. On va bien écouter si les mots commencent par le son /u/ ou pas.

- Montrer l'image de l'usine. Écoutez (dire le mot lentement, en allongeant le /u/), uuusine. Est-ce qu'on entend /u/ au début de uuusine ? Oui, on entend /u/ au début de uuusine. On met usine dans la boite du /u/.
- Faire de même avec l'image de l'ustensile.
- Montrer l'image de l'armoire. Écoutez (dire le mot lentement, en allongeant le /a/), aaarmoire. Est-ce qu'on entend /u/ au début de aaarmoire ? Non, on n'entend pas /u/ au début de aaarmoire. On ne met pas armoire dans la boite du /u/ (enlever la carte, de manière à ce qu'elle ne reste pas dans le champ de vision des élèves).
- Questionner les élèves à tour de rôle (questionner chaque élève au moins deux fois) : À vous maintenant. *Prénom*, est-ce qu'on entend /u/ au début de huuurle (montrer la carte à tous, puis la donner à l'élève qui décide où la mettre) ?
- Continuer exactement de la même manière avec les mots suivants. Attention à bien allonger le phonème initial de chaque mot, même des mots qui ne commencent pas par le son /u/.

Donner systématiquement un feedback à chaque élève pour chaque question en suivant la procédure, et selon les précisions ci-après *(réponse orale et motrice)* :

- Si l'élève répond correctement, le féliciter et valider la réponse (Bravo, on entend /u/ au début de huuurle, alors on met la carte dans la boite. l'y mettre ou Tu as raison, on n'entend pas /u/ au début de vvvélo, alors on ne met pas la carte dans la boite. la mettre à côté de la boite).
- Si l'élève ne répond pas après 4 secondes ou s'il répond de manière erronée :
  - donner la bonne réponse ;
  - reposer tout de suite la même question au même élève (*Prénom*, est-ce qu'on entend /u/ au début de huuurle ?) :
    - si l'élève donne la bonne réponse, le féliciter et valider la réponse ;
    - si l'élève ne répond pas après 4 secondes ou s'il répond de manière erronée, faire de la guidance physique (lui prendre la main pour mettre la carte dans la boite) et verbaliser (Oui, on entend /u/ au début de huuurle, alors on met la carte dans la boite., la mettre ou Non, on n'entend pas /u/ au début de vvvélo, alors on ne met pas la carte dans la boite. la mettre à côté de la boite).

5 Apprentissage du geste d'écriture avec le doigt sur un modèle

Matériel
- La page-graphème u-U
- Les modèles de lettres u-U en gris par élève

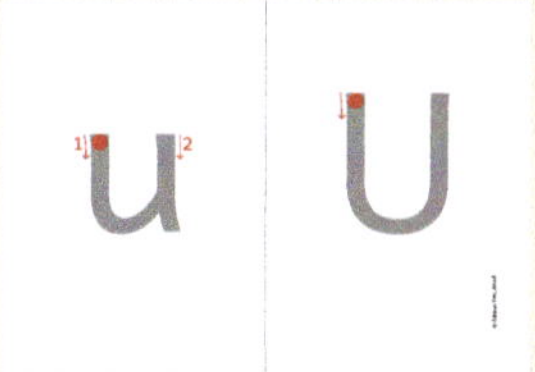

Cet exercice vise à aider les élèves à mémoriser la correspondance graphème-phonème, en réalisant le geste d'écriture de la lettre tout en prononçant le phonème correspondant.

- Montrer le u minuscule sur la page-graphème. Ça, c'est la lettre u en minuscule. On va s'entrainer à l'écrire. Prendre le modèle en gris. Je vous montre comment faire. Je commence là où il y a le point rouge. Faire le geste d'écriture avec le doigt. Je recommence en disant le son. Faire le geste en disant /uuuu/.
- Faire faire le geste aux élèves environ cinq fois en leur demandant de dire le son en même temps (*cf.* p. 29).
- Montrer le U majuscule sur la page-graphème. Ça, c'est la lettre U en majuscule. On va s'entrainer à l'écrire. Je vous remontre comment faire. Je commence là où il y a le point rouge. Faire le geste d'écriture avec le doigt. Je suis la flèche. Je recommence en disant le son. Faire le geste en disant /uuuu/.

Faire faire le geste aux élèves environ cinq fois en leur demandant de dire le son en même temps selon la même procédure que pour la minuscule.

6 Synthèse

Matériel
La page-graphème u-U

Bravo, vous avez bien travaillé ! Aujourd'hui on a (lors de la 1re présentation de la leçon) appris / (lorsque la leçon est répétée) revu la lettre u en minuscule (pointer le u sur la page-graphème) et en majuscule (pointer le U sur la page-graphème). Cette lettre fait le son /u/.

Cette leçon doit être effectuée au moins deux fois avec tous les élèves.

7 Évaluation formative

Après avoir répété cette leçon ***Introduire la CGP***, passer à la leçon ***Calligraphie*** (ci-après) avec les élèves dont les capacités motrices rendent la tenue du crayon possible.

Pour ceux pour qui ce n'est pas le cas, fairel'évaluation formative décrite à la fin de la leçon ***Calligraphie*** (p. 58) pour déterminer comment continuer à avancer.

Calligraphie

Cette leçon est à proposer aux élèves ayant des compétences en motricité fine qui devraient leur permettre, à terme, d'acquérir une écriture manuscrite fonctionnelle.

1 Annonce de l'objectif de la leçon

Aujourd'hui, on va s'entrainer à écrire la lettre u. Montrer la page-graphème.

2 Apprentissage du geste d'écriture avec le feutre sur le modèle en gris

• Chaque élève reçoit la feuille plastifiée avec le modèle du u et un feutre effaçable : On va s'entrainer à écrire la lettre u (montrer la page-graphème) avec un feutre.

• Expliquer comment écrire la lettre u en **verbalisant la procédure** : Je vous montre comment on fait. Je commence là où il y a le point. Je suis les flèches.
Effacer. Recommencer en **prononçant le phonème** /u/ : Maintenant on dit le son /u/ en écrivant : /uuuuu/. Effacer.

• À vous. Contrôler que les élèves tiennent leur feutre correctement et corriger la position de leurs doigts si nécessaire. Écrivez la lettre u et en même temps vous dites le son /uuuuu/.

• Contrôler que les élèves fassent le geste correctement. Lorsqu'un élève réalise le geste correctement, lui donner la consigne suivante : Bravo *Prénom* ! Tu peux effacer la lettre et recommencer encore trois fois pour t'entrainer (ou plus si l'élève est rapide). N'oublie pas de dire le son /u/ en écrivant la lettre.

Matériel
- La page-graphème u-U
- Un modèle de la lettre u en gris par élève
- Un feutre effaçable par élève
- Un crayon ou stylo par élève
- Un cahier d'écriture par élève

Aides (p. 30)

3 Apprentissage du geste avec le feutre sans modèle

Tournez vos feuilles. Essayez d'écrire la lettre u tout seuls sans modèle. Si vous ne vous rappelez pas, vous avez le droit de tourner votre feuille.

• Contrôler que les élèves fassent le geste correctement. Si les élèves ont fait juste, les féliciter et leur demander de continuer : Bravo ! Vous pouvez effacer la lettre et recommencer encore trois fois (ou plus s'ils le souhaitent) pour vous entrainer. N'oubliez pas de dire le son /u/ en écrivant la lettre.

Matériel
Les cartes-syllabes ra et ar

Aides (p. 31)

4 Écriture de lettres dans le cahier (*cf.* p. 31)

5 Synthèse

Bravo, vous avez bien travaillé ! Aujourd'hui vous vous êtes entrainés à écrire la lettre u en minuscule (pointer sur la page-graphème). Cette lettre fait le son /u/.

Cette leçon (ou une partie de celle-ci) peut être effectuée plusieurs fois avec les élèves.

Matériel
La page-graphème u-U

6 Évaluation formative

Faire l'évaluation formative suivante pour déterminer comment continuer à avancer.

Prénom, concentre-toi. C'est important.

• Montrer à l'élève la carte-lettre u. Quel son fait cette lettre ?

• Montrer à l'élève la carte-lettre U. Quel son fait cette lettre ?

• Si l'élève réussit l'évaluation, passer à la leçon ***Décodage*** (p. 62), même si l'élève a montré des difficultés dans les tâches de conscience phonémique, de compréhension de texte ou d'écriture de la lettre dans les leçons ***Introduire la CGP*** et ***Calligraphie.***

• Si l'élève ne réussit pas l'évaluation (il ne dit le son ni de la minuscule, ni de la majuscule, ou ne dit le son que d'une des deux écritures), passer à la leçon ***Remédiation de la CGP*** (ci-après).

Matériel
Les cartes-lettres u et U

Remédiation de la CGP

1 Annonce de l'objectif de la leçon

Aujourd'hui, on va s'entrainer à mieux connaitre la lettre u.

2 Révision des correspondances graphèmes-phonèmes (tri de graphèmes)

Matériel
- Douze cartes-lettres : 2 □ u, 2 □ U, 2 □ r, 2 □ R, 2 □ a, 2 □ A
- Les pages-graphèmes u-U, r-R et a-A

Matériel optionnel-récompense
10 smileys

• Poser les trois pages-graphèmes devant les élèves et réactiver les correspondances graphèmes-phonèmes apprises. Vous vous souvenez, le son /a/ s'écrit avec le a. Le a s'écrit comme ça en minuscule (montrer sur la page-graphème) et comme ça en majuscule (montrer sur la page-graphème). On entend /a/ dans aaavion, aaananas (montrer les images sur la page-graphème). Procéder de la même manière pour le r et le u.

• Mettre les trois pages-graphèmes alignées devant les élèves. Prendre une carte-lettre u, la montrer aux élèves et modeler : Quel son fait cette lettre ? Elle fait le son /u/. Je la mets ici (poser la carte-lettre sur la page-graphème u-U). Prendre une carte-lettre r : Quel son fait cette lettre ? Elle fait le son /r/. Je la mets ici (poser la carte-lettre sur la page-graphème r-R).

• À vous maintenant. Dites le son que fait la lettre et posez la lettre au bon endroit (montrer les pages-graphèmes). Donner les cartes-lettres aux élèves à tour de rôle. *Prénom*, quel son fait cette lettre ?

• Chaque élève est interrogé individuellement sur au moins trois cartes-lettres.

Feedback

Options d'adaptation au cas où l'élève rencontre des difficultés :

• Demander à l'élève de mettre la lettre au bon endroit sans nommer le phonème correspondant (tâche exclusivement centrée sur la reconnaissance visuelle des traits de la lettre sans lien avec sa prononciation).

• Mettre la carte-lettre à trier juste au-dessus d'une lettre d'une page-graphème (minuscule ou majuscule) et demander à l'élève : Est-ce que c'est la même lettre ?

3 Entrainement du geste d'écriture avec le doigt sur un modèle

Matériel
- La page-graphème u-U
- Les modèles de lettres u et U en gris par élève

Matériel optionnel-récompense
Deux smileys par élève

Cet exercice vise à aider les élèves à mémoriser la correspondance graphème-phonème, en réalisant le geste d'écriture de la lettre tout en prononçant le phonème correspondant.

• Montrer le u minuscule sur la page-graphème. Ça c'est la lettre u en minuscule. On va s'entrainer à l'écrire. Prendre le modèle en gris. Je vous montre comment faire. Je commence là où il y a le point rouge. Faire le geste d'écriture avec le doigt. Je recommence en disant le son. Faire le geste en disant /uuuu/.

Option récompense : donner un smiley si cinq tracés sont corrects.

• Faire faire le geste aux élèves environ cinq fois en leur demandant de dire le son en même temps (*cf.* p. 29).

Option récompense : donner un smiley si cinq tracés sont corrects.

• Montrer le U majuscule sur la page-graphème. Ça c'est la lettre U en majuscule. On va s'entrainer à l'écrire. Je vous remontre comment faire. Je commence là où il y a le point rouge. Faire le geste d'écriture avec le doigt. Je suis la flèche. Je recommence en disant le son. Faire le geste en disant /uuuu/.

• Faire faire le geste aux élèves environ cinq fois en leur demandant de dire le son en même temps selon la même procédure que pour la minuscule.

Option récompense : donner un smiley si cinq tracés sont corrects.

4 Jeux à choix

Proposer l'un des jeux suivants aux élèves, en veillant à refaire au moins deux fois d'affilée le même jeu, pour s'assurer que les élèves ont bien compris les règles du jeu et peuvent bien profiter du travail sur les correspondances graphèmes-phonèmes.

Jeu « le dé des graphèmes »

Matériel
- Un dé sur lequel on inscrit le u sur une face, le U sur une autre ainsi que deux ou trois autres graphèmes au choix (minuscules et/ou majuscules). Pour ces autres lettres, en choisir certaines que les élèves connaissent bien et certaines qui nécessitent d'être révisées.
- Le plateau de jeu et un pion par élève
- Les pages-graphèmes correspondant aux graphèmes écrits sur le dé

• Prendre le plateau de jeu et donner un pion à chaque élève. Prendre le dé et annoncer : On va faire un jeu pour réviser la lettre u et d'autres lettres. On joue comme ça. Vous lancez le dé. Vous tournez la lettre dans le bon sens. Vous pouvez vous aider du modèle (montrer la page-graphème). Ensuite vous dites le son que fait la lettre et si vous trouvez le bon son, vous pouvez avancer votre pion d'une case sur le plateau de jeu.

• Montrer un exemple.

• Donner le dé à un élève. *Prénom*, à toi. Les élèves, à tour de rôle, lancent le dé. Dans un premier temps, ils le **tournent** de manière à ce que le graphème soit à l'endroit. Donner des relances verbales au besoin : Mets la lettre dans le bon sens (montrer la page-graphème comme modèle si nécessaire).

Options d'adaptation au cas où l'élève rencontre des difficultés :

• Montrer trois orientations possibles de la lettre apparue sur la face supérieure du dé (une orientation correcte, une à l'envers et une de côté) et demander laquelle est la bonne *(question à choix)*.

• Ensuite, interroger l'élève sur **le son que fait la lettre** : Quel son fait cette lettre ?

Feedback

Demander à l'élève de mettre le dé sur la page-graphème correspondante ou de montrer celle-ci *(réponse motrice à choix)*.

Jeu « le memory des graphèmes »

Matériel
- Deux exemplaires (version plus difficile) ou quatre exemplaires (version plus facile) des cartes-lettres u et U et de deux ou trois autres graphèmes (minuscules et/ ou majuscules). Pour ces autres lettres, en choisir certaines que les élèves connaissent bien et certaines qui nécessitent d'être révisées.
- Les pages-graphèmes correspondantes si nécessaire

• Annoncer : On va faire un jeu de memory. Il faut retrouver deux lettres qui font le même son, par exemple u (montrer la carte-lettre u) et U (montrer la carte-lettre U). Si vous trouvez deux lettres qui font le même son, vous pouvez les prendre. Vous les avez gagnées. Si les lettres que vous retournez ne font pas le même son, vous les laissez dans le jeu, face cachée.

• Mélanger les cartes-lettres et les disposer, face cachée, sur la table.

• Montrer un exemple en disant le son de chaque lettre retournée.

Prénom, à toi. À tour de rôle, les élèves tirent deux cartes, nomment le phonème correspondant à chacune des deux cartes retournées, et peuvent les garder s'il s'agit du même graphème (qu'il s'agisse de deux minuscules, de deux majuscules ou d'une minuscule et d'une majuscule du même graphème).

Feedback

• Les pages-graphèmes peuvent être mises à disposition si nécessaire pour aider les élèves à se rappeler quelle minuscule va avec quelle majuscule.

• Variantes plus simples si la dénomination systématique des graphèmes (avec feedback) alourdit trop le jeu :
  - demander à l'élève : Est-ce que ces deux lettres sont les mêmes ?
  - nommer le phonème quand chacune des cartes est retournée et demander : Est-ce que ces deux lettres font le même son ?

• Suivre la règle selon laquelle on passe à l'élève suivant même si le précédent a gagné une paire, pour éviter l'inactivité trop longue de certains élèves. Le jeu s'arrête quand il ne reste plus de cartes sur la table.

Feedback

Autres adaptations de l'activité

Si la partie est rendue trop longue ou trop peu satisfaisante par les difficultés de mémorisation de l'emplacement des lettres, on peut faire une version simplifiée du memory. Dans cette version, quelques cartes (pas deux fois la même) sont laissées face visible. À tour de rôle, les élèves tournent une première carte. Si celle-ci est la même que l'une des cartes visibles, ils peuvent prendre la paire. Si ce n'est pas le cas, ils peuvent retourner une deuxième carte. Si cette deuxième carte est la même que l'une des cartes visibles ou que la première carte retournée, ils peuvent prendre la paire.

Si un élève rencontre des difficultés importantes à comprendre qu'un même graphème minuscule et majuscule est l'objet d'une paire, on peut momentanément ne considérer comme paire gagnante que les paires constituées de la même graphie (deux fois la majuscule ou deux fois la minuscule) des graphèmes.

Jeu « montrer le bon graphème avec une tapette à mouche »

Matériel
- Une carte-lettre u et une carte-lettre U, ainsi que les cartes-lettres minuscules ET majuscules de deux ou trois autres graphèmes. Pour ces autres lettres, en choisir certaines que les élèves connaissent bien et certaines qui nécessitent d'être révisées.
- Une tapette à mouche par élève

Matériel optionnel-récompense
10 smileys et un support par élève

- Disperser sur la table, face visible et dans le bon sens pour les élèves, les cartes-lettres minuscules.
  - Annoncer : On va faire un jeu. Je vous dis un son et il faut trouver la lettre qui fait ce son et la montrer avec la tapette à mouche.
  - Montrer un exemple.

Option récompense : Si vous faites juste, vous recevez un smiley. Le jeu s'arrête quand quelqu'un a réussi à avoir 10 smileys. Ça veut dire qu'il a gagné.

- Mélanger de temps en temps les cartes-lettres afin que les élèves ne basent pas leurs réponses sur des emplacements mémorisés.
- Procéder ensuite de la même manière avec les majuscules.

Feedback

Autres adaptations de l'activité

Placer entre 10 et 20 cartes-lettres devant les élèves (trois à cinq exemplaires de chaque carte-lettre). L'enseignant dit un phonème et, à tour de rôle, les élèves prennent une carte-lettre qui lui correspond (ils peuvent la garder s'ils prennent une bonne lettre du premier coup). Le jeu s'arrête quand toutes les cartes-lettres ont été ramassées par les élèves. Le gagnant est celui qui a le plus de cartes-lettres à la fin.

Les élèves peuvent également dire un phonème eux-mêmes à tour de rôle et les autres doivent trouver la carte-lettre correspondante.

5 Synthèse

Matériel
La page-graphème u-U

Bravo, vous avez bien travaillé ! Aujourd'hui, on s'est entrainés à bien connaitre la forme du u minuscule (montrer le u sur la page-graphème) et du U majuscule (montrer le U sur la page-graphème). C'est important de bien se rappeler de la forme des lettres et de savoir quel son elles font pour lire des histoires.

Cette leçon (ou une partie de celle-ci) peut être effectuée deux fois avec les élèves.

6 Évaluation formative

Faire l'évaluation formative suivante pour déterminer comment continuer à avancer.

Prénom, concentre-toi. C'est important.

• Montrer à l'élève la carte-lettre u. Quel son fait cette lettre ?

• Montrer à l'élève la carte-lettre U. Quel son fait cette lettre ?

• Si l'élève échoue, ne pas donner de feedback correctif et évaluer ses acquis en modalité non-verbale :

– disposer les quatre lettres minuscules sur la table, mélangées : *Prénom*, quelle lettre fait le son /u/ ?

– disposer les quatre lettres majuscules sur la table, mélangées : *Prénom*, quelle lettre fait le son /u/ ?

• Si l'élève réussit l'évaluation, que ce soit l'évaluation orale ou par pointage, passer à la leçon ***Décodage*** (ci-après).

• Si l'élève ne réussit pas l'évaluation (ni orale, ni par pointage) après avoir fait deux fois cette leçon ***Remédiation de la CGP*** (il ne dit le son de/ne pointe ni la minuscule, ni la majuscule, ou ne dit le son de/ne pointe que l'une des deux écritures), passer à la leçon ***Introduire la CGP « i »*** (p. 72), en continuant parallèlement à réviser la CGP u (***Remédiation de la CGP***) et si nécessaire les CGP précédentes.

Matériel
Les cartes-lettres u et U

Matériel optionnel
Huit cartes-lettres : r, a, u, i et R, A, U, I

Décodage

1 Annonce de l'objectif de la leçon

Aujourd'hui, on va réviser les lettres qu'on a apprises, le u, le r et le a. On va aussi (1re présentation de la leçon) apprendre à lire / (lorsque la leçon est répétée) revoir comment lire ces lettres ensemble, on va lire des syllabes. C'est important de connaitre beaucoup de lettres et de pouvoir les lire ensemble pour savoir lire des mots et des histoires.

2 Répétition des correspondances graphèmes-phonèmes (dé)

• Montrer la page-graphème u-U. Vous vous souvenez, le son /u/ s'écrit avec le u. Le u s'écrit comme ça en minuscule (montrer sur la page-graphème) et comme ça en majuscule (montrer sur la page-graphème). On utilise le u pour écrire uuusine (montrer l'image sur la page-graphème).

• Montrer la page-graphème r-R. Vous vous souvenez, le son /r/ s'écrit avec le r. Le r s'écrit comme ça en minuscule (montrer sur la page-graphème) et comme ça en majuscule (montrer sur la page-graphème). On utilise le r pour écrire rrrrobot ou rrrroue (montrer les images sur la page-graphème).

• Montrer la page-graphème a-A. Le son /a/ s'écrit avec la lettre a. La lettre a s'écrit comme ça en minuscule (montrer) et comme ça en majuscule (montrer). On utilise le a pour écrire aaaavion, aaaananas (montrer les images sur la page-graphème).

• Laisser les pages-graphèmes sous les yeux des élèves.

Matériel
- Les pages-graphèmes u-U, a-A et r-R
- Un dé sur les faces duquel on inscrit les lettres u, r et a en minuscule et majuscule
- *En option* : le plateau de jeu et un pion par élève

• Prendre le dé et annoncer : On va faire un petit jeu pour réviser les lettres qu'on a vues jusque-là. Chacun son tour, on lance le dé et on dit le son que fait la lettre.

• Montrer un exemple.

• Donner le dé à un élève. *Prénom*, à toi. Les élèves, à tour de rôle, lancent le dé et disent le son que fait la lettre obtenue. Arrêter après que chaque élève a lancé le dé trois ou quatre fois.

• Option d'adaptation : prendre le plateau de jeu et donner un pion à chaque élève. Dire aux élèves qu'ils peuvent avancer leur pion chaque fois qu'ils disent le son correspondant à la lettre obtenue sur le dé (N.B. : cette option peut être plus ludique aux yeux des élèves mais peut passablement augmenter le temps passé à cette activité).

Feedback (voir p. 32)

3 Fusion de phonèmes à l'oral

Matériel
- Les cartes-images rue, hurle, luge, lune, jus
- Trois pièces de LEGO®

• Prendre les trois pièces de LEGO®.
Je vais dire un mot en séparant les sons. On va coller les sons pour retrouver quel mot c'est. Écoutez bien. Dire chaque son en montrant une pièce de LEGO®, de la gauche vers la droite pour les élèves : /lll – uuu – nnn/ puis assembler les pièces : C'est le mot lune (dire le mot en prolongeant légèrement les sons). Si nécessaire montrer la carte-image correspondante.

• Interroger les élèves à tour de rôle, individuellement. *Prénom*, à toi. Prendre deux pièces de LEGO®, dire /jjj/ en montrant la pièce à la gauche de l'élève et /uuu/ en montrant la pièce à la droite de l'élève, assembler les pièces et demander : C'est quel mot ? Si nécessaire montrer la carte-image correspondante après la fusion des phonèmes.

• Procéder de la même manière avec les mots rue, hurle et luge.

Feedback (voir p. 42)

4 Enseignement de la procédure de décodage

Matériel
- Les cartes-syllabes ru et ur
- La carte-mot rue
- La carte-image rue

Lire la syllabe consonne-voyelle ru

ru
•⟶

Prendre la carte-syllabe ru et la montrer aux élèves de façon à ce qu'elle soit bien visible, face à eux. On va lire cette syllabe.

Lire chaque graphème

On va d'abord dire le son de chaque lettre. Pointer r : /rrrr/. Pointer u : /uuuu/. Encore une fois, faites-le avec moi : pointer r : /rrrr/. Pointer u : /uuuu/.

Interroger les élèves à tour de rôle, individuellement. Maintenant chacun votre tour : *Prénom*, pointer r : Quel son ? Pointer u : Quel son ?

Feedback (voir p. 43)

Lire la syllabe lentement

• Pointer le rond au début de la flèche. Maintenant, on va lire la syllabe lentement en allongeant les sons. On ne va pas s'arrêter entre les sons.

- Avancer lentement sur la flèche avec le doigt, au fur et à mesure de la prononciation : /rrrruuuu/. Encore une fois, faites-le avec moi. L'enseignant et/ou les élèves avancent lentement sur la flèche avec le doigt : /rrrruuuu/.
- Répéter l'exercice jusqu'à ce que les élèves lisent la syllabe en allongeant les sons et sans pause.

- Interroger les élèves à tour de rôle, individuellement. Maintenant chacun votre tour. *Prénom*, à toi. L'enseignant et/ou l'élève avance lentement sur la flèche avec le doigt.

→ **Feedback** (voir p. 43)

Lire la syllabe rapidement

- Pointer le rond au début de la flèche. Maintenant, on va lire la syllabe rapidement. Avancer rapidement sur la flèche avec le doigt en lisant la syllabe : /ru/. Encore une fois, faites-le avec moi. L'enseignant et/ou les élèves avancent rapidement sur la flèche avec le doigt : /ru/.
- Interroger les élèves à tour de rôle, individuellement. Maintenant chacun votre tour. *Prénom*, à toi. L'enseignant et/ou l'élève avance rapidement sur la flèche avec le doigt.

→ **Feedback** (voir p. 44)

1re leçon	Lorsque la leçon est répétée
Bravo, vous avez lu /ru/, comme la rue ! (Si nécessaire montrer la carte-image de rue.) On entend aussi /ru/ dans les mots rugir, rugby.	**Introduction de la lettre muette** rue Montrer la carte-mot rue avec la lettre muette en gris, face aux élèves : On va lire ce mot, avec cette lettre à la fin (montrer le e). Cette lettre ne fait aucun son à la fin de ce mot. Vous vous souvenez, on dit que c'est une lettre muette. C'est pour ça que je l'ai écrite en gris. **Lire chaque graphème** On va d'abord dire le son de chaque lettre. Pointer r : /rrrrr/. Pointer u : /uuuuu/. Pointer e : Cette lettre ne fait aucun son dans ce mot. Encore une fois, faites-le avec moi : Pointer r : /rrrrr/. Pointer u : /uuuuu/. Pointer e : Cette lettre ne fait aucun son dans ce mot. **Lire le mot en allongeant les phonèmes** Pointer le rond au début de la flèche. Maintenant on va lire ce mot lentement en allongeant les sons. On ne va pas s'arrêter entre les sons. Avancer lentement sur la flèche avec le doigt, au fur et à mesure de la prononciation : /rrrruuuuu/. Encore une fois, faites-le avec moi. L'enseignant et/ou les élèves avancent lentement sur la flèche avec le doigt : /rrrruuuuu/. Répéter l'exercice jusqu'à ce que les élèves lisent le mot en allongeant les sons et sans pause. Interroger les élèves à tour de rôle, individuellement. Maintenant chacun votre tour. *Prénom*, à toi. L'enseignant et/ou l'élève avance lentement sur la flèche avec le doigt. **Lire le mot rapidement** Pointer le rond au début de la flèche. Maintenant, on va lire ce mot rapidement. Avancer rapidement sur la flèche avec le doigt en lisant le mot : /ru/. Encore une fois, faites-le avec moi. L'enseignant et/ou les élèves avancent rapidement sur la flèche avec le doigt : /ru/. Interroger les élèves à tour de rôle, individuellement. Maintenant chacun votre tour. *Prénom*, à toi. L'enseignant et/ou l'élève avance rapidement sur la flèche avec le doigt. Bravo, vous avez lu rue, la rue ! (si nécessaire montrer la carte-image de la rue).

Lire la syllabe voyelle-consonne ur

Prendre la carte-syllabe ur et la montrer aux élèves de façon à ce qu'elle soit bien visible, face à eux. On va lire cette syllabe.

Lire chaque graphème

On va d'abord dire le son de chaque lettre. Pointer u : /uuuu/. Pointer r : /rrrr/. Encore une fois, faites-le avec moi : pointer u : /uuuu/. Pointer r : /rrrr/.

ur

Interroger les élèves à tour de rôle, individuellement. Maintenant chacun votre tour : *Prénom*, pointer u : Quel son ? Pointer r : Quel son ?

Feedback (voir p. 45)

Lire la syllabe lentement

- Pointer le rond au début de la flèche. Maintenant on va lire la syllabe lentement en allongeant les sons. On ne va pas s'arrêter entre les sons.
- Avancer lentement sur la flèche avec le doigt, au fur et à mesure de la prononciation : /uuuuurrrrr/. Encore une fois, faites-le avec moi. L'enseignant et/ou les élèves avancent lentement sur la flèche avec le doigt : /uuuuurrrrr/. Répéter l'exercice jusqu'à ce que les élèves lisent la syllabe en allongeant les sons et sans pause.
- Interroger les élèves à tour de rôle, individuellement. Maintenant chacun votre tour. *Prénom*, à toi. L'enseignant et/ou l'élève avance lentement sur la flèche avec le doigt.

Feedback (voir p. 45)

Lire la syllabe rapidement

- Pointer le rond au début de la flèche. Maintenant, on va lire la syllabe rapidement.
- Avancer rapidement sur la flèche avec le doigt en lisant la syllabe : /ur/. Encore une fois, faites-le avec moi. L'enseignant et/ou les élèves avancent rapidement sur la flèche avec le doigt : /ur/.
- Interroger les élèves à tour de rôle, individuellement. Maintenant chacun votre tour. *Prénom*, à toi. L'enseignant et/ou l'élève avance rapidement sur la flèche avec le doigt.

Feedback (voir p. 45)

Vous avez lu /ur/, bravo ! On entend /ur/ dans les mots urgent, hurler, voiture.

5 Synthèse

Matériel
La carte-syllabe ru

Bravo, vous avez bien travaillé ! Aujourd'hui, on a appris à lire deux lettres ensemble en les collant, comme ça (montrer la carte-syllabe ru), /r/ et /u/, qui font /rrrrruuuuuuu/, comme dans rugby.

Effectuer deux fois cette leçon avec tous les élèves puis passer à la leçon d'encodage.

Encodage

1 Annonce de l'objectif de la leçon

Aujourd'hui, on va s'entrainer à écrire des débuts de mots avec les lettres qu'on a apprises, le u, le r et le a. C'est important de connaitre beaucoup de lettres et de savoir dans quel ordre les mettre pour écrire des mots et des histoires.

2 Répétition des correspondances graphèmes-phonèmes (dé)

Matériel
- Les pages-graphèmes u-U, a-A et r-R
- Un dé sur les faces duquel on inscrit les lettres u, r et a en minuscule et en majuscule

• Montrer la page-graphème u-U. Vous vous souvenez, le son /u/ s'écrit avec le u. Le u s'écrit comme ça en minuscule (montrer sur la page-graphème) et comme ça en majuscule (montrer sur la page-graphème). On utilise le u pour écrire uuusine (montrer l'image sur la page-graphème).

• Montrer la page-graphème r-R. Vous vous souvenez, le son /r/ s'écrit avec le r. Le r s'écrit comme ça en minuscule (montrer sur la page-graphème) et comme ça en majuscule (montrer sur la page-graphème). On utilise le r pour écrire rrrrobot ou rrrroue (montrer les images sur la page-graphème).

• Montrer la page-graphème a-A. Le son /a/ s'écrit avec la lettre a. La lettre a s'écrit comme ça en minuscule (montrer) et comme ça en majuscule (montrer). On utilise le a pour écrire aaaavion, aaaananas (montrer les images sur la page-graphème).

Laisser les pages-graphèmes sous les yeux des élèves.

• Prendre le dé et annoncer : On va faire un petit jeu pour réviser les lettres qu'on a vues jusque-là. Chacun son tour, on lance le dé et on dit le son que fait la lettre.

• Montrer un exemple.

• Donner le dé à un élève. *Prénom*, à toi. Les élèves, à tour de rôle, lancent le dé et disent le son que fait la lettre obtenue. Arrêter après que chaque élève a lancé le dé trois ou quatre fois.

• Option d'adaptation : prendre le plateau de jeu et donner un pion à chaque élève. Dire aux élèves qu'ils peuvent avancer leur pion chaque fois qu'ils disent le son correspondant à la lettre obtenue sur le dé (N.B. : cette option peut être plus ludique aux yeux des élèves mais peut passablement augmenter le temps passé à cette activité).

Feedback (voir p. 32)

3 Allongement des phonèmes dans les mots

Matériel
Les cartes-images hurle, luge, lune et jus

• On va dire des mots très lentement en allongeant les sons. Poser la carte-image de la rue sur la table, de manière à ce qu'elle soit bien visible pour les élèves : On va commencer par le mot rue. Prononcer le mot en allongeant les sons et en étirant les bras en même temps : /rrrrrrrruuuuuuuu/.

Tout le monde le fait avec moi, vous êtes prêts ? /rrrrrrrruuuuuuuu/ (étirer les bras).

• Faire de même avec les mots hurle, luge, lune et jus.

• Interroger les élèves à tour de rôle, individuellement. Donner une carte-image à un élève : *Prénom*, à toi, dis ce mot très lentement en allongeant les sons.

Feedback (voir p. 47)

4 Enseignement de la procédure d'encodage avec des lettres mobiles

Matériel
- Deux lettres mobiles, r et u, par élève
- Une carte-flèche par élève
- Les cartes-images rugby, urgence

Encodage de la syllabe consonne-voyelle /ru/

• Poser les lettres mobiles pour qu'elles soient visibles face aux élèves. Maintenant, on va écrire des syllabes. Je vous montre comment faire.

On va écrire /ru/. Dans /rrrrrruuu/, on entend d'abord /r/. On met le r ici au début de la flèche (placer la lettre mobile r au-dessus du rond sur la carte-flèche). Dans /rrruuuuuuu/, on entend ensuite /uuuuu/ (placer la lettre mobile u à côté du r). On a écrit /rrrrruuuuu/ (suivre la flèche du doigt), c'est le début du mot rugby (montrer la carte-image).

• Donner les deux lettres mobiles et une carte-flèche à chaque élève. Interroger chaque élève à tour de rôle, individuellement. À vous maintenant. *Prénom*, écris /rrrrruuuuu/.

• Donner des aides verbales si nécessaire : Qu'est-ce que tu entends au tout début de /rrrrrruuu/ ? Prends la lettre et pose-la au début de la flèche. Qu'est-ce que tu entends ensuite dans /rrruuuuuuu/ ? Prends la lettre et pose-la après le r.

Feedback (voir p. 48)

• Bravo, tu as écrit ru, c'est le début du mot rugby (montrer la carte-image), rugir...

Enlever les lettres mobiles des cartes-flèches avant d'interroger l'élève suivant.

Encodage de la syllabe voyelle-consonne /ur/

Maintenant, on va écrire ur. Dans /uuuuuurrr/, j'entends d'abord /u/. On le met ici au début de la flèche (placer la lettre mobile u au-dessus du rond sur la carte-flèche). Dans /uuurrrrrr/, on entend ensuite /rrrrrr/ (placer la lettre mobile r à côté du u). On a écrit /uuuuurrrrrr/ (suivre la flèche du doigt), c'est le début du mot urgence (montrer la carte-image).

• Interroger chaque élève à tour de rôle, individuellement. À vous maintenant. *Prénom*, écris /uuuuurrrrr/.

• Donner des aides verbales si nécessaire : Qu'est-ce que tu entends au tout début de /uuuuuurrr/ ? Prends la lettre et pose-la au début de la flèche. Qu'est-ce que tu entends ensuite dans /uuurrrrrrrr/ ? Prends la lettre et pose-la après le u.

Feedback (voir p. 48)

• Bravo, tu as écrit ur, c'est le début du mot urgence (montrer la carte-image) ou la fin du mot mur...

Enlever les lettres mobiles des cartes-flèches avant d'interroger l'élève suivant.

5 Écriture manuscrite des syllabes ru et ur dans le cahier

Matériel
Un cahier d'écriture et un crayon par élève

Cette activité est destinée aux élèves ayant des compétences en motricité fine qui devraient leur permettre, à terme, d'acquérir une écriture manuscrite fonctionnelle.

Maintenant, je vais vous donner votre cahier d'écriture.

Montrez-moi d'abord comment vous tenez votre stylo/crayon. Contrôler que les élèves tiennent leur stylo/crayon correctement et corriger la position de leurs doigts si nécessaire.

Maintenant :

- écrivez la syllabe ru sur les lettres en gris (montrer la première ligne d'écriture) ; écrivez la syllabe ur sur les lettres en gris (montrer la première ligne d'écriture) ;
- écrivez la syllabe ru sans modèle, en partant du point de départ (montrer la troisième ligne d'écriture) ; maintenant écrivez la syllabe ur sans modèle, en partant du point de départ (montrer la quatrième ligne d'écriture) ;
- écrivez la bonne syllabe, ru ou ur, au début des mots (montrer les endroits à compléter) ;
- écrivez la syllabe que je dis sur les quatre traits en bas de la page : ru, ur, ru, ur (si nécessaire, montrer les traits au fur et à mesure).

• Contrôler que les élèves fassent le geste correctement et leur donner des feedbacks personnalisés si nécessaire (p.e. : Le trait s'arrête à la ligne, il ne descend pas plus bas ; qu'est-ce que tu entends au tout début de /uuuuuurrr/ ? etc.).

6 Synthèse

Bravo, vous avez bien travaillé ! Aujourd'hui, on a appris à écrire ru et ur. On a appris à mettre les bonnes lettres dans le bon ordre : r – u pour ru (mettre les lettres mobiles dans le bon ordre) et u – r pour ur (changer l'ordre des lettres mobiles). On s'est aussi entrainés à écrire ces syllabes avec le crayon.

Effectuer une fois cette leçon avec tous les élèves.

Matériel
Les lettres mobiles u et r

7 Évaluation formative

Après avoir effectué deux fois la leçon ***Décodage*** et une fois la leçon ***Encodage***, faire l'évaluation formative pour déterminer comment continuer à avancer.

Prénom, concentre-toi. C'est important.

- Montrer à l'élève la carte-syllabe ru. Lis cette syllabe.
- Montrer à l'élève la carte-syllabe ur. Lis cette syllabe.
- Si l'élève lit la syllabe en séparant les sons, dire : C'est bien, mais maintenant tu lis sans t'arrêter entre les sons. Avancer lentement sur la flèche avec le doigt. Ne considérer l'évaluation comme réussie que s'il arrive à lire les syllabes en fusionnant les sons.
- Si l'élève réussit l'évaluation, passer à la leçon ***Introduire la CGP « i »*** (p. 72), même s'il a montré des difficultés dans la tâche de fusion de phonèmes, d'allongement de mots ou d'encodage de syllabes. En effet, ces compétences seront retravaillées par la suite avec d'autres sons.
- Si l'élève ne réussit pas l'évaluation, faire la leçon ***Remédiation du décodage*** (ci-après).

Matériel
Les cartes-syllabes ru et ur

Remédiation du décodage

La leçon suivante est prévue dans le cas où les correspondances graphèmes-phonèmes sont mémorisées de façon isolée mais que le décodage des syllabes n'est pas réussi. Il s'agit d'effectuer la leçon suivante en adaptant les aides selon ce qui pose problème aux élèves. Pour ce faire, (re)passer l'évaluation formative avant de commencer cette leçon. Les différents cas de figure possibles et les aides correspondantes sont les suivants :

- **L'élève lit les deux graphèmes sans les fusionner (fait une pause entre les phonèmes)** : réaliser cette leçon de remédiation dans son ensemble en insistant sur la fusion de phonèmes à l'oral (activité 2) et sur le rapprochement physique des lettres mobiles lors du décodage (activité 3).
- **L'élève ne prononce pas le bon nombre de phonèmes par rapport au nombre de graphèmes dans la syllabe/le mot** : le rendre attentif au fait que ce qu'il a dit correspond à une seule lettre alors qu'il y en a deux (ou à deux lettres alors qu'il y en a trois, etc.). Pointer chaque graphème en nommant le phonème correspondant, rendre l'élève attentif au nombre de lettres puis fusionner les phonèmes correspondants (par exemple : pointer r : /r/, pointer u : /u/, dire à l'élève : Attention, il y a deux sons, /rrrrruuuuu/).

• **L'ordre des deux graphèmes n'est pas respecté lors du décodage** (p.e. l'élève lit la syllabe ur /ru/) : réaliser cette leçon de remédiation dans son ensemble, mais dans l'activité de décodage (activité 3) cacher le deuxième graphème le temps que l'élève lise le premier en l'allongeant, puis découvrir le deuxième.

• **Le regard de l'élève se porte sur la flèche au lieu de se porter sur les lettres** : réaliser cette leçon de remédiation dans son ensemble, mais dans l'activité de décodage, enlever la flèche et faire le geste de gauche à droite directement en dessous des lettres mobiles.

• **Si un élève montre une difficulté à se souvenir d'une des correspondances graphèmes-phonèmes** (par exemple, se souvient de la dernière correspondance graphème-phonème apprise mais plus des précédentes) : refaire la/les leçon-s de mémorisation de la CGP correspondante-s.

1 Annonce de l'objectif de la leçon

Aujourd'hui, on va s'entrainer à bien lire des lettres ensemble.

2 Fusion de phonèmes à l'oral

Matériel
Deux pièces de LEGO®

• Prendre les deux pièces de LEGO® et les placer l'une à côté de l'autre. On va s'entrainer à assembler des sons.

• Montrer la pièce à gauche de l'élève en disant /rrrrr/ puis la deuxième pièce à droite de l'élève en disant /uuuuu/. Assembler les deux pièces en fusionnant les phonèmes : /rrrruuuuu/. Mettre en évidence le sens du mot ou placer la syllabe dans un mot : /ru/, comme la rue, ou comme on entend dans rugir, rupture...

• Faites-le avec moi. Montrer la pièce à gauche des élèves en disant /rrrrr/ puis la deuxième pièce à droite des élèves en disant /uuuuu/. Assembler les deux pièces en fusionnant les phonèmes : /rrrruuuu/. Veiller à ce que les élèves disent la syllabe avec l'enseignant ou après lui. Mettre en évidence le sens du mot ou placer la syllabe dans un mot : /ru/, comme la rue ou comme ou entend dans rugby...

• Interroger les élèves à tour de rôle, individuellement. *Prénom*, à toi. Prendre deux pièces de LEGO®, dire /uuuuu/ en montrant la pièce à la gauche de l'élève et /rrrrr/ en montrant la pièce à la droite de l'élève, assembler les pièces et laisser l'élève fusionner les phonèmes. Mettre en évidence le sens du mot ou placer la syllabe dans un mot : /ur/, comme on entend dans urgent, voiture, confiture...

• Recommencer avec les syllabes suivantes : ra, ar, ri, ir.

Feedback (voir p. 42)

3 Répétition de la procédure de décodage

Matériel
• Deux lettres mobiles : r et u
• Une carte-flèche

• Prendre la carte-flèche et les lettres mobiles. Mettre les lettres mobiles l'une à côté de l'autre (écrire ru), au-dessus de la flèche, de façon bien visible, face aux élèves. On va lire cette syllabe.

• Pointer chaque graphème et demander aux élèves de dire le phonème correspondant : pointer r : /rrrr/, pointer u : /uuuu/.

Lire la syllabe en faisant le geste de gauche à droite

- Lire la syllabe, ni trop lentement ni trop rapidement, en suivant la flèche avec le doigt : /rrruuu/. Faites-le avec moi : /rrruuu/.
  - Si l'ordre des graphèmes n'est pas respecté, procéder de la même manière mais en cachant le deuxième graphème le temps que le premier soit oralisé.
  - Si un élève regarde la flèche au lieu de regarder les lettres : supprimer la carte-flèche et procéder de la même manière en faisant le geste de gauche à droite directement sous les lettres.
  - Si un élève fait une pause entre les phonèmes, illustrer la fusion des phonèmes en rapprochant les lettres mobiles l'une de l'autre en allongeant les sons.
- Interroger les élèves à tour de rôle, individuellement, sur les syllabes ru ET ur. Maintenant chacun votre tour.

Prénom, à toi. Pointer r : Quel son ? Pointer u : Quel son ? Lis la syllabe. L'enseignant et/ou l'élève avance ni lentement ni rapidement sur la flèche avec le doigt (ou juste sous les lettres ; ou en cachant momentanément le deuxième graphème ; ou en rapprochant les lettres mobiles l'une de l'autre).

- Changer les deux lettres mobiles de place pour écrire ur. *Prénom*, à toi. Pointer u : Quel son ? Pointer r : Quel son ? Lis la syllabe. L'enseignant et/ou l'élève avance ni lentement ni rapidement sur la flèche avec le doigt (ou juste sous les lettres ; ou en cachant momentanément le deuxième graphème ; ou en rapprochant les lettres mobiles l'une de l'autre).

Feedback (voir p. 52)

4 Pointer la bonne syllabe

Matériel
Les cartes-syllabes ra, ar, ru, ur

- Prendre les quatre cartes-syllabes et les mettre l'une à côté de l'autre, face aux élèves. On va montrer la syllabe que je dis : /uuuurrrr/. Montrer la carte-syllabe ur.
- Faites-le avec moi. Montrez-moi : /uuuurrrr/. Demander aux élèves de pointer la bonne syllabe.
- Changer les quatre cartes-syllabes de place. Interroger ensuite les élèves individuellement au moins deux fois sur les syllabes ru ET ur : *Prénom*, montre-moi... Changer systématiquement de place les quatre cartes-syllabes après chaque réponse de l'élève.

Feedback (voir p. 53)

5 Synthèse

Matériel
Les cartes-syllabes ru et ur

Bravo, vous avez bien travaillé. Aujourd'hui, on s'est entrainés à bien lire des lettres ensemble (montrer les cartes-syllabes).

Cette leçon peut être effectuée deux fois avec les élèves.

6 Évaluation formative

Matériel
Les cartes-syllabes ru et ur

Matériel optionnel
Quatre cartes-syllabes : ra, ar, ru et ur

Faire l'évaluation formative suivante pour déterminer comment continuer à avancer.

Prénom, concentre-toi. C'est important.

- Montrer à l'élève la carte-syllabe ru. Lis cette syllabe.
- Montrer à l'élève la carte-syllabe ur. Lis cette syllabe.

• Si l'élève échoue, ne pas donner de feedback correctif et évaluer ses acquis en modalité non-verbale :

- disposer les quatre cartes-syllabes sur la table, mélangées : *Prénom*, montre-moi /ur/.
- changer les cartes de place : *Prénom*, montre-moi /ru/.

• Si l'élève réussit l'évaluation, que ce soit l'évaluation orale ou par pointage, passer à la leçon ***Introduire la CGP « i »*** (ci-après).

• Si l'élève ne réussit pas l'évaluation (ni orale, ni par pointage), passer à la leçon ***Introduire la CGP « i »*** (ci-après) et continuer à bien entrainer la procédure de décodage dans les prochaines leçons de décodage.

Introduire la CGP

1 Annonce de l'objectif de la leçon

Aujourd'hui, on va (1re présentation de la leçon) apprendre une nouvelle lettre / (lorsque la leçon est répétée) revoir les lettres qu'on a apprises les dernières fois. Les lettres sont utiles pour savoir lire et écrire des mots et des histoires. C'est important de connaitre la forme des lettres. C'est aussi important de connaitre le son qu'elles font.

2 Présentation de la comptine du phonème /i/ et travail sur la compréhension

Matériel
Le livre des comptines

Je vais vous raconter une petite histoire. Écoutez bien (montrer l'image aux élèves) : Inès et Igor imaginent vivre dans un immense igloo sur une ile !

Dans cette histoire, Inès (montrer Inès) et Igor (montrer Igor) imaginent (montrer la bulle), ça veut dire qu'ils rêvent, c'est dans leur tête. Inès et Igor imaginent qu'ils vivent dans un immense igloo (montrer l'igloo) sur une ile (montrer l'ile).

Vocabulaire

Feedback (voir p. 54)

1re leçon	Lorsque la leçon est répétée
Compréhension du vocabulaire Montrer l'image de la comptine. Questionner au moins une fois chaque élève : – *Prénom*, montre-moi l'igloo. – *Prénom*, montre-moi l'ile. – *Prénom*, montre-moi Inès. – *Prénom*, montre-moi Igor.	**Production du vocabulaire** Montrer l'image de la comptine. Demander aux élèves, à tour de rôle, de produire les mots attendus (une question par élève) : – *Prénom*, qu'est-ce que c'est (montrer l'ile) ? – *Prénom*, qu'est-ce que c'est (montrer l'igloo) ? – *Prénom*, comment est l'igloo (montrer l'immense igloo) ?

Compréhension

Feedback (voir p. 57)

- Questions en lien avec le schéma narratif (une question à chaque élève) :

– *Prénom*, qui sont les personnages de cette histoire ?

– *Prénom*, Inès et Igor imaginent vivre où ?

- Compréhension des verbes mentaux (ne pas questionner plus de deux élèves) : Dans l'histoire, on explique qu'Inès et Igor imaginent vivre dans un igloo. Est-ce qu'ils habitent réellement dans un igloo ?
  - Si un élève répond correctement, le féliciter et reformuler sa réponse.
  - Si aucun élève ne répond après 4 secondes, donner une réponse : Non, ils imaginent vivre dans un igloo, ça veut dire qu'ils rêvent.

- Questionner ensuite les autres élèves : Et les autres, vous pensez qu'Inès et Igor vivent où en réalité ?
  - Si un élève répond correctement, le féliciter et reformuler sa réponse.
  - Si aucun élève ne répond après 4 secondes, donner une autre réponse : Peut-être qu'en vrai ils vivent dans un appartement ou dans une maison.

3 Introduction de la correspondance graphème i – phonème /i/

Introduction de la correspondance graphème-phonème en lien avec la comptine

Je vais relire l'histoire en vous montrant le texte cette fois-ci. Lire l'histoire en suivant le texte du doigt, en allongeant légèrement les phonèmes /i/ : Iinès et Iigor iimagiinent viivre dans un iimmense iigloo sur une iile.

Vous avez remarqué, on entend beaucoup de /i/ dans cette histoire. On voit aussi beaucoup cette lettre. Montrer la page-graphème et pointer la lettre I majuscule et i minuscule. C'est la lettre i qui fait le son /i/.

La lettre i s'écrit comme ça en minuscule (montrer le i sur la page-graphème). La lettre i s'écrit comme ça en majuscule (montrer le I sur la page-graphème). C'est la même lettre ; c'est le i.

Cette lettre permet d'écrire le son /i/, qu'on entend dans iiiigloo (montrer l'image de l'igloo sur la page-graphème) et dans iiiile (montrer l'image de l'ile sur la page-graphème).

Questionner chaque élève au moins une fois sur la majuscule ET sur la minuscule : *Prénom*, quel son fait cette lettre ?

Identification de la lettre i dans le texte de la comptine

- Reprendre le texte et le montrer aux élèves.
- Questionner chaque élève au moins une fois : *Prénom*, peux-tu me montrer une lettre i dans ce texte (montrer la page-graphème) ? Quel son fait cette lettre ?
  - Si l'élève montre un i minuscule : C'est bien la lettre i. C'est le i minuscule. Peux-tu maintenant me montrer la lettre I majuscule (montrer le I sur la page-graphème) ? Quel son fait cette lettre ?
  - Si l'élève montre le I majuscule : C'est bien la lettre i. C'est le I majuscule. Peux-tu maintenant me montrer une lettre i minuscule (montrer le i minuscule sur la page-graphème) ? Quel son fait cette lettre ?

Matériel
- La page-graphème i-I

- Le texte de la comptine

Feedback (voir p. 32)

Feedback (voir p. 28)

4 Tâche de conscience phonémique : identification du phonème initial

Maintenant, on va écouter (montrer son oreille) les sons dans les mots. On va bien écouter si les mots commencent par le son /i/ ou pas.

- Montrer l'image de l'igloo. Écoutez (dire le mot lentement, en allongeant le /i/), iiiigloo. Est-ce qu'on entend /i/ au début de iiiigloo ? Oui, on entend /i/ au début de iiiigloo. On met igloo dans la boite du /i/.
- Faire de même avec l'image de l'ile.
- Montrer l'image de l'orange. Écoutez (dire le mot lentement, en allongeant le /o/), ooorange. Est-ce qu'on entend /i/ au début de ooorange ? Non, on n'entend pas /i/ au début de ooorange. On ne met pas orange dans la boite du /i/ (enlever la carte, de manière à ce qu'elle ne reste pas dans le champ de vision des élèves).
- Questionner les élèves à tour de rôle (questionner chaque élève au moins deux fois) : À vous maintenant. *Prénom*, est-ce qu'on entend /i/ au début de hiiibou (montrer la carte à tous, puis la donner à l'élève qui décide où la mettre) ?

Matériel
- Une boite au bord de laquelle on a fixé les cartes-lettres i et I
- Les cartes-images à mélanger : igloo, ile, hibou, iguane, orange, abeille, fantôme (*si l'activité est faite avec plus de deux élèves, ajouter* : immeuble, éléphant, vache)

• Continuer exactement de la même manière avec les mots suivants. Attention à bien allonger le phonème initial de chaque mot, même des mots qui ne commencent pas par le son /i/.

Feedback (voir p. 56)

5 Apprentissage du geste d'écriture avec le doigt sur un modèle

Cet exercice vise à aider les élèves à mémoriser la correspondance graphème-phonème, en réalisant le geste d'écriture de la lettre tout en prononçant le phonème correspondant.

• Montrer le i minuscule sur la page-graphème. Ça, c'est la lettre i en minuscule. On va s'entrainer à l'écrire. Prendre le modèle en gris. Je vous montre comment faire. Je commence là où il y a le point rouge. Faire le geste d'écriture avec le doigt. Je recommence en disant le son. Faire le geste en disant /iiii/.

• Faire faire le geste aux élèves environ cinq fois en leur demandant de dire le son en même temps. On va faire ce geste plusieurs fois, pour bien s'entrainer, et en même temps on dit le son. Si un élève n'arrive pas à faire le geste seul, le faire avec lui en guidance physique (se mettre derrière lui, à sa gauche s'il est gaucher, à sa droite s'il est droitier), et lui demander de dire le son en même temps.

Option récompense : donner un smiley si cinq tracés sont corrects.

• Montrer le I majuscule sur la page-graphème. Ça, c'est la lettre I en majuscule. On va s'entrainer à l'écrire. Je vous remontre comment faire. Je commence là où il y a le point rouge. Faire le geste d'écriture avec le doigt. Je suis la flèche. Je recommence en disant le son. Faire le geste en disant /iiii/.

• Faire faire le geste aux élèves environ cinq fois en leur demandant de dire le son en même temps selon la même procédure que pour la minuscule.

Option récompense : donner un smiley si cinq tracés sont corrects.

Matériel
- La page-graphème i-I
- Les modèles de lettres i et I en gris par élève

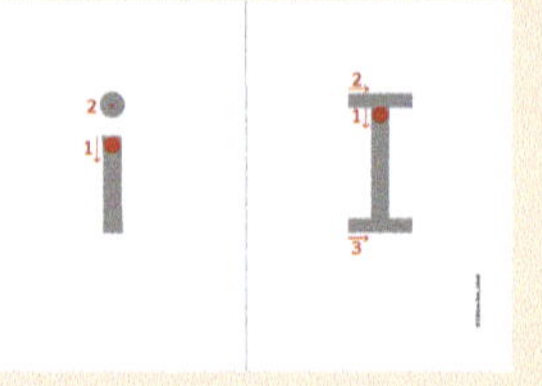

Matériel optionnel-récompense
Deux smileys par élève

6 Synthèse

Bravo, vous avez bien travaillé ! Aujourd'hui, on a (lors de la 1re présentation de la leçon) appris / (lorsque la leçon est répétée) revu la lettre i en minuscule (pointer le i sur la page-graphème) et en majuscule (pointer le I sur la page-graphème). Cette lettre fait le son /i/.

Cette leçon doit être effectuée au moins deux fois avec tous les élèves.

Matériel
La page-graphème i-I

7 Évaluation formative

Après avoir répété cette leçon ***Introduire la CGP***, passer à la leçon ***Calligraphie*** (ci-après) avec les élèves dont les capacités motrices rendent la tenue du crayon possible.

Pour ceux pour qui ce n'est pas le cas, faire l'évaluation formative décrite à la fin de la leçon ***Calligraphie*** (p. 76) pour déterminer comment continuer à avancer.

Calligraphie

Cette leçon est à proposer aux élèves ayant des compétences en motricité fine qui devraient leur permettre, à terme, d'acquérir une écriture manuscrite fonctionnelle.

1 Annonce de l'objectif de la leçon

Aujourd'hui, on va s'entrainer à écrire la lettre i. Montrer la page-graphème.

2 Apprentissage du geste d'écriture avec le feutre sur le modèle en gris

Matériel
- La page-graphème i-I
- Un modèle de la lettre i en gris par élève

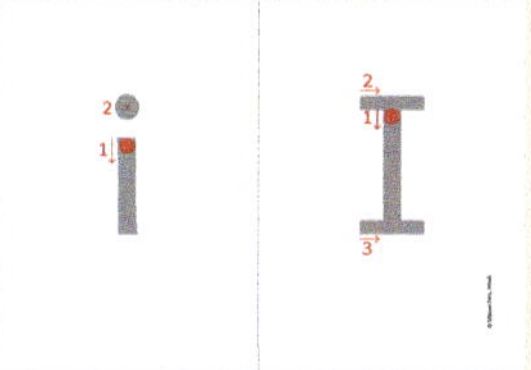

- Un feutre effaçable par élève
- Un crayon ou stylo par élève
- Un cahier d'écriture par élève

• Chaque élève reçoit la feuille plastifiée avec le modèle du i et un feutre effaçable : On va s'entrainer à écrire la lettre i (montrer la page-graphème) avec un feutre.

• Expliquer comment écrire la lettre i en **verbalisant la procédure** : Je vous montre comment on fait. Je commence là où il y a le point. Je suis les flèches.

Effacer. Recommencer en **prononçant le phonème** /i/ : Maintenant on dit le son /i/ en écrivant : /iiiii/. Effacer.

• À vous. Contrôler que les élèves tiennent leur feutre correctement et corriger la position de leurs doigts si nécessaire. Écrivez la lettre i et en même temps vous dites le son /iiiii/.

• Contrôler que les élèves fassent le geste correctement. Si l'élève réalise le geste correctement lui donner la consigne suivante : Bravo *Prénom* ! Tu peux effacer la lettre et recommencer encore trois fois pour t'entrainer (ou plus si l'élève est rapide). N'oublie pas de dire le son /i/ en écrivant la lettre.

Feedback (voir p. 30)

3 Apprentissage du geste avec le feutre sans modèle

Tournez vos feuilles. Essayez d'écrire la lettre i tout seuls sans modèle. Si vous ne vous rappelez pas, vous avez le droit de tourner votre feuille.

• Contrôler que les élèves fassent le geste correctement. Si les élèves ont fait juste, les féliciter et leur demander de continuer : Bravo ! Vous pouvez effacer la lettre et recommencer encore trois fois (ou plus s'ils le souhaitent) pour vous entrainer. N'oubliez pas de dire le son /i/ en écrivant la lettre.

Feedback (voir p. 31)

4 Écriture de lettres dans le cahier (*cf.* p. 31)

5 Synthèse

Matériel
La page-graphème i-I

Bravo, vous avez bien travaillé ! Aujourd'hui, vous vous êtes entrainés à écrire la lettre i en minuscule (pointer sur la page-graphème). Cette lettre fait le son /i/.

Cette leçon (ou une partie de celle-ci) peut être effectuée plusieurs fois avec les élèves.

6 Évaluation formative

Faire l'évaluation formative suivante pour déterminer comment continuer à avancer.

Prénom, concentre-toi. C'est important.

- Montrer à l'élève la carte-lettre i. Quel son fait cette lettre ?
- Montrer à l'élève la carte-lettre I. Quel son fait cette lettre ?
- Si l'élève réussit l'évaluation, passer à la leçon ***Décodage*** (p. 78), même si l'élève a montré des difficultés dans les tâches de conscience phonémique, de compréhension de texte ou d'écriture de la lettre dans les leçons ***Introduire la CGP*** et ***Calligraphie***.
- Si l'élève ne réussit pas l'évaluation (il ne dit le son ni de la minuscule, ni de la majuscule, ou ne dit le son que d'une des deux écritures), passer à la leçon ***Remédiation de la CGP*** (ci-après).

Matériel
Les cartes-lettres i et I

Remédiation de la CGP

1 Annonce de l'objectif de la leçon

Aujourd'hui, on va s'entrainer à mieux connaitre la lettre i et revoir les autres lettres qu'on a apprises.

2 Révision des correspondances graphèmes-phonèmes (tri de graphèmes)

- Poser les trois pages-graphèmes devant les élèves et réactiver les correspondances graphèmes-phonèmes apprises. Vous vous souvenez, le son /r/ s'écrit avec le r. Le r s'écrit comme ça en minuscule (montrer sur la page-graphème) et comme ça en majuscule (montrer sur la page-graphème). On entend /r/ dans rrrobot, rrrroue (montrer les images sur la page-graphème). Procéder de la même manière pour le u et le i.
- Mettre les trois pages-graphèmes alignées devant les élèves. Prendre une carte-lettre i, la montrer aux élèves et modeler : Quel son fait cette lettre ? Elle fait le son /i/. Je la mets ici (poser la carte-lettre sur la page-graphème i-I). Prendre une carte-lettre u : Quel son fait cette lettre ? Elle fait le son /u/. Je la mets ici (poser la carte-lettre sur la page-graphème u-U).
- À vous maintenant. Dites le son que fait la lettre et posez la lettre au bon endroit (montrer les pages-graphèmes). Donner les cartes-lettres aux élèves à tour de rôle. *Prénom*, quel son fait cette lettre ?
- Chaque élève est interrogé individuellement sur au moins trois cartes-lettres.

Options d'adaptation au cas où l'élève rencontre des difficultés :

- Demander à l'élève de mettre la lettre au bon endroit sans nommer le phonème correspondant (tâche exclusivement centrée sur la reconnaissance visuelle des traits de la lettre sans lien avec sa prononciation).
- Mettre la carte-lettre à trier juste au-dessus d'une lettre d'une page-graphème (minuscule ou majuscule) et demander à l'élève : Est-ce que c'est la même lettre ?

Matériel
- Douze cartes-lettres : 2 □ i, 2 □ I, 2 □ u, 2 □ U, 2 □ r, 2 □ R,
- Les pages-graphèmes i-I, u-U, et r-R

Matériel optionnel-récompense
10 smileys en tout

Feedback

3 Entrainement du geste d'écriture avec le doigt sur un modèle

Cet exercice vise à aider les élèves à mémoriser la correspondance graphème-phonème, en réalisant le geste d'écriture de la lettre tout en prononçant le phonème correspondant.

• Montrer le i minuscule sur la page-graphème. Ça, c'est la lettre i en minuscule. On va s'entrainer à l'écrire. Prendre le modèle en gris. Je vous montre comment faire. Je commence là où il y a le point rouge. Faire le geste d'écriture avec le doigt. Je recommence en disant le son. Faire le geste en disant /iiii/.

• Faire faire le geste aux élèves environ cinq fois en leur demandant de dire le son en même temps (*cf.* p. 29).

Option récompense : donner un smiley si cinq tracés sont corrects.

• Montrer le I majuscule sur la page-graphème. Ça, c'est la lettre I en majuscule. On va s'entrainer à l'écrire. Je vous remontre comment faire. Je commence là où il y a le point rouge. Faire le geste d'écriture avec le doigt. Je suis la flèche. Je recommence en disant le son. Faire le geste en disant /iiii/.

• Faire faire le geste aux élèves environ cinq fois en leur demandant de dire le son en même temps selon la même procédure que pour la minuscule.

Option récompense : donner un smiley si cinq tracés sont corrects.

Matériel
- La page-graphème i-I
- Les modèles de lettres i et I en gris par élève

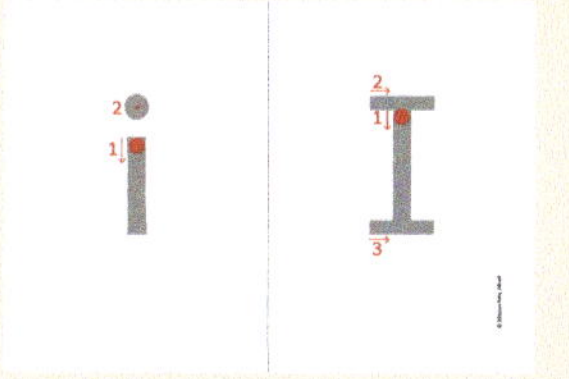

– **Matériel optionnel-récompense**
Deux smileys par élève

4 Jeux à choix (*cf.* p. 60)

5 Synthèse

Bravo, vous avez bien travaillé ! Aujourd'hui on s'est entrainés à bien connaitre la forme du i minuscule (montrer le i sur la page-graphème) et du I majuscule (montrer le I sur la page-graphème). C'est important de bien se rappeler de la forme des lettres et de savoir quel son elles font pour lire des histoires.

Cette leçon (ou une partie de celle-ci) peut être effectuée deux fois avec les élèves.

Matériel
La page-graphème i-I

6 Évaluation formative

Faire l'évaluation formative suivante pour déterminer comment continuer à avancer.

Prénom, concentre-toi. C'est important.

• Montrer à l'élève la carte-lettre i. Quel son fait cette lettre ?

• Montrer à l'élève la carte-lettre I. Quel son fait cette lettre ?

• Si l'élève échoue, ne pas donner de feedback correctif et évaluer ses acquis en modalité non-verbale :

  – disposer les quatre lettres minuscules sur la table, mélangées : *Prénom*, quelle lettre fait le son /i/ ?

  – disposer les quatre lettres majuscules sur la table, mélangées : *Prénom*, quelle lettre fait le son /i/ ?

• Si l'élève réussit l'évaluation, que ce soit l'évaluation orale ou par pointage, passer à la leçon ***Décodage*** (ci-après).

Matériel
Les cartes-lettres i et I

Matériel optionnel
Huit cartes-lettres : r, a, u, i et R, A, U, I

• Si l'élève ne réussit pas l'évaluation (ni orale, ni par pointage) après avoir fait deux fois cette leçon ***Remédiation de la CGP*** (il ne dit le son de/ne pointe ni la minuscule, ni la majuscule, ou ne dit le son de/ne pointe que l'une des deux écritures), passer à la leçon ***Introduire la CGP « l »*** (p. 92), en continuant parallèlement à réviser la CGP i (***Remédiation de la CGP***) et si nécessaire les CGP précédentes.

Décodage

1 Annonce de l'objectif de la leçon

Aujourd'hui, on va réviser les lettres qu'on a apprises, le i, le u, le r et le a. On va aussi (1re présentation de la leçon) apprendre à lire / (lorsque la leçon est répétée) revoir comment lire ces lettres ensemble, on va lire des syllabes. C'est important de connaitre beaucoup de lettres et de pouvoir les lire ensemble pour savoir lire des mots et des histoires.

2 Répétition des correspondances graphèmes-phonèmes (dé)

Matériel
- Les pages-graphèmes i-I, u-U, r-R et a-A
- Un dé sur les faces duquel on inscrit les lettres i, u, r et a en minuscule et I et R en majuscule
- *En option* : le plateau de jeu et un pion par élève

• Montrer la page-graphème i-I. Vous vous souvenez, le son /i/ s'écrit avec le i. Le i s'écrit comme ça en minuscule (montrer sur la page-graphème) et comme ça en majuscule (montrer sur la page-graphème). On utilise le i pour écrire iiigloo ou iiile (montrer les images sur la page-graphème).

• Montrer la page-graphème u-U. Vous vous souvenez, le son /u/ s'écrit avec le u. Le u s'écrit comme ça en minuscule (montrer sur la page-graphème) et comme ça en majuscule (montrer sur la page-graphème). On utilise le u pour écrire uuusine (montrer l'image sur la page-graphème).

• Montrer la page-graphème r-R. Vous vous souvenez, le son /r/ s'écrit avec le r. Le r s'écrit comme ça en minuscule (montrer sur la page-graphème) et comme ça en majuscule (montrer sur la page-graphème). On utilise le r pour écrire rrrrobot ou rrrroue (montrer les images sur la page-graphème).

• Montrer la page-graphème a-A. Le son /a/ s'écrit avec la lettre a. La lettre a s'écrit comme ça en minuscule (montrer) et comme ça en majuscule (montrer). On utilise le a pour écrire aaaavion, aaaananas (montrer les images sur la page-graphème).

• Laisser les pages-graphèmes sous les yeux des élèves.

• Prendre le dé et annoncer : On va faire un petit jeu pour réviser les lettres qu'on a vues jusque-là. Chacun son tour, on lance le dé et on dit le son que fait la lettre.

• Montrer un exemple.

• Donner le dé à un élève. *Prénom*, à toi. Les élèves, à tour de rôle, lancent le dé et disent le son que fait la lettre obtenue. Arrêter après que chaque élève a lancé le dé trois ou quatre fois.

Option d'adaptation : prendre le plateau de jeu et donner un pion à chaque élève. Dire aux élèves qu'ils peuvent avancer leur pion chaque fois qu'ils disent le son correspondant à la lettre obtenue sur le dé (N.B. : cette option peut être plus ludique aux yeux des élèves mais peut passablement augmenter le temps passé à cette activité).

Feedback (voir p. 32)

③ Fusion de phonèmes à l'oral

Matériel
- Les cartes-images riz, ile, lit, cil
- Trois pièces de LEGO®

• Prendre les trois pièces de LEGO®. Je vais dire un mot en séparant les sons. On va coller les sons pour retrouver quel mot c'est. Écoutez bien.

• Dire chaque son en montrant une pièce de LEGO®, de la gauche vers la droite pour les élèves : /lll – iii/ puis assembler les pièces : C'est le mot lit (dire le mot en prolongeant légèrement les sons). Si nécessaire montrer la carte-image correspondante.

• Interroger les élèves à tour de rôle, individuellement. *Prénom*, à toi. Prendre deux pièces de LEGO®, dire /rrr/ en montrant la pièce à la gauche de l'élève et /iii/ en montrant la pièce à la droite de l'élève, assembler les pièces et demander : C'est quel mot ? Si nécessaire montrer la carte-image correspondante après la fusion des phonèmes.

• Procéder de la même manière avec les mots ile et cil.

Feedback (voir p. 42)

④ Enseignement de la procédure de décodage

Matériel
- Les cartes-syllabes ri et ir
- La carte-mot riz
- La carte-image du riz

Lire la syllabe consonne-voyelle

ri
•⟶

Prendre la carte-syllabe ri et la montrer aux élèves de façon à ce qu'elle soit bien visible, face à eux. On va lire cette syllabe.

Lire chaque graphème

On va d'abord dire le son de chaque lettre. Pointer r : /rrrr/. Pointer i : /iiii/. Encore une fois, faites-le avec moi : pointer r : /rrrr/. Pointer i : /iiii/.

• Interroger les élèves à tour de rôle, individuellement. Maintenant chacun votre tour : *Prénom*, pointer r : Quel son ? Pointer i : Quel son ?

Feedback (voir p. 43)

Lire la syllabe lentement

• Pointer le rond au début de la flèche. Maintenant on va lire la syllabe lentement en allongeant les sons. On ne va pas s'arrêter entre les sons.

• Avancer lentement sur la flèche avec le doigt, au fur et à mesure de la prononciation : /rrrruuuu/. Encore une fois, faites-le avec moi. L'enseignant et/ou les élèves avancent lentement sur la flèche avec le doigt : /rrrruuuu/. Répéter l'exercice jusqu'à ce que les élèves lisent la syllabe en allongeant les sons et sans pause.

• Interroger les élèves à tour de rôle, individuellement. Maintenant chacun votre tour. *Prénom*, à toi. L'enseignant et/ou l'élève avance lentement sur la flèche avec le doigt.

Feedback (voir p. 43)

Lire la syllabe rapidement

• Pointer le rond au début de la flèche. Maintenant, on va lire la syllabe rapidement.

• Avancer rapidement sur la flèche avec le doigt en lisant la syllabe : /ri/. Encore une fois, faites-le avec moi. L'enseignant et/ou les élèves avancent rapidement sur la flèche avec le doigt : /ri/.

• Interroger les élèves à tour de rôle, individuellement. Maintenant chacun votre tour. *Prénom*, à toi. L'enseignant et/ou l'élève avance rapidement sur la flèche avec le doigt.

Feedback (voir p. 44)

1re leçon	Lorsque la leçon est répétée
Bravo, vous avez lu /ri/, comme le riz ! (Si nécessaire montrer la carte-image du riz.) On entend aussi /ri/ dans le mot rideau ou rigoler.	**Introduction de la lettre muette** riz Montrer la carte-mot riz avec la lettre muette en gris, face aux élèves : On va lire ce mot, avec cette lettre à la fin (montrer le z). Cette lettre ne fait aucun son à la fin de ce mot. Vous vous souvenez, on dit que c'est une lettre muette. C'est pour ça que je l'ai écrit en gris. **Lire chaque graphème** On va d'abord dire le son de chaque lettre. Pointer r : /rrrrr/. Pointer i : /iiiii/. Pointer z : Cette lettre ne fait aucun son dans ce mot. Encore une fois, faites-le avec moi : Pointer r : /rrrrr/. Pointer i : /iiiii/. Pointer z : Cette lettre ne fait aucun son dans ce mot. **Lire le mot en allongeant les phonèmes** Pointer le rond au début de la flèche. Maintenant, on va lire ce mot lentement en allongeant les sons. On ne va pas s'arrêter entre les sons. Avancer lentement sur la flèche avec le doigt, au fur et à mesure de la prononciation : /rrrriiiii/. Encore une fois, faites-le avec moi. L'enseignant et/ou les élèves avancent lentement sur la flèche avec le doigt : /rrrriiiii/. Répéter l'exercice jusqu'à ce que les élèves lisent le mot en allongeant les sons et sans pause. Interroger les élèves à tour de rôle, individuellement. Maintenant chacun votre tour. *Prénom*, à toi. L'enseignant et/ou l'élève avance lentement sur la flèche avec le doigt. **Lire le mot rapidement** Pointer le rond au début de la flèche. Maintenant, on va lire ce mot rapidement. Avancer rapidement sur la flèche avec le doigt en lisant le mot : /ri/. Encore une fois, faites-le avec moi. L'enseignant et/ou les élèves avancent rapidement sur la flèche avec le doigt : /ri/. Interroger les élèves à tour de rôle, individuellement. Maintenant chacun votre tour. *Prénom*, à toi. L'enseignant et/ou l'élève avance rapidement sur la flèche avec le doigt. Bravo, vous avez lu riz, le riz ! (si nécessaire montrer la carte-image du riz).

Lire la syllabe voyelle-consonne ir

Prendre la carte-syllabe ir et la montrer aux élèves de façon à ce qu'elle soit bien visible, face à eux. On va lire cette syllabe.

Lire chaque graphème

ir

On va d'abord dire le son de chaque lettre. Pointer i : /iiii/. Pointer r : /rrrr/. Encore une fois, faites-le avec moi. Pointer i : /iiii/. Pointer r : /rrrr/.

- Interroger les élèves à tour de rôle, individuellement. Maintenant chacun votre tour : *Prénom*, pointer i : Quel son ? Pointer r : Quel son ?

Feedback (voir p. 45)

Lire la syllabe lentement

- Pointer le rond au début de la flèche. Maintenant on va lire la syllabe lentement en allongeant les sons. On ne va pas s'arrêter entre les sons.

• Avancer lentement sur la flèche avec le doigt, au fur et à mesure de la prononciation : /iiiiirrrrr/. Encore une fois, faites-le avec moi. L'enseignant et/ou les élèves avancent lentement sur la flèche avec le doigt : /iiiiirrrrr/. Répéter l'exercice jusqu'à ce que les élèves lisent la syllabe en allongeant les sons et sans pause.

• Interroger les élèves à tour de rôle, individuellement. Maintenant chacun votre tour. *Prénom*, à toi. L'enseignant et/ou l'élève avance lentement sur la flèche avec le doigt.

Feedback (voir p. 45)

Lire la syllabe rapidement

• Pointer le rond au début de la flèche. Maintenant, on va lire la syllabe rapidement.

• Avancer rapidement sur la flèche avec le doigt en lisant la syllabe : /ir/. Encore une fois, faites-le avec moi. L'enseignant et/ou les élèves avancent rapidement sur la flèche avec le doigt : /ir/.

• Interroger les élèves à tour de rôle, individuellement. Maintenant chacun votre tour. *Prénom*, à toi. L'enseignant et/ou l'élève avance rapidement sur la flèche avec le doigt.

Feedback (voir p. 45)

Vous avez lu /ir/, bravo ! On entend /ir/ dans les mots irriter ou partir.

5 Synthèse

Matériel
La carte-syllabe ri

Bravo, vous avez bien travaillé ! Aujourd'hui, on a appris à lire deux lettres ensemble en les collant, comme ça (montrer la carte-syllabe ri), /r/ et /i/, qui font /rrrrrriiiiii/, comme dans rigoler.

Effectuer deux fois cette leçon avec tous les élèves puis passer à la leçon d'encodage.

Encodage

1 Annonce de l'objectif de la leçon

Aujourd'hui, on va s'entrainer à écrire des débuts de mots avec les lettres qu'on a apprises, le u, le r et le a. C'est important de connaitre beaucoup de lettres et de savoir dans quel ordre les mettre pour écrire des mots et des histoires.

2 Répétition des correspondances graphèmes-phonèmes (dé)

Matériel
- Les pages-graphèmes i-I, u-U, r-R et a-A
- Un dé sur les faces duquel on inscrit les lettres i, u, r et a en minuscule et I et R en majuscule
- *En option* : le plateau de jeu et un pion par élève

• Montrer la page-graphème i-I. Vous vous souvenez, le son /i/ s'écrit avec le i. Le i s'écrit comme ça en minuscule (montrer sur la page-graphème) et comme ça en majuscule (montrer sur la page-graphème). On utilise le i pour écrire iiigloo ou iiile (montrer les images sur la page-graphème).

• Montrer la page-graphème u-U. Vous vous souvenez, le son /u/ s'écrit avec le u. Le u s'écrit comme ça en minuscule (montrer sur la page-graphème) et comme ça en majuscule (montrer sur la page-graphème). On utilise le u pour écrire uuusine (montrer l'image sur la page-graphème).

• Montrer la page-graphème r-R. Vous vous souvenez, le son /r/ s'écrit avec le r. Le r s'écrit comme ça en minuscule (montrer sur la page-graphème) et comme ça en majuscule (montrer sur la page-graphème). On utilise le r pour écrire rrrrobot ou rrrroue (montrer les images sur la page-graphème).

• Montrer la page-graphème a-A. Le son /a/ s'écrit avec la lettre a. La lettre a s'écrit comme ça en minuscule (montrer) et comme ça en majuscule (montrer). On utilise le a pour écrire aaaavion, aaaananas (montrer les images sur la page-graphème).

• Laisser les pages-graphèmes sous les yeux des élèves.

• Prendre le dé et annoncer : On va faire un petit jeu pour réviser les lettres qu'on a vues jusque-là. Chacun son tour, on lance le dé et on dit le son que fait la lettre.

• Montrer un exemple.

• Donner le dé à un élève. *Prénom*, à toi. Les élèves, à tour de rôle, lancent le dé et disent le son que fait la lettre obtenue. Arrêter après que chaque élève ait lancé le dé trois ou quatre fois.

Option d'adaptation : prendre le plateau de jeu et donner un pion à chaque élève. Dire aux élèves qu'ils peuvent avancer leur pion chaque fois qu'ils disent le son correspondant à la lettre obtenue sur le dé (N.B. : cette option peut être plus ludique aux yeux des élèves mais peut passablement augmenter le temps passé à cette activité).

Feedback (voir p. 32)

3 Allongement des phonèmes dans les mots

Matériel
Les cartes-images riz, ile, lit, cil

On va dire des mots très lentement en allongeant les sons. Poser la carte-image du riz sur la table, de manière à ce qu'elle soit bien visible pour les élèves : On va commencer par le mot riz. Prononcer le mot en allongeant les sons et en étirant les bras en même temps : /rrrrrrrriiiiiiii/.

Tout le monde le fait avec moi, vous êtes prêts ? /rrrrrrrriiiiiiii/ (étirer les bras).

• Faire de même avec les mots ile, lit, cil.

• Interroger les élèves à tour de rôle, individuellement. Donner une carte-image à un élève : *Prénom*, à toi, dis ce mot très lentement en allongeant les sons.

Feedback (voir p. 47)

4 Enseignement de la procédure d'encodage avec des lettres mobiles

Matériel
- Deux lettres mobiles, r et i, par élève
- Une carte-flèche par élève
- Les cartes-images rideau, sentir

Encodage de la syllabe consonne-voyelle /ri/

• Poser les lettres mobiles pour qu'elles soient visibles face aux élèves. Maintenant, on va écrire des syllabes. Je vous montre comment faire.

On va écrire /ri/. Dans /rrrrrriii/, on entend d'abord /r/. On met le r ici au début de la flèche (placer la lettre mobile r au-dessus du rond sur la carte-flèche). Dans /rrriiiiiii/, on entend ensuite /iiiii/ (placer la lettre mobile i à côté du r). On a écrit /rrrrriiiii/ (suivre la flèche du doigt), c'est le début du mot rideau (montrer la carte-image).

• Donner les deux lettres mobiles et une carte-flèche à chaque élève. Interroger chaque élève à tour de rôle, individuellement. À vous maintenant. *Prénom*, écris /rrrrriiiii/.

• Donner des aides verbales si nécessaire : Qu'est-ce que tu entends au tout début de /rrrrrriii/ ? Prends la lettre et pose-la au début de la flèche. Qu'est-ce que tu entends ensuite dans /rrriiiiiii/ ? Prends la lettre et pose-la après le r.

Feedback (voir p. 48)

Bravo, tu as écrit ri, c'est le début du mot rideau (montrer la carte-image), rigoler...

Enlever les lettres mobiles des cartes-flèches avant d'interroger l'élève suivant.

Encodage de la syllabe voyelle-consonne /ir/

Maintenant, on va écrire ir. Dans /iiiiiirrr/, j'entends d'abord /i/. On le met ici au début de la flèche (placer la lettre mobile i au-dessus du rond sur la carte-flèche). Dans /iiirrrrrr/, on entend ensuite /rrrrrr/ (placer la lettre mobile r à côté du i). On a écrit /iiiiirrrrrr/ (suivre la flèche du doigt), c'est la fin du mot sentir (montrer la carte-image).

- Interroger chaque élève à tour de rôle, individuellement. À vous maintenant. *Prénom*, écris /iiiiirrrrr/.
- Donner des aides verbales si nécessaire : Qu'est-ce que tu entends au tout début de /iiiiiirrr/ ? Prends la lettre et pose-la au début de la flèche. Qu'est-ce que tu entends ensuite dans /iiirrrrrrrr/ ? Prends la lettre et pose-la après le i.

Feedback (voir p. 48)

Bravo, tu as écrit ir, c'est la fin du mot sentir (montrer la carte-image), partir...

Enlever les lettres mobiles des cartes-flèches avant d'interroger l'élève suivant.

5 Écriture manuscrite des syllabes ri et ir dans le cahier

Matériel
Un cahier d'écriture
et un crayon par élève

Cette activité est destinée aux élèves ayant des compétences en motricité fine qui devraient leur permettre, à terme, d'acquérir une écriture manuscrite fonctionnelle.

Maintenant, je vais vous donner votre cahier d'écriture.

Montrez-moi d'abord comment vous tenez votre stylo/crayon. Contrôler que les élèves tiennent leur stylo/crayon correctement et corriger la position de leurs doigts si nécessaire.

Maintenant :

- écrivez la syllabe ri sur les lettres en gris (montrer la première ligne d'écriture) ; écrivez la syllabe ir sur les lettres en gris (montrer la première ligne d'écriture) ;
- écrivez la syllabe ri sans modèle, en partant du point de départ (montrer la troisième ligne d'écriture) ; maintenant écrivez la syllabe ir sans modèle, en partant du point de départ (montrer la quatrième ligne d'écriture) ;
- écrivez la bonne syllabe, ri ou ir, au début des mots (montrer les endroits à compléter) ;
- écrivez la syllabe que je dis sur les quatre traits en bas de la page : ri, ir, ir, ri (si nécessaire, montrer les traits au fur et à mesure).

Contrôler que les élèves fassent le geste correctement et leur donner des feedbacks personnalisés si nécessaire (p.e. : Le trait s'arrête à la ligne, il ne descend pas plus bas ; qu'est-ce que tu entends au tout début de /aaaaaarrr/ ? etc.).

6 Synthèse

Matériel
Les lettres mobiles i et r

Bravo, vous avez bien travaillé ! Aujourd'hui on a appris à écrire ri et ir. On a appris à mettre les bonnes lettres dans le bon ordre : r – i pour ri (mettre les lettres mobiles dans le bon ordre) et i – r pour ir (changer l'ordre des lettres mobiles). On s'est aussi entrainés à écrire ces syllabes avec le crayon.

Effectuer une fois cette leçon avec tous les élèves.

7 Évaluation formative

Matériel
Les cartes-syllabes ri et ir

Après avoir effectué **deux fois la leçon *Décodage* et une fois la leçon *Encodage***, faire l'évaluation formative pour déterminer comment continuer à avancer.

Prénom, concentre-toi. C'est important.

- Montrer à l'élève la carte-syllabe ri. Lis cette syllabe.
- Montrer à l'élève la carte-syllabe ir. Lis cette syllabe.
- Si l'élève lit la syllabe en séparant les sons, dire : C'est bien, mais maintenant tu lis sans t'arrêter entre les sons. Avancer lentement sur la flèche avec le doigt. Ne considérer l'évaluation comme réussie que s'il arrive à lire les syllabes en fusionnant les sons.
- Si l'élève réussit l'évaluation, passer à la partie ***Révision du module 1*** (p. 87), même s'il a montré des difficultés dans la tâche de fusion de phonèmes, d'allongement de mots ou d'encodage de syllabes. En effet, ces compétences seront retravaillées par la suite avec d'autres sons.
- Si l'élève ne réussit pas l'évaluation, faire la leçon ***Remédiation du décodage*** (ci-après).

Remédiation du décodage

La leçon suivante est prévue dans le cas où les correspondances graphèmes-phonèmes sont mémorisées de façon isolée mais que le décodage des syllabes n'est pas réussi. Il s'agit d'effectuer la leçon suivante en adaptant les aides selon ce qui pose problème aux élèves. Pour ce faire, (re)passer l'évaluation formative avant de commencer cette leçon. Les différents cas de figure possibles et les aides correspondantes sont les suivants :

- **L'élève lit les deux graphèmes sans les fusionner (fait une pause entre les phonèmes)** : réaliser cette leçon de remédiation dans son ensemble en insistant sur la fusion de phonèmes à l'oral (activité 2) et sur le rapprochement physique des lettres mobiles lors du décodage (activité 3).
- **L'élève ne prononce pas le bon nombre de phonèmes par rapport au nombre de graphèmes dans la syllabe/le mot**: le rendre attentif au fait que ce qu'il a dit correspond à une seule lettre alors qu'il y en a deux (ou à deux lettres alors qu'il y en a trois, etc.). Pointer chaque graphème en nommant le phonème correspondant, rendre l'élève attentif au nombre de lettres puis fusionner les phonèmes correspondants (par exemple : pointer r : /r/, pointer i : /i/, dire à l'élève : Attention il y a deux sons, /rrrrriiiii/).
- **L'ordre des deux graphèmes n'est pas respecté lors du décodage** (par ex. l'élève lit la syllabe ir /ri/) : réaliser cette leçon de remédiation dans son ensemble, mais dans l'activité de décodage (activité 3) cacher le 2e graphème le temps que l'élève lise le premier en l'allongeant, puis découvrir le 2e.
- **Le regard de l'élève se porte sur la flèche au lieu de se porter sur et les lettres**: réaliser cette leçon de remédiation dans son ensemble, mais dans l'activité de décodage, enlever la flèche et faire le geste de gauche à droite directement en-dessous des lettres mobiles.
- **Si un élève montre une difficulté à se souvenir d'une des correspondances graphèmes-phonèmes** (par exemple, se souvient de la dernière correspondance graphème-phonème apprise mais plus des précédentes): refaire la/les leçon-s de mémorisation de la CGP correspondante-s.

1 Annonce de l'objectif de la leçon

Aujourd'hui, on va s'entrainer à bien lire des lettres ensemble.

2 Fusion de phonèmes à l'oral

Matériel
Deux pièces de LEGO®

• Prendre les deux pièces de LEGO® et les placer l'une à côté de l'autre. On va s'entrainer à assembler des sons.

• Montrer la pièce à gauche de l'élève en disant /rrrrr/ puis la deuxième pièce à droite de l'élève en disant /iiiii/. Assembler les deux pièces en fusionnant les phonèmes : /rrrriiiii/. Mettre en évidence le sens du mot ou placer la syllabe dans un mot : /ri/, comme le riz, ou comme on entend dans rideau, rire...

• Faites-le avec moi. Montrer la pièce à gauche des élèves en disant /rrrrr/ puis la deuxième pièce à droite des élèves en disant /iiiii/. Assembler les deux pièces en fusionnant les phonèmes : /rrrriiii/. Veiller à ce que les élèves disent la syllabe avec vous ou après vous. Mettre en évidence le sens du mot ou placer la syllabe dans un mot.

• Interroger les élèves à tour de rôle, individuellement. *Prénom*, à toi. Prendre deux pièces de LEGO®, dire /iiiii/ en montrant la pièce à la gauche de l'élève et /rrrrr/ en montrant la pièce à la droite de l'élève, assembler les pièces et laisser l'élève fusionner les phonèmes. Mettre en évidence le sens du mot ou placer la syllabe dans un mot : /ir/, comme on entend dans partir, miroir.

• Recommencer avec les syllabes suivantes : ra, ar, ru, ur.

Feedback (voir p. 42)

3 Répétition de la procédure de décodage

Matériel
• Deux lettres mobiles : r et i
• Une carte-flèche

• Prendre la carte-flèche et les lettres mobiles. Mettre les lettres mobiles l'une à côté de l'autre (écrire ri), au-dessus de la flèche, de façon bien visible, face aux élèves. On va lire cette syllabe.

• Pointer chaque graphème et demander aux élèves de dire le phonème correspondant : pointer r : /rrrr/, pointer i : /iiii/.

Lire la syllabe en faisant le geste de gauche à droite

• Lire la syllabe, ni trop lentement ni trop rapidement, en suivant la flèche avec le doigt : /rrriii/. Faites-le avec moi : /rrriii/.

• Adapter les aides selon les difficultés rencontrées par les élèves :
  – Si l'ordre des graphèmes n'est pas respecté, procéder de la même manière mais en cachant le deuxième graphème le temps que le premier soit oralisé.
  – Si un élève regarde la flèche au lieu de regarder les lettres : supprimer la carte-flèche et procéder de la même manière en faisant le geste de gauche à droite directement sous les lettres.
  – Si un élève fait une pause entre les phonèmes, illustrer la fusion des phonèmes en rapprochant les lettres mobiles l'une de l'autre en allongeant les sons.

• Interroger les élèves à tour de rôle, individuellement sur les syllabes ri ET ir. Maintenant chacun votre tour.

Prénom, à toi. Pointer r : Quel son ? Pointer i : Quel son ? Lis la syllabe. L'enseignant et/ou l'élève avance ni lentement ni rapidement sur la flèche avec le doigt (ou juste sous les lettres ; ou en cachant momentanément le deuxième graphème ; ou en rapprochant les lettres mobiles l'une de l'autre).

• Changer les deux lettres mobiles de place pour écrire ir. *Prénom*, à toi. Pointer i : quel son ? Pointer r : Quel son ? Lis la syllabe. L'enseignant et/ou l'élève avance ni lentement ni rapidement sur la flèche avec le doigt (ou juste sous les lettres ; ou en cachant momentanément le deuxième graphème ; ou en rapprochant les lettres mobiles l'une de l'autre).

Feedback (voir p. 52)

4 Pointer la bonne syllabe

Matériel
Les cartes-syllabes ri, ir, ru, ur

• Prendre les quatre cartes-syllabes et les mettre l'une à côté de l'autre, face aux élèves. On va montrer la syllabe que je dis : /iiiirrrr/. Montrer la carte-syllabe ir.

• Faites-le avec moi. Montrez-moi : /iiirrrr/. Demander aux élèves de pointer la bonne syllabe.

• Changer les quatre cartes-syllabes de place. Interroger ensuite les élèves individuellement au moins deux fois sur les syllabes ri ET ir : *Prénom*, montre-moi... Changer systématiquement de place les quatre cartes-syllabes après chaque réponse de l'élève.

Feedback (voir p. 53)

5 Synthèse

Matériel
Les cartes-syllabes ri et ir

Bravo, vous avez bien travaillé. Aujourd'hui, on s'est entrainés à bien lire des lettres ensemble (montrer les cartes-syllabes).

Cette leçon peut être effectuée deux fois avec les élèves.

6 Évaluation formative

Matériel
Les cartes-syllabes ri et ir

Matériel optionnel
Quatre cartes-syllabes : ra, ar, ru et ur

Faire l'évaluation formative suivante pour déterminer comment continuer à avancer.

Prénom, concentre-toi. C'est important.

• Montrer à l'élève la carte-syllabe ri. Lis cette syllabe.

• Montrer à l'élève la carte-syllabe ir. Lis cette syllabe.

• Si l'élève échoue, ne pas donner de feedback correctif et évaluer ses acquis en modalité non-verbale :

  – disposer les quatre cartes-syllabes sur la table, mélangées : *Prénom*, montre-moi /ir/.

  – changer les cartes de place : *Prénom*, montre-moi /ri/.

• Si l'élève réussit l'évaluation, que ce soit l'évaluation orale ou par pointage, passer à la partie ***Révision du module 1*** (ci-après).

• Si l'élève ne réussit pas l'évaluation (ni orale, ni par pointage), passer à la partie ***Révision du module 1*** (ci-après), et déterminer ensuite comment avancer.

RÉVISION du module 1

1 Annonce de l'objectif de la leçon

Jusqu'à maintenant, on a déjà appris plusieurs lettres. Avec ces lettres, on peut lire et écrire des syllabes et des mots. Aujourd'hui, on va réviser ces lettres, ces syllabes et ces mots. C'est important de réviser souvent ce qu'on a appris, pour bien s'en rappeler.

2 Révision des correspondances graphèmes-phonèmes du module 1

Matériel
Huit cartes-lettres : a, r, u, i et A, R, U, I

Pointage du bon graphème

• Disposer les quatre cartes-lettres minuscules sur la table, de façon à ce qu'elles soient bien visibles pour les élèves. *Prénom*, montre-moi la lettre qui fait /u/. Procéder de la même manière pour /r/, /a/ et /i/. Interroger chaque élève sur au moins deux lettres.

• Procéder de la même manière pour les majuscules.

Feedback

Pour être plus ludique, cette activité peut être faite avec une tapette à mouche (*cf.* p. 61). Les élèves peuvent aussi dire eux-mêmes, à tour de rôle, le phonème correspondant au graphème que leurs camarades doivent montrer.

Dire le phonème correspondant

• Prendre les huit cartes-lettres, mélangées, dans la main et les montrer une par une. Maintenant je vais vous montrer des lettres et vous allez me dire le son qu'elles font.

• Montrer une lettre : *Prénom*, quel son ? Interroger chaque élève sur au moins deux lettres.

Feedback (voir p. 32)

Pour être plus ludique, cette activité peut être réalisée avec le dé ou sous forme de memory (*cf.* p. 60). Les élèves peuvent aussi montrer eux-mêmes, à tour de rôle, les graphèmes que leurs camarades doivent nommer.

3 Révision du décodage des syllabes et mots du module 1

Matériel
Neuf cartes-syllabes et cartes-mots (avec la flèche) : ra, rat, ar, ru, rue, ur, ri, riz, ir

• Prendre une carte-syllabe, par exemple ur.

Je vous remontre comment on lit ces syllabes. Nommer d'abord le phonème correspondant à chaque graphème de la syllabe : pointer u : /uu/ ; pointer r : /rr/. Lire la syllabe à un rythme naturel, ni rapide ni lent, en suivant la flèche du doigt au même rythme : /uurr/.

• Prendre une carte-mot avec une lettre muette, par exemple riz.

Je vous remontre aussi comme on lit les mots avec une lettre muette à la fin. Nommer d'abord le phonème correspondant à chaque graphème du mot : pointer r : /rr/ ; pointer i : /ii/ ; pointer z : Cette lettre ne fait pas de son dans ce mot. Lire le mot à un rythme naturel, ni rapide ni lent, en suivant la flèche du doigt au même rythme : /rrii/.

• Mélanger les cartes-syllabes/cartes-mots, les montrer une par une en interrogeant chaque élève individuellement sur au moins deux syllabes/mots. À vous maintenant. *Prénom*, peux-tu lire cette syllabe/ce mot ?

Feedback (voir p. 43)

Pour être plus ludique, cette activité peut être réalisée avec le plateau de jeu (*cf.* p. 60). Les élèves peuvent alors avancer leur pion d'une case sur le plateau de jeu lorsque la syllabe/le mot est lu correctement.

4 Révision de l'encodage des syllabes/mots du module 1

• Disposer les quatre lettres mobiles à côté de la carte-flèche. On va s'entrainer à écrire des syllabes.

Je vous remontre comment on fait. Dans /iiiiirr/ j'entends d'abord /iiiii/. Je mets le i au début de la flèche (placer la lettre i au-dessus du rond sur la carte-flèche). Dans /iirrrrr/, j'entends ensuite /rrrrr/ (placer la lettre r à côté du i). J'ai écrit /iiiiirrrrr/ (suivre la flèche du doigt). Mettre en évidence le sens du mot/de la syllabe en la plaçant dans un mot : /ir/, comme on entend dans rougir.

• À vous maintenant. Donner les quatre lettres mobiles et une carte-flèche à chaque élève. *Prénom*, peux-tu écrire /rrrrraaaaa/ ?

• Étayer davantage si nécessaire : *Prénom*, qu'est-ce que tu entends au tout début du mot /rrrrrrraa/ ? Prends la lettre et pose-la au début de la flèche. Qu'est-ce que tu entends ensuite dans /rraaaaaaa/ ? Prends la lettre et pose-la après le r. Mettre en évidence le sens du mot/de la syllabe en la plaçant dans un mot : /ra/, comme dans le rat ou dans radeau.

• Interroger chaque élève sur au moins quatre syllabes.

Matériel
- Une carte-flèche et quatre lettres mobiles : a, r, u, i par élève et pour l'enseignant
- *Les syllabes possibles sont :* ra, ru, ri, ar, ur, ir

Feedback (voir p. 48)

5 Synthèse de fin

Bravo ! Aujourd'hui, vous avez révisé les lettres qu'on a déjà apprises, en minuscule (montrer la carte-lettre r) et en majuscule (montrer la carte-lettre R). Vous avez aussi révisé comment lire et écrire ces lettres ensemble. Vous arrivez à lire et à écrire plusieurs syllabes et plusieurs mots (montrer les cartes-syllabes/cartes-mots) !

Cette leçon peut être effectuée une deuxième fois avec les élèves.

Prolongement possible

Le cahier de l'élève comprend des fiches qui permettent de réviser l'écriture des lettres et l'encodage des mots du ***module 1***.

Pour les élèves pour qui la tenue du crayon n'est pas possible, les fiches du cahier peuvent être photocopiées en format A3 et les activités peuvent être réalisées avec les lettres mobiles.

Matériel
- Deux cartes-lettres, une minuscule et une majuscule (par exemple r et R)
- Deux cartes-syllabes ou cartes-mots (par exemple ar et rat)

6 Évaluation formative

Pour continuer à avancer dans les leçons d'introduction des CGP et dans les leçons de décodage/encodage, il importe que les élèves retiennent minimalement la plupart des CGP étudiées (qu'ils soient capables de dire les phonèmes correspondants aux graphèmes ou de pointer les graphèmes correspondants aux phonèmes). Les élèves

Matériel
- Huit cartes-lettres : a, r, u, i et A, R, U, I
- Neuf cartes-syllabes/cartes-mots : ra, rat, ar, ru, rue, ur, riz, ir, ri

qui retiennent plutôt bien les CGP étudiées peuvent donc continuer à avancer dans l'ensemble des leçons, même s'ils rencontrent des difficultés à décoder/encoder les mots/syllabes (à ce moment-là, continuer à effectuer régulièrement des leçons de remédiation du décodage sur les mots/syllabes qui posent problème).

Les élèves qui peinent à retenir les CGP malgré des leçons de remédiation régulières sur celles-ci peuvent continuer à avancer dans la découverte des CGP suivantes tout en révisant régulièrement les CGP étudiées jusque-là. Ces élèves pourront raccrocher avec les leçons de décodage et d'encodage au fur et à mesure que les CGP seront mémorisées.

Faire l'évaluation formative suivante pour déterminer comment continuer à avancer. *Prénom*, concentre-toi. C'est important.

- Mélanger les huit cartes-lettres minuscules et majuscules, les montrer à tour de rôle à l'élève. Quel son fait cette lettre ?

- Pour faciliter la passation de l'évaluation, vous pouvez faire deux tas avec les cartes selon que les items sont réussis ou non.

- Si l'élève échoue à nommer plus de 3 lettres, ne pas donner de feedback correctif et évaluer ses acquis en modalité non-verbale :
  - disposer les cartes-lettres minuscules sur la table, mélangées : *Prénom*, montre-moi /i/ ; /a/ ; /u/ ; /r/.
  - disposer les cartes-lettres majuscules sur la table, mélangées : *Prénom*, montre-moi /u/ ; /i/ ; /r/ ; /a/.

- Mélanger les cartes-syllabes/cartes-mots, les montrer à tour de rôle à l'élève. *Prénom*, peux-tu lire cette syllabe/ce mot ?

- Pour faciliter la passation de l'évaluation, vous pouvez faire deux tas avec les cartes selon que les items sont réussis ou non.

- Si l'élève échoue à lire plus de 4 syllabes/mots, ne pas donner de feedback correctif et évaluer ses acquis en modalité non-verbale :
  - disposer les cartes-syllabes ra, ar, ru, ri sur la table, mélangées : *Prénom*, montre-moi /ru/ ; /ar/ ; /ri/ ; /ra/.
  - disposer les cartes-syllabes/cartes-mots rat, rue, riz, ur, ir sur la table, mélangées : *Prénom*, montre-moi /ur/ ; /ri/ ; /ra/ ; /ir/ ; /ri/ ; /ru/.

- Si l'élève réussit à nommer/pointer au moins 6 correspondances graphèmes-phonèmes, mais qu'il ne réussit pas à lire/pointer au moins 5 syllabes/mots, passer aux leçons du ***module 2***, tout en effectuant régulièrement des leçons de remédiation sur les CGP et/ou les mots/syllabes qui posent problème.

- Si l'élève ne réussit pas à nommer/pointer au moins 6 correspondances graphèmes-phonèmes, continuer à avancer dans les leçons d'introduction des CGP du ***module 2***, tout en effectuant régulièrement des leçons de remédiation sur les CGP qui posent problème. Les leçons de décodage et d'encodage pourront être rattrapées au fur et à mesure que les CGP seront mémorisées.

module 2

Les graphèmes « l », « o », « f »

plan du module

Le graphème « l »
Le graphème « o »
Le graphème « f »
Révision du module 2

matériel

matériel collectif

- Le livre des comptines
- Les pages-graphèmes l-L, o-O, f-F
- Les cartes-lettres l et L, o et O, f et F
- Des cartes-syllabes
- Des cartes-mots
- Des cartes-images
- Des cartes-flèches
- Des pièces de LEGO®
- Des smileys

matériel individuel par élève

- Des modèles de lettres l-L, o-O, f-F en gris
- Un feutre effaçable
- Un crayon ou stylo
- Un cahier d'écriture

Introduire la CGP

1 Annonce de l'objectif de la leçon

Aujourd'hui, on va (1re présentation de la leçon) apprendre une nouvelle lettre / (lorsque la leçon est répétée) revoir les lettres qu'on a apprises les dernières fois.

2 Présentation de la comptine du phonème /l/ et travail sur la compréhension

Matériel
Le livre des comptines

Je vais vous raconter une petite histoire. Écoutez bien (montrer l'image aux élèves) : Liang lit un livre dans son lit. Il lit l'histoire d'un lutin qui libère une libellule !

Dans cette histoire, Liang (montrer Liang) est dans son lit (montrer le lit). Liang lit un livre (montrer le livre tenu par Liang). Le livre (montrer le livre ouvert) parle d'un lutin (montrer le lutin). Le lutin libère une libellule (montrer la libellule qui sort du bocal). Libérer quelqu'un ça veut dire lui permettre de partir.

Vocabulaire

Feedback (voir p. 54)

1re leçon	Lorsque la leçon est répétée
Compréhension du vocabulaire Montrer l'image de la comptine. Questionner au moins une fois chaque élève : – *Prénom*, montre-moi le lutin. – *Prénom*, montre-moi le lit. – *Prénom*, montre-moi la libellule. – *Prénom*, montre-moi Liang. – *Prénom*, montre-moi le livre.	**Production du vocabulaire** Montrer l'image de la comptine. Demander aux élèves, à tour de rôle, de produire les mots attendus (une question par élève) : – *Prénom*, qu'est-ce que c'est (montrer le lutin) ? – *Prénom*, qu'est-ce que c'est (montrer le livre) ? – *Prénom*, qu'est-ce que c'est (montrer la libellule) ? – *Prénom*, qu'est-ce que c'est (montrer le lit) ?

Compréhension

- Questions en lien avec le **schéma narratif** (une question à chaque élève).

– *Prénom*, qui sont les personnages de cette histoire ?
– *Prénom*, où est Liang dans cette histoire ?
– *Prénom*, que fait Liang dans cette histoire ?
– *Prénom*, le lutin libère un animal. Comment s'appelle cet animal ?

Feedback (voir p. 55)

- **Prédiction** de la suite de l'histoire (ne pas questionner plus de deux élèves).

Qu'est-ce que vous pensez que la libellule va faire après avoir été libérée ?

Feedback (voir p. 54)

Si aucun élève ne répond après 4 secondes : Moi, j'imagine qu'elle va en profiter pour voler dans le ciel.

• Questionner ensuite les autres élèves.

Et les autres, vous imaginez autre chose ? Qu'est-ce que vous pensez que la libellule va faire après avoir été libérée ?

Feedback (voir p. 54)

Si aucun élève ne répond après 4 secondes : On pourrait aussi imaginer qu'elle va remercier le lutin de l'avoir libérée.

3 Introduction de la correspondance graphème l – phonème /l/

Matériel
- La page-graphème l-L

- Le texte de la comptine

Introduction de la correspondance graphème-phonème en lien avec la comptine

Je vais relire l'histoire en vous montrant le texte cette fois-ci. Lire l'histoire en suivant le texte du doigt, en allongeant légèrement les phonèmes /l/ : Lliang llit un llivre dans son llit. Ill llit ll'histoire d'un llutin qui llibère une llibellllulle !

• Préciser qu'on entend beaucoup de /l/ dans cette histoire.

• Montrer la page-graphème l-L, présenter les deux lettres (minuscule et majuscule) et dire le son correspondant.

• Présenter les mots-référents.

• Questionner chaque élève au moins une fois sur le son que font la minuscule ET la majuscule.

Feedback (voir p. 32)

Identification de la lettre l dans le texte de la comptine

• Reprendre le texte et le montrer aux élèves.

• Demander à chaque élève de montrer une lettre l dans le texte. S'il montre un l minuscule, le féliciter puis lui demander de montrer un L majuscule, et vice-versa.

• L'interroger sur le son correspondant.

Feedback (voir p. 28)

4 Tâche de conscience phonémique : identification du phonème initial

Matériel
- Une boite au bord de laquelle on a fixé les cartes-lettres l et L
- Les cartes-images à mélanger : livre, lit, lapin, loup, assiette, roi, hibou (*si l'activité est faite avec plus de deux élèves, ajouter* : lampe, lion, fourchette)

Maintenant, on va écouter (montrer son oreille) les sons dans les mots. On va bien écouter si les mots commencent par le son /l/ ou pas. Prononcer les mots en allongeant le phonème initial.

• Modeler sur un mot qui commence par /l/ (on le met dans la boite) et sur un mot qui ne commence pas par /l/ (on le met en dehors de la boite).

• Questionner les élèves à tour de rôle en leur tendant une carte-image : *Prénom*, est-ce qu'on entend /l/ au début de... ?

Feedback (voir p. 56)

5 Apprentissage du geste d'écriture avec le doigt sur un modèle

Matériel
- La page-graphème l-L
- Les modèles de lettres l et L en gris par élève

Matériel optionnel-récompense
Deux smileys par élève

• Montrer la page-graphème l-L aux élèves, nommer la lettre minuscule et leur annoncer qu'ils vont s'entrainer à l'écrire.

• Prendre le modèle gris et montrer le geste d'écriture. Recommencer en disant le son correspondant.

• Demander aux élèves de faire le geste environ cinq fois en disant le son en même temps. Si un élève n'arrive pas à faire le geste seul, le faire avec lui en guidance physique et lui demander de dire le son en même temps.

• Procéder de la même manière avec la lettre majuscule.

6 Synthèse

Bravo, vous avez bien travaillé ! Aujourd'hui on a (lors de la 1re présentation de la leçon) appris / (lorsque la leçon est répétée) revu la lettre l en minuscule (pointer le l sur la page-graphème) et en majuscule (pointer le L sur la page-graphème). Cette lettre fait le son /l/.

Cette leçon doit être effectuée au moins deux fois avec tous les élèves.

Matériel
La page-graphème l-L

7 Évaluation formative

Après avoir répété cette leçon ***Introduire la CGP***, passer à la leçon ***Calligraphie*** (ci-après) avec les élèves dont les capacités motrices rendent la tenue du crayon possible.

Pour ceux pour qui ce n'est pas le cas, faire l'évaluation formative décrite à la fin de la leçon ***Calligraphie*** (ci-après) pour déterminer comment continuer à avancer.

Calligraphie

Matériel
- La page-graphème l-L
- Un modèle de la lettre l en gris par élève

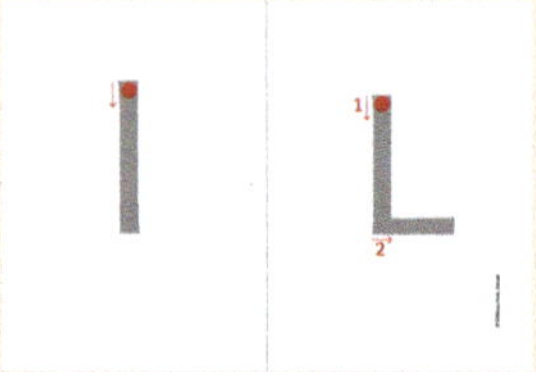

- Un feutre effaçable par élève
- Un crayon ou stylo par élève
- Un cahier d'écriture par élève

- Annoncer l'objectif : Aujourd'hui, on va s'entrainer à écrire la lettre l (montrer la page-graphème).
- Distribuer une feuille plastifiée avec le modèle en gris ainsi qu'un feutre effaçable à chaque élève.
- Montrer le geste d'écriture en verbalisant la procédure.
- Recommencer en prononçant le phonème correspondant.
- Demander aux élèves de le faire (écriture + son) et contrôler la façon dont ils tiennent leur feutre.
- Leur demander de s'entrainer environ 3 fois.
- Faire écrire la lettre avec le feutre sans modèle (tourner la feuille plastifiée).
- Distribuer les cahiers d'écriture et demander aux élèves d'écrire la lettre dans le cahier (avec et sans modèle).
- Fournir des aides si nécessaire (de la moins à la plus intrusive).

Pour de plus amples précisions sur le déroulement de cette activité, *cf.* p. 30.

- Synthèse de fin avec la page-graphème l-L.

Cette leçon (ou une partie de celle-ci) peut être effectuée plusieurs fois avec les élèves.

Évaluation formative

Faire l'évaluation formative suivante pour déterminer comment continuer à avancer.

Matériel
Les cartes-lettres l et L

Prénom, concentre-toi. C'est important.

- Montrer à l'élève la carte-lettre l. Quel son fait cette lettre ?
- Montrer à l'élève la carte-lettre L. Quel son fait cette lettre ?
- Si l'élève réussit l'évaluation passer à la leçon ***Décodage*** (p. 96), même si l'élève a montré des difficultés dans les tâches de conscience phonémique, de compréhension de texte ou d'écriture de la lettre dans les leçons ***Introduire la CGP*** et ***Calligraphie***.
- Si l'élève ne réussit pas l'évaluation (il ne dit le son ni de la minuscule, ni de la majuscule, ou ne dit le son que d'une des deux écritures) passer à la leçon ***Remédiation de la CGP*** (ci-après).

Remédiation de la CGP

1 Annonce de l'objectif de la leçon

Aujourd'hui, on va s'entrainer à mieux connaitre la lettre l et revoir les autres lettres qu'on a apprises.

2 Révision des correspondances graphèmes-phonèmes (tri de graphèmes)

Matériel
- Douze cartes-lettres : 2 □ l, 2 □ L, 2 □ a, 2 □ A, 2 □ r, 2 □ R
- Les pages-graphèmes l-L, a-A et r-R

Matériel optionnel-récompense
10 smileys en tout

Feedback

- Réactiver les correspondances graphèmes-phonèmes l, a et r en montrant les pages-graphèmes, les deux graphies de chaque lettre (minuscule et majuscule) et en rappelant qu'on entend ces sons dans les mots référents.
- Mettre les trois pages-graphèmes alignées devant les élèves et mélanger les cartes-lettres. Les distribuer une à une aux élèves et leur demander de dire le son correspondant puis de la mettre sur la bonne page-graphème (après avoir modelé avec un ou deux exemples).

Options d'adaptation au cas où l'élève rencontre des difficultés :

- Demander à l'élève de mettre la lettre au bon endroit sans nommer le phonème correspondant.
- Mettre la carte-lettre à trier juste au-dessus d'une lettre d'une page-graphème (minuscule ou majuscule) et demander à l'élève : Est-ce que c'est la même lettre ?

3 Entrainement du geste d'écriture avec le doigt sur un modèle

Matériel
- La page-graphème l-L
- Les modèles de lettres l et L en gris par élève

Matériel optionnel-récompense
Deux smileys par élève

- Montrer la page-graphème l-L aux élèves, nommer la lettre minuscule et leur annoncer qu'ils vont s'entrainer à l'écrire.
- Prendre le modèle gris et montrer le geste d'écriture. Recommencer en prononçant le phonème correspondant.
- Demander aux élèves de faire le geste environ cinq fois en disant le son en même temps. Si un élève n'arrive pas à faire le geste seul, le faire avec lui en guidance physique et lui demander de dire le son en même temps.
- Option récompense : donner un smiley si cinq tracés sont corrects.
- Procéder de la même manière avec la lettre majuscule.

4 Jeux à choix : dé des graphèmes, memory ou pointage à la tapette à mouche

Cf. ***module 1*** p. 60.

5 Synthèse

Matériel
La page-graphème l-L

Bravo, vous avez bien travaillé ! Aujourd'hui on s'est entrainés à bien connaitre la forme du l minuscule (montrer le l sur la page-graphème) et du L majuscule (montrer le L sur la page-graphème). C'est important de bien se rappeler de la forme des lettres et de savoir quel son elles font pour lire des histoires.

Cette leçon (ou une partie de celle-ci) peut être effectuée deux fois avec les élèves.

6 Évaluation formative

Faire l'évaluation formative suivante pour déterminer comment continuer à avancer.

Prénom, concentre-toi. C'est important.

• Montrer successivement les deux cartes-lettres l et L à l'élève. Quel son fait cette lettre ?

• Si l'élève échoue, ne pas donner de feedback correctif et évaluer ses acquis en modalité non-verbale :

– disposer les quatre lettres minuscules sur la table, mélangées :
Prénom, quelle lettre fait le son /l/ ?

– disposer les quatre lettres majuscules sur la table, mélangées :
Prénom, quelle lettre fait le son /l/ ?

• Si l'élève réussit l'évaluation, que ce soit l'évaluation orale ou par pointage, passer à la leçon ***Décodage*** (ci-après).

• Si l'élève ne réussit pas l'évaluation (ni orale, ni par pointage) après avoir fait deux fois cette leçon ***Remédiation de la CGP*** (il ne dit le son de/ne pointe ni la minuscule, ni la majuscule, ou ne dit le son de/ne pointe que l'une des deux écritures) passer à la leçon ***Introduire de la CGP « o »*** (p. 104), en continuant parallèlement à réviser la CGP « l » (***Remédiation de la CGP***) et si nécessaire les CGP précédentes.

Matériel
Les cartes-lettres l et L

Matériel optionnel
Huit cartes-lettres : r, a, i, l et R, A, I, L

Décodage

1 Annonce de l'objectif de la leçon

Aujourd'hui, on va s'entrainer à lire des syllabes et des mots avec le l et les autres lettres qu'on a apprises.

2 Répétition des correspondances graphèmes-phonèmes (dé)

• Montrer la page-graphème l-L. Vous vous souvenez, le son /l/ s'écrit avec le l. Le l s'écrit comme ça en minuscule (montrer sur la page-graphème) et comme ça en majuscule (montrer sur la page-graphème). On utilise le l pour écrire lllllivre ou llllllit (montrer les images sur la page-graphème).

• Procéder de la même manière avec les pages-graphèmes i-I, u-U et r-R.

• Laisser les pages-graphèmes sous les yeux des élèves.

• Prendre le dé et annoncer : On va faire un jeu pour réviser les lettres qu'on a vues jusque-là. Chacun son tour, on lance le dé et on dit le son que fait la lettre.

• Montrer un exemple.

• Donner le dé à un élève. *Prénom*, à toi. Les élèves, à tour de rôle, lancent le dé et disent le son que fait la lettre obtenue. Arrêter après que chaque élève a lancé le dé trois ou quatre fois.

Matériel
- Les pages-graphèmes l-L, i-I, u-U et r-R
- Un dé sur les faces duquel on inscrit les lettres l, i, u et r en minuscule et L et R en majuscule

Feedback (voir p. 32)

3 Fusion de phonèmes à l'oral

- Prendre les trois pièces de LEGO®. Maintenant, je dis un mot en séparant les sons et on va coller les sons pour retrouver quel mot c'est. Écoutez bien.

- Dire chaque son en montrant une pièce de LEGO®, de la gauche vers la droite pour les élèves : /iii – lll/ puis assembler les pièces : C'est le mot ile (dire le mot en prolongeant légèrement les sons). Si nécessaire montrer la carte-image correspondante.

- Interroger les élèves à tour de rôle, individuellement. *Prénom*, à toi. Prendre les pièces de LEGO®, montrer la pièce à la gauche de l'élève en disant le premier phonème et la/les pièce(s) à droite de l'élève en disant le/les son(s) suivant(s) p.e. : /lll/, /ououou/. Assembler les pièces : C'est quel mot ? Si nécessaire montrer la carte-image correspondante après la fusion des phonèmes.

- Procéder de la même manière avec les mots lard et cil.

Matériel
- Les cartes-images ile, loup, lard, cil
- Trois pièces de LEGO®

Feedback (voir p. 42)

4 Enseignement de la procédure de décodage

Matériel
- Les cartes-syllabes et cartes-mots la, lu, il, al, li, ile, lit, lire
- Les cartes-images lit, ile, lire

Lire des syllabes consonne-voyelle ou voyelle-consonne

la
•⟶

Prendre la carte-syllabe la et la montrer aux élèves de façon à ce qu'elle soit bien visible, face à eux. On va lire cette syllabe.

Lire chaque graphème

On va d'abord dire le son de chaque lettre. Pointer l : /llll/. Pointer a : /aaaa/. Le refaire une deuxième fois ensemble.

- Interroger les élèves à tour de rôle, individuellement. Maintenant chacun votre tour. *Prénom*, pointer l : Quel son ? Pointer a : Quel son ?

Feedback (voir p. 43)

Lire la syllabe lentement

- Pointer le rond au début de la flèche. Maintenant, on va lire la syllabe lentement en allongeant les sons. On ne va pas s'arrêter entre les sons.

- Avancer lentement sur la flèche avec le doigt, au fur et à mesure de la prononciation : /lllaaaa/. Le refaire ensemble jusqu'à ce que les élèves lisent la syllabe en allongeant les sons et sans pause.

- Interroger les élèves à tour de rôle, individuellement. Maintenant chacun votre tour. *Prénom*, à toi. L'enseignant et/ou l'élève avance lentement sur la flèche avec le doigt.

Feedback (voir p. 43)

Donner des précisions si nécessaire : Ne t'arrête pas entre les sons.

Lire la syllabe rapidement

- Pointer le rond au début de la flèche. Maintenant, on va lire la syllabe rapidement.

- Avancer rapidement sur la flèche avec le doigt en lisant la syllabe : /la/. Le refaire une deuxième fois ensemble.

- Interroger les élèves à tour de rôle, individuellement. Maintenant chacun votre tour. *Prénom*, à toi. L'enseignant et/ou l'élève avance rapidement sur la flèche avec le doigt.

Feedback (voir p. 44)

- Interroger les élèves individuellement à tour de rôle sur chacune des syllabes suivantes. À vous.

lu   al   li   il
•⟶ •⟶ •⟶ •⟶

- Prendre les cartes-syllabes l'une après l'autre, les montrer aux élèves de telle sorte qu'elles soient bien visibles, face à eux, et utiliser la procédure de décodage :
  – **Lire chaque graphème :** *Prénom*, pointer le premier graphème : Quel son ? Pointer le second graphème : Quel son ?
  – **Lire la syllabe en allongeant les phonèmes :** Maintenant, lis cette syllabe lentement en allongeant les sons. Avancer lentement sur la flèche avec le doigt.
  – **Lire la syllabe rapidement :** Maintenant lis cette syllabe rapidement. Avancer rapidement sur la flèche avec le doigt.
  – Faire mention de l'existence de ces syllabes dans des **mots** une fois qu'elles sont lues :
    - Bravo, tu as lu /lu/ comme dans « j'ai lu », lunette, lutin, lumière...
    - Bravo, tu as lu /al/, comme dans alphabet, album...
    - Bravo, tu as lu /li/, comme dans libellule, liquide...
    - Bravo, tu as lu le mot /il/, comme dans « il mange, il chante, il danse »...

Feedback (voir p. 44)

Lire des mots avec lettre muette

lit

Prendre la carte-mot lit et la montrer aux élèves de telle sorte qu'elle soit bien visible, face à eux : On va lire ce mot, avec cette lettre à la fin (montrer le t). Elle est en gris. Cela veut dire qu'elle ne fait aucun son à la fin de ce mot. C'est une lettre muette (si un élève est perturbé, la masquer).

Adopter la même procédure :
- **Lire chaque graphème.** Pointer chaque graphème : Quel son ?
- **Lire le mot en allongeant les phonèmes :** Maintenant, lis ce mot lentement en allongeant les sons.
- **Lire le mot rapidement :** Maintenant, lis ce mot rapidement.
- **Mettre en évidence le sens du mot :** Bravo, tu as lu le mot lit (si nécessaire montrer l'image).

Feedback (voir p. 43-44)

Procéder de la même manière avec les mots « ile » et « lire ».

5 Synthèse

Matériel
La carte-syllabe la

Bravo, vous avez bien travaillé ! Aujourd'hui, on a appris à lire deux lettres ensemble en les collant, comme ça (montrer la carte-syllabe la), /l/ et /a/, qui font /llllllaaaaaa/, comme dans lapin.

Effectuer deux fois cette leçon avec tous les élèves puis passer à la leçon d'encodage.

Encodage

1 Annonce de l'objectif de la leçon

Aujourd'hui, on va s'entrainer à écrire des syllabes et des mots avec le l et les autres lettres qu'on a apprises.

2 Répétition des correspondances graphèmes-phonèmes (dé)

- Montrer la page-graphème l-L. Vous vous souvenez, le son /l/ s'écrit avec le l. Le l s'écrit comme ça en minuscule (montrer sur la page-graphème) et comme ça en majuscule (montrer sur la page-graphème). On utilise le l pour écrire lllllivre ou llllllit (montrer les images sur la page-graphème).
- Procéder de la même manière avec les pages-graphèmes i-I, u-U et r-R.
- Laisser les pages-graphèmes sous les yeux des élèves.
- Prendre le dé et annoncer : On va faire un jeu pour réviser les lettres qu'on a vues jusque-là. Chacun son tour, on lance le dé et on dit le son que fait la lettre.
- Montrer un exemple.
- Donner le dé à un élève. *Prénom*, à toi. Les élèves, à tour de rôle, lancent le dé. Arrêter après que chaque élève a lancé le dé trois ou quatre fois.

Matériel
- Les pages-graphèmes l-L, i-I, u-U et r-R
- Un dé sur les faces duquel on inscrit les lettres l, i, u et r en minuscule et L et R en majuscule

Feedback (voir p. 32)

3 Allongement des phonèmes dans les mots

On va dire des mots très lentement en allongeant les sons. Poser la carte-image du loup sur la table, de manière à ce qu'elle soit bien visible pour les élèves : On va commencer par le mot loup. Prononcer le mot en allongeant les sons et en étirant les bras en même temps : /llllllllouououououou/.

Tout le monde le fait avec moi, vous êtes prêts ? /llllllllouououououou/ (étirer les bras).

- Faire de même avec les mots ile, lard et cil.
- Interroger les élèves à tour de rôle, individuellement. Donner une carte-image à un élève : *Prénom*, à toi, dis ce mot très lentement en allongeant les sons.

Matériel
Les cartes-images loup, ile, lard, cil

Feedback (voir p. 47)

4 Enseignement de la procédure d'encodage

- Distribuer une carte-flèche à chaque élève. Poser les cinq lettres mobiles noires (a, r, u, i, l) pour qu'elles soient bien visibles face à chaque élève.

On va écrire li, je vous montre comment on fait. Dans /llllllliii/, on entend d'abord /l/. On le met ici au début de la flèche (placer la lettre mobile l au début de la flèche). Dans /llliiiiii/, on entend ensuite /iiiiii/ (placer le i après le l). On a écrit /llllliiiiiiii/ (suivre la flèche du doigt), c'est le début du mot libellule (montrer la carte-image).

- Enlever les lettres mobiles de la carte-flèche. Interroger les élèves à tour de rôle, individuellement. *Prénom*, à toi maintenant. Écris /lllllllllliiiiiii/. Qu'est-ce que tu entends au tout début de /lllllllii/ ? Qu'est-ce que tu entends ensuite dans /lliiiiiiiiiiii/ ?
- Si l'exercice est trop difficile lorsque les élèves doivent choisir entre les cinq lettres mobiles, on peut restreindre le choix en leur laissant à disposition les graphèmes dont ils ont besoin pour encoder la suite de lettres cibles. Il leur restera alors à mettre ces graphèmes dans le bon ordre.

Bravo, tu as écrit li, c'est le début du mot libellule (montrer la carte-image), lire...

- Enlever les lettres mobiles de la carte-flèche avant d'interroger l'élève suivant.

Maintenant, vous allez écrire les premières lettres d'autres mots.

Matériel
- Cinq lettres mobiles : a, r, u, i et l par élève
- Une lettre mobile en gris (e muet) pour l'enseignant
- Une carte-flèche par élève
- Cartes-images des mots suivants : libellule, lapin, allumette, lune, ile, lire

Feedback (voir p. 48)

• Poser les cinq lettres mobiles face à chaque élève. Chaque élève est interrogé sur toutes les suites de lettres suivantes.

Prénom, écris /lllllllllaaaaa/. Qu'est-ce que tu entends au tout début de /lllllllaaa/ ? Qu'est-ce que tu entends ensuite dans /llaaaaaa/ ?

Feedback (voir p. 48)

Bravo, tu as écrit la, c'est le début du mot lapin (montrer la carte-image).

• Faire de même pour al, lu, et les mots ile et lire.

Prénom, écris /aaaaalllllll/. Bravo, c'est le début du mot allumette (montrer la carte-image).

Prénom, écris /lllllllluuuu/. C'est le début du mot lune (montrer la carte-image).

Prénom, écris /iiiiilllll/. Bravo, comme ile (montrer la carte-image). Ajouter le e en gris à la fin du mot et dire : Il y a une lettre muette à la fin du mot ile.

Prénom, écris /llllliiiirrrr/. Bravo, comme lire (montrer la carte-image). Ajouter le e en gris à la fin du mot et dire : Le mot lire s'écrit avec un e muet à la fin.

5 Écriture manuscrite de syllabes et de mots dans le cahier

Matériel
Un cahier d'écriture et un crayon par élève

Maintenant je vais vous donner votre cahier d'écriture.

Montrez-moi d'abord comment vous tenez votre stylo/crayon. Contrôler que les élèves tiennent leur stylo/crayon correctement et corriger la position de leurs doigts si nécessaire.

Maintenant :

- écrivez les syllabes sur les lettres en gris (montrer les premières lignes d'écriture) ;
- écrivez les syllabes sans modèle, en partant du point de départ (montrer les lignes d'écriture sans lettres en gris) ;
- écrivez les bonnes syllabes au début des mots (montrer les endroits à compléter) ;
- écrivez la syllabe que je dis sur les quatre traits en bas de la page : lu, al, lir, la (si nécessaire, montrer les traits au fur et à mesure).

• Contrôler que les élèves fassent le geste correctement et leur donner des feedbacks personnalisés si nécessaire (p.e. : Le trait s'arrête à la ligne, il ne descend pas plus bas ; qu'est-ce que tu entends au tout début de /aaaaaalll/ ? etc.).

6 Synthèse

Matériel
Les lettres mobiles l, i, r et e en gris

Bravo, vous avez bien travaillé ! Aujourd'hui, on a appris à mettre les bonnes lettres dans le bon ordre pour écrire des syllabes et des mots. Par exemple, l – i – r avec un e muet à la fin (mettre les lettres mobiles dans le bon ordre) pour le mot lire ! On s'est aussi entrainés à écrire des syllabes et des mots avec le crayon.

Effectuer une fois cette leçon avec tous les élèves.

7 Évaluation formative

Matériel
Les cartes-syllabes et cartes-mots lu, li, al, il

Après avoir effectué deux fois la leçon ***Décodage*** et une fois la leçon ***Encodage***, faire l'évaluation formative pour déterminer comment continuer à avancer.

Prénom, concentre-toi. C'est important.

• Montrer successivement à l'élève les cartes lu, li, al et il. Lis cette syllabe/ce mot.

• Si l'élève réussit l'évaluation, passer à la leçon ***Introduire la CGP « o »*** (p. 104), même s'il a montré des difficultés dans la tâche de fusion de phonèmes, d'allongement de mots ou d'encodage de syllabes. En effet, ces compétences seront retravaillées par la suite avec d'autres sons.

• Si l'élève ne réussit pas l'évaluation, faire la leçon ***Remédiation du décodage*** (ci-après).

Remédiation du décodage

Cf. ***module 1*** p. 84.

1 Annonce de l'objectif de la leçon

Aujourd'hui, on va s'entrainer à bien lire des lettres ensemble.

2 Fusion de phonèmes à l'oral

Matériel
Deux pièces de LEGO®

• Prendre les deux pièces de LEGO® et les placer l'une à côté de l'autre, espacées. On va s'entrainer à assembler des sons.

• Montrer la pièce à gauche de l'élève en disant /lllll/ puis la deuxième pièce à droite de l'élève en disant /iiiii/. Assembler les deux pièces en fusionnant les phonèmes : /lllliiiii/. Mettre en évidence le sens du mot ou placer la syllabe dans un mot : /li/, comme le lit, ou comme on entend dans lire, litière…

• Faites-le avec moi. Montrer la pièce à gauche des élèves en disant /lllll/ puis la deuxième pièce à droite des élèves en disant /iiiii/. Assembler les deux pièces en fusionnant les phonèmes : /lllliiii/. Veiller à ce que les élèves disent la syllabe avec vous ou après vous. Mettre en évidence le sens du mot ou placer la syllabe dans un mot.

• Interroger les élèves à tour de rôle, individuellement. *Prénom*, à toi. Prendre deux pièces de LEGO®, dire /iiiii/ en montrant la pièce à la gauche de l'élève et /lllll/ en montrant la pièce à la droite de l'élève, assembler les pièces et laisser l'élève fusionner les phonèmes. Mettre en évidence le sens du mot ou placer la syllabe dans un mot : /il/, comme une ile, ou comme on entend dans cil, ville…

• Recommencer avec les syllabes/mots suivants : la, al, lu.

Feedback (voir p. 42)

3 Répétition de la procédure de décodage

Matériel
• Quatre lettres mobiles : l, a, u, i par élève
• Une carte-flèche

• Prendre la carte-flèche et les lettres mobiles l et a. Mettre les lettres mobiles l'une à côté de l'autre (écrire la), au-dessus de la flèche, de façon bien visible, face aux élèves. On va lire cette syllabe.

• Pointer chaque graphème et demander aux élèves de dire le phonème correspondant : pointer l : /llll/, pointer a : /aaaa/.

• Lire la syllabe, ni trop lentement ni trop rapidement, en suivant la flèche avec le doigt : /lllaaa/.

• Faites-le avec moi : /lllaaa/. Adapter les aides selon les difficultés rencontrées par les élèves :

– Si l'ordre des graphèmes n'est pas respecté, procéder de la même manière mais en cachant le deuxième graphème le temps que le premier soit oralisé.

– Si un élève regarde la flèche au lieu de regarder les lettres, supprimer la carte-flèche et procéder de la même manière en faisant le geste de gauche à droite directement sous les lettres.

– Si un élève fait une pause entre les phonèmes, illustrer la fusion des phonèmes en rapprochant les lettres mobiles l'une de l'autre en allongeant les sons.

• Interroger les élèves à tour de rôle, individuellement, sur les syllabes la ET al. Maintenant chacun votre tour.

Prénom, à toi. Pointer l : Quel son ? Pointer a : Quel son ? Lis le mot. L'enseignant et/ou l'élève avance ni lentement ni rapidement sur la flèche avec le doigt (ou juste sous les lettres ; ou en cachant momentanément le deuxième graphème ; ou en rapprochant les lettres mobiles l'une de l'autre).

• Changer les deux lettres mobiles de place pour écrire al. *Prénom*, à toi. Pointer a : Quel son ? Pointer l : Quel son ? Lis la syllabe. L'enseignant et/ou l'élève avance ni lentement ni rapidement sur la flèche avec le doigt (ou juste sous les lettres ; ou en cachant momentanément le deuxième graphème ; ou en rapprochant les lettres mobiles l'une de l'autre).

• Enlever les lettres mobiles des cartes-flèches et procéder de la même manière pour les syllabes/mots li, il, lu, ul.

• Ne pas oublier de faire brièvement mention de l'existence de ces syllabes dans des mots ou du sens de ces mots une fois qu'ils/elles sont lu-e-s.

Feedback (voir p. 43-44)

4 Pointer la bonne syllabe/le bon mot

Matériel
Les cartes-syllabes et cartes-mots la, al, lu, li, il

• Prendre les cartes et les mettre l'une à côté de l'autre, face aux élèves. On va montrer la syllabe ou le mot que je dis : /iiiilllll/. Montrer la carte il.

• Faites-le avec moi. Montrez-moi : /iiiillll/. Demander aux élèves de pointer la bonne syllabe/le bon mot.

• Changer les cartes de place. Interroger ensuite les élèves individuellement au moins deux fois sur chaque syllabe : *Prénom*, montre-moi... Changer régulièrement les cartes de place.

Feedback (voir p. 53)

5 Synthèse

Matériel
Les cartes-syllabes li et al (par exemple)

Bravo, vous avez bien travaillé. Aujourd'hui, on s'est entrainés à bien lire des lettres ensemble (montrer les cartes-syllabes).

Cette leçon peut être effectuée deux fois avec les élèves.

6 Évaluation formative

Faites l'évaluation formative suivante pour déterminer comment continuer à avancer.

Matériel
Les cartes-syllabes lu, li, al et il

Matériel optionnel
Quatre cartes-syllabes ri, ir, ar et ru

Prénom, concentre-toi. C'est important.

• Montrer successivement à l'élève les cartes lu, li, al et il. Lis cette syllabe/ce mot.

• Ne considérer l'évaluation comme réussie que s'il arrive à lire les syllabes en fusionnant les sons.

• Si l'élève échoue, ne pas donner de feedback correctif et évaluer ses acquis en modalité non-verbale :

- disposer les cartes lu, ru, il et ir sur la table, mélangées :

  Prénom, montre-moi /il/ ; montre-moi /lu/.

- disposer les cartes li, ri, al et ar sur la table, mélangées :

  Prénom, montre-moi /li/ ; montre-moi /al/.

• Si l'élève réussit l'évaluation, que ce soit l'évaluation orale ou par pointage, passer à la leçon ***Introduire la CGP « o »*** (ci-après).

• Si l'élève ne réussit pas l'évaluation (ni orale, ni par pointage) après avoir fait deux fois cette leçon (***Remédiation du décodage***) :

- s'il mémorise bien les correspondances graphèmes-phonèmes, continuer à avancer dans celles-ci (passer à ***Introduire la CGP « o »***) et continuer à bien entrainer la procédure de décodage dans les prochaines leçons de décodage ;
- s'il ne retient pas bien les correspondances graphèmes-phonèmes, continuer à avancer dans la découverte des CGP suivantes (passer à ***Introduire la CGP « o »***) en continuant les leçons de mémorisation des CGP vues jusque-là.

Le graphème « o »

Introduire la CGP

1 Annonce de l'objectif de la leçon

Aujourd'hui on va (1re présentation de la leçon) apprendre une nouvelle lettre / (lorsque la leçon est répétée) revoir les lettres qu'on a apprises les dernières fois.

2 Présentation de la comptine du phonème /o/ et travail sur la compréhension

Matériel
Le livre des comptines

Je vais vous raconter une petite histoire. Écoutez bien (montrer l'image aux élèves) : Un ogre à l'odeur horrible oblige Olivia à lui offrir ses boucles d'oreilles en or.

Dans cette histoire, un ogre (montrer l'ogre) à l'odeur horrible oblige Olivia (montrer Olivia) à lui offrir ses boucles d'oreilles en or (montrer les boucles d'oreilles). L'ogre a une odeur horrible, ça veut dire qu'il ne sent vraiment pas bon (montrer les mouches, se boucher le nez). Il oblige Olivia à lui offrir ses boucles d'oreille, ça veut dire à lui donner ses boucles d'oreilles (montrer les boucles d'oreilles).

Vocabulaire

Feedback (voir p. 54)

1re leçon	Lorsque la leçon est répétée
Compréhension du vocabulaire Montrer l'image de la comptine. Questionner au moins une fois chaque élève : – *Prénom*, montre-moi l'ogre. – *Prénom*, montre-moi Olivia. – *Prénom*, montre-moi les boucles d'oreille.	**Production du vocabulaire** Montrer l'image de la comptine. Demander aux élèves, à tour de rôle, de produire les mots attendus (une question par élève) : – *Prénom*, qu'est-ce que c'est (montrer l'ogre) ? – *Prénom*, qu'est-ce que c'est (montrer les boucles d'oreilles) ? – *Prénom*, comment est l'odeur de l'ogre (montrer les mouches, Olivia qui se bouche le nez) ? – *Prénom*, l'ogre oblige Olivia à faire quoi ?

Compréhension

- Questions en lien avec le **schéma narratif**.

– *Prénom*, qui sont les personnages de cette histoire ?
– *Prénom*, que fait l'ogre dans cette histoire ?

Feedback (voir p. 55)

- Questions en lien avec la compréhension des **états mentaux**.

Dans l'histoire, on explique que l'ogre oblige Olivia à lui offrir ses boucles d'oreilles. Comment se sent Olivia à votre avis ?

Relance possible : Quelle émotion ressent-elle ?

Pourquoi Olivia lui donne-t-elle ses boucles d'oreilles ? Qu'est-ce qu'elle veut ?

Feedback (voir p. 55)

3 Introduction de la correspondance graphème « o » – phonème /o/

Le graphème o peut correspondre tant au phonème /ɔ/ (comme dans oreille) qu'au phonème /o/ (comme dans piano). La distinction entre ces deux phonèmes est pertinente en français puisqu'elle permet des différences de sens (homme versus home). Toutefois la différence entre ces deux phonèmes est fine et l'oralisation du graphème o dépend également de différences individuelles ou régionales (vélo peut être prononcé /velo/ ou /velɔ/). Il s'agit donc de présenter aux élèves ces deux phonèmes possibles dès le début de l'introduction de la correspondance graphème-phonème, et d'utiliser tantôt l'un tantôt l'autre, sans chercher à donner davantage d'explications.

Matériel
- La page-graphème o-O

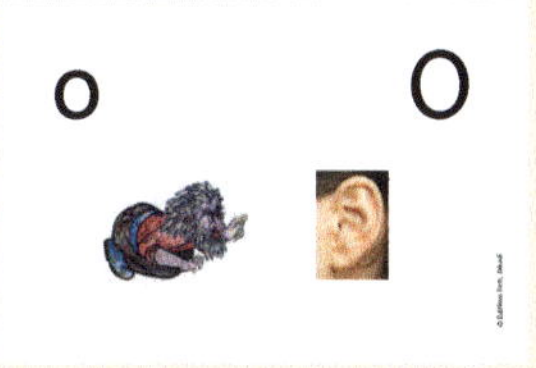

- Le texte de la comptine

Introduction de la correspondance graphème-phonème en lien avec la comptine

Je vais relire l'histoire en vous montrant le texte cette fois-ci. Lire le texte de la comptine en le suivant du doigt, en allongeant légèrement les phonèmes /o/ : Un oogre à l'oodeur hoorrible ooblige Oolivia à lui ooffrir ses boucles d'ooreilles en oor !

- Préciser qu'on entend beaucoup de /o/ dans cette histoire.
- Montrer la page-graphème, présenter les deux lettres (minuscule et majuscule) et dire le son correspondant.
- Présenter les mots-référents.
- Questionner chaque élève au moins une fois sur le son que font la minuscule ET la majuscule.

Feedback (voir p. 32)

Identification de la lettre o dans le texte de la comptine

- Reprendre le texte et le montrer aux élèves.
- Demander à chaque élève de montrer une lettre o dans le texte. S'il montre un o minuscule, le féliciter puis lui demander de montrer un O majuscule, et vice-versa.
- L'interroger sur le son correspondant.

Feedback (voir p. 28)

4 Tâche de conscience phonémique : identification du phonème initial

Matériel
- Une boite au bord de laquelle on a fixé les cartes-lettres o et O
- Les cartes-images à mélanger : or, oreille, os, orange, orque, igloo, lampe, rouge (*si l'activité est faite avec plus de deux élèves, ajouter* : olive, oignon, luge)

Maintenant, on va écouter (montrer son oreille) les sons dans les mots. On va bien écouter si les mots commencent par le son /o/ ou pas. Prononcer les mots en allongeant le phonème initial.

- Modeler sur un mot qui commence par /o/ (on le met dans la boite) et sur un mot qui ne commence pas par /o/ (on le met en dehors de la boite).
- Questionner les élèves à tour de rôle en leur tendant une carte-image. *Prénom*, est-ce qu'on entend /o/ au début de… ?

Feedback (voir p. 56)

5 Apprentissage du geste d'écriture avec le doigt sur un modèle

Matériel
- La page-graphème o-O
- Les modèles de lettres o et O en gris par élève

Matériel optionnel-récompense
Deux smileys par élève

- Montrer la page-graphème aux élèves, nommer la lettre minuscule et leur annoncer qu'ils vont s'entrainer à l'écrire.
- Prendre le modèle gris et montrer le geste d'écriture. Recommencer en disant le son correspondant.

• Demander aux élèves de faire le geste environ cinq fois en disant le son en même temps. Si un élève n'arrive pas à faire le geste seul, le faire avec lui en guidance physique et lui demander de dire le son en même temps.

• Option récompense : donner un smiley si cinq tracés sont corrects.

• Procéder de la même manière avec la lettre majuscule.

6 Synthèse

Matériel
La page-graphème o-O

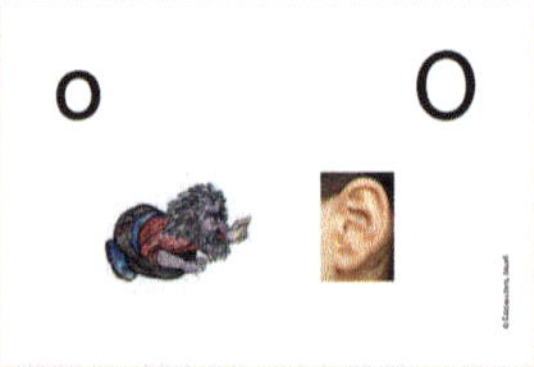

Bravo, vous avez bien travaillé ! Aujourd'hui, on a (lors de la 1re présentation de la leçon) appris / (lorsque la leçon est répétée) revu la lettre o en minuscule (pointer le o sur la page-graphème) et en majuscule (pointer le O sur la page-graphème). Cette lettre fait le son /o/.

Cette leçon doit être effectuée au moins deux fois avec tous les élèves.

7 Évaluation formative

Après avoir répété cette leçon ***Introduire la CGP***, passer à la leçon ***Calligraphie*** (ci-après) avec les élèves dont les capacités motrices rendent la tenue du crayon possible.

Pour ceux pour qui ce n'est pas le cas, faire l'évaluation formative décrite à la fin de la leçon ***Calligraphie*** ci-dessous pour déterminer comment continuer à avancer.

Calligraphie

Matériel
• La page-graphème o-O
• Un modèle de la lettre o en gris par élève
• Un feutre effaçable par élève
• Un crayon ou stylo par élève
• Un cahier d'écriture par élève

• Annoncer l'objectif : Aujourd'hui, on va s'entrainer à écrire la lettre o (montrer la page-graphème).

• Distribuer une feuille plastifiée avec le modèle en gris ainsi qu'un feutre effaçable à chaque élève (*cf.* p. 75).

• Synthèse de fin avec la page-graphème.

Cette leçon (ou une partie de celle-ci) peut être effectuée plusieurs fois avec les élèves.

Évaluation formative

Matériel
Les cartes-lettres o et O

Faire l'évaluation formative suivante pour déterminer comment continuer à avancer.

Prénom, concentre-toi. C'est important.

• Montrer à l'élève la carte-lettre o. Quel son fait cette lettre ?

• Montrer à l'élève la carte-lettre O. Quel son fait cette lettre ?

• Si l'élève réussit l'évaluation, passer à la leçon ***Décodage*** (p. 108), même si l'élève a montré des difficultés dans les tâches de conscience phonémique, de compréhension de texte ou d'écriture de la lettre dans les leçons ***Introduire la CGP*** et ***Calligraphie***.

• Si l'élève ne réussit pas l'évaluation (il ne dit le son ni de la minuscule, ni de la majuscule, ou ne dit le son que d'une des deux écritures), passer à la leçon ***Remédiation de la CGP*** (ci-après).

Remédiation de la CGP

1 Annonce de l'objectif de la leçon

Aujourd'hui, on va s'entrainer à mieux connaitre la lettre o et revoir les autres lettres qu'on a apprises.

2 Révision des correspondances graphème-phonème (tri de graphèmes)

Matériel
- Douze cartes-lettres : 2 □ o, 2 □ O, 2 □ i, 2 □ I, 2 □ u, 2 □ U
- Les pages-graphèmes o, i et u

Matériel optionnel-récompense
10 smileys

Feedback

• Réactiver les correspondances graphèmes-phonèmes o, i et u en montrant les pages-graphèmes, les deux graphies de chaque lettre (minuscule et majuscule) et en rappelant qu'on entend ces sons dans les mots référents.

• Mettre les trois pages-graphèmes alignées devant les élèves et mélanger les cartes-lettres. Les distribuer une à une aux élèves et leur demander de dire le son correspondant puis de la mettre sur la bonne page-graphème (après avoir modelé avec un ou deux exemples).

• Option récompense : donner un smiley à l'élève s'il répond correctement du premier coup ou après la ré-interrogation.

Options d'adaptation au cas où l'élève rencontre des difficultés :

• Demander à l'élève de mettre la lettre au bon endroit sans nommer le phonème correspondant.

• Mettre la carte-lettre à trier juste au-dessus d'une lettre d'une page-graphème (minuscule ou majuscule) et demander à l'élève : Est-ce que c'est la même lettre ?

3 Entrainement du geste d'écriture avec le doigt sur un modèle

Matériel
- La page-graphème o-O
- Les modèles de lettres o et O en gris par élève

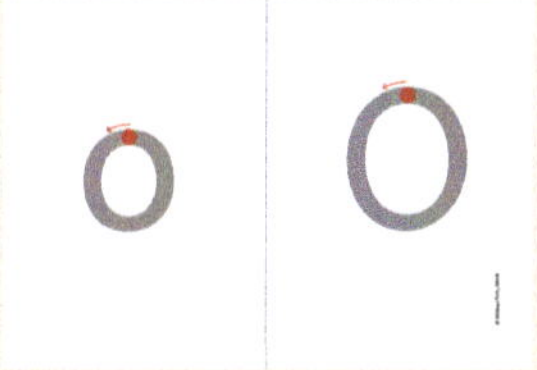

Matériel optionnel-récompense
Deux smileys par élève

• Montrer la page-graphème aux élèves, nommer la lettre minuscule et leur annoncer qu'ils vont s'entrainer à l'écrire.

• Prendre le modèle gris et montrer le geste d'écriture. Recommencer en disant le son correspondant.

• Demander aux élèves de faire le geste environ cinq fois en disant le son en même temps. Si un élève n'arrive pas à faire le geste seul, le faire avec lui en guidance physique et lui demander de dire le son en même temps.

• Option récompense : donner un smiley si cinq tracés sont corrects.

• Procéder de la même manière avec la lettre majuscule.

4 Jeux à choix : dé des graphèmes, memory ou pointage à la tapette à mouche

Cf. ***module 1*** p. 60.

5 Synthèse

Matériel
La page-graphème o-O

Bravo, vous avez bien travaillé ! Aujourd'hui, on s'est entrainés à bien connaitre la forme du o minuscule (montrer le o sur la page-graphème) et du O majuscule (montrer le O sur la page-graphème). C'est important de bien se rappeler de la forme des lettres et de savoir quel son elles font pour lire des histoires.

Cette leçon (ou une partie de celle-ci) peut être effectuée deux fois avec les élèves.

6 Évaluation formative

Faire l'évaluation formative suivante pour déterminer comment continuer à avancer.

Matériel
Les cartes-lettres o et O

Matériel optionnel
Les cartes-lettres l, a, u, o et L, A, U, O

Prénom, concentre-toi. C'est important.

• Montrer successivement les deux cartes-lettres o et O à l'élève. Quel son fait cette lettre ?

• Si l'élève échoue, ne pas donner de feedback correctif et évaluer ses acquis en modalité non-verbale :

– disposer les quatre lettres minuscules sur la table, mélangées :
Prénom, quelle lettre fait le son /o/ ?

– disposer les quatre lettres majuscules sur la table, mélangées :
Prénom, quelle lettre fait le son /o/ ?

• Si l'élève réussit l'évaluation, que ce soit l'évaluation orale ou par pointage, passer à la leçon ***Décodage*** (ci-après).

• Si l'élève ne réussit pas l'évaluation (ni orale, ni par pointage) après avoir fait deux fois cette leçon ***Remédiation de la CGP*** (il ne dit le son de/ne pointe ni la minuscule, ni la majuscule, ou ne dit le son de/ne pointe que l'une des deux écritures), passer à la leçon ***Introduire la CGP « f »*** (p. 116), en continuant parallèlement à réviser la CGP « o » et si nécessaire les CGP précédentes.

Décodage

1 Annonce de l'objectif de la leçon

Aujourd'hui, on va s'entrainer à lire des syllabes et des mots avec le o et les autres lettres qu'on a apprises.

2 Répétition des correspondances phonèmes-graphèmes (dé)

Matériel
- Les pages-graphèmes o-O, l-L, r-R et u-U
- Un dé sur les faces duquel on inscrit les lettres o, l, r et u en minuscule et O et A en majuscule

• Montrer la page-graphème o-O. Vous vous souvenez, le son /o/ s'écrit avec le o. Le o s'écrit comme ça en minuscule (montrer sur la page-graphème) et comme ça en majuscule (montrer sur la page-graphème). On utilise le o pour écrire oooogre ou oooreille (montrer les images sur la page-graphème).

• Procéder de la même manière avec les pages-graphèmes l-L, r-R et u-U.

• Laisser les pages-graphèmes sous les yeux des élèves.

• Prendre le dé et annoncer : On va faire un petit jeu pour réviser les lettres qu'on a vues jusque-là. Chacun son tour, on lance le dé et on dit le son que fait la lettre.

• Montrer un exemple.

• Donner le dé à un élève. *Prénom, à toi.* Les élèves, à tour de rôle, lancent le dé et disent le son que fait la lettre obtenue. Arrêter après que chaque élève a lancé le dé trois ou quatre fois.

Feedback (voir p. 32)

3 Fusion de phonèmes à l'oral

Matériel
- Les cartes-images or, fort, os, seau
- Trois pièces de LEGO®

• Prendre les trois pièces de LEGO®. Maintenant, je dis un mot en séparant les sons et on va coller les sons pour retrouver quel mot c'est. Écoutez bien.

• Dire chaque son en montrant une pièce de LEGO®, de la gauche vers la droite pour les élèves : /ooo – rrr/ puis assembler les pièces : C'est le mot or. Si nécessaire montrer la carte-image correspondante.

• Interroger les élèves à tour de rôle, individuellement. *Prénom, à toi.* Prendre les pièces, montrer la pièce à la gauche de l'élève en disant le premier phonème et la/les pièce(s) à droite de l'élève en disant le/les son(s) suivant(s) : p.e. /fff/, /ooo/, /rrr/, assembler les pièces : C'est quel mot ? Si nécessaire montrer la carte-image correspondante après la fusion des phonèmes.

• Procéder de la même manière avec les mots os et seau.

Feedback (voir p. 42)

4 Enseignement de la procédure de décodage

Matériel
- Les cartes-syllabes et cartes-mots ro, lo, ol, rol, or, rot
- La carte-image or

Lire des syllabes consonne-voyelle ou voyelle-consonne

ro
•⟶

Prendre la carte-syllabe ro et la montrer aux élèves de façon à ce qu'elle soit bien visible, face à eux. On va lire cette syllabe.

Lire chaque graphème

On va d'abord dire le son de chaque lettre. Pointer r : /rrrr/. Pointer o : /oooo/. Le refaire une deuxième fois ensemble.

Interroger les élèves à tour de rôle, individuellement. Maintenant chacun votre tour : *Prénom,* pointer r : Quel son ? Pointer o : Quel son ?

Feedback (voir p. 43)

Lire la syllabe lentement

• Pointer le rond au début de la flèche. Maintenant on va lire la syllabe lentement en allongeant les sons. On ne va pas s'arrêter entre les sons.

• Avancer lentement sur la flèche avec le doigt, au fur et à mesure de la prononciation : /rrrroooo/. Le refaire ensemble jusqu'à ce que les élèves lisent la syllabe en allongeant les sons et sans pause.

• Interroger les élèves à tour de rôle, individuellement. Maintenant chacun votre tour. *Prénom,* à toi. L'enseignant et/ou l'élève avance lentement sur la flèche avec le doigt.

Feedback (voir p. 43)

Donner des précisions si nécessaire : Ne t'arrête pas entre les sons.

Lire la syllabe rapidement

• Pointer le rond au début de la flèche. Maintenant, on va lire la syllabe rapidement.

• Avancer rapidement sur la flèche avec le doigt en lisant la syllabe : /ro/. Le refaire une deuxième fois ensemble.

• Interroger les élèves à tour de rôle, individuellement. Maintenant chacun votre tour. *Prénom,* à toi. L'enseignant et/ou l'élève avance rapidement sur la flèche avec le doigt.

Feedback (voir p. 44)

• Interroger les élèves individuellement à tour de rôle sur chacune des syllabes suivantes. À vous.

lo ol

• Prendre les cartes-syllabes l'une après l'autre, les montrer aux élèves de telle sorte qu'elles soient bien visibles, face à eux, et utiliser la procédure de décodage :

- **Lire chaque graphème :** *Prénom*, pointer le premier graphème : Quel son ? Pointer le second graphème : Quel son ?
- **Lire la syllabe en allongeant les phonèmes :** Maintenant, lis cette syllabe lentement en allongeant les sons. Avancer lentement sur la flèche avec le doigt.
- **Lire la syllabe rapidement :** Maintenant, lis cette syllabe rapidement. Avancer rapidement sur la flèche avec le doigt. — **Feedback** (voir p. 43-44)
- Faire mention de l'existence de ces syllabes dans des **mots**.
  - Bravo, tu as lu /lo/ comme dans locomotive, loto...
  - Bravo, tu as lu /ol/, comme on entend à la fin de bol, sol, parasol, tournesol...

Lire une syllabe de trois graphèmes

rol

Maintenant, on va lire une syllabe plus longue. Prendre la carte-syllabe rol et la montrer aux élèves de telle sorte qu'elle soit bien visible, face à eux. Elle a trois lettres que vous connaissez déjà. Il y aura donc trois sons. C'est une syllabe qui ne veut rien dire.

• Interroger les élèves individuellement à tour de rôle en adoptant la même procédure :

- **Lire chaque graphème :** Pointer chaque graphème : Quel son ?
- **Lire en allongeant les phonèmes :** Maintenant, lis cette syllabe lentement en allongeant les sons.
- **Lire rapidement :** Maintenant, lis cette syllabe rapidement. — **Feedback** (voir p. 43-44)
- Faire mention de l'existence de cette syllabe dans un **mot.** Bravo, tu as lu /rol/ comme on entend à la fin de parole.

Lire des mots (sans puis avec lettre muette)

or

Maintenant, on va lire des mots. Prendre la carte-mot or et la montrer aux élèves, bien visible, face à eux. Interroger les élèves individuellement à tour de rôle sur chaque mot.

• Adopter la même procédure :

- **Lire chaque graphème.** Pointer chaque graphème : Quel son ?
- **Lire en allongeant les phonèmes** : Maintenant, lis ce mot lentement en allongeant les sons.
- **Lire rapidement :** Maintenant, lis ce mot rapidement. — **Feedback** (voir p. 43-44)
- **Mettre en évidence le sens du mot :** Bravo, tu as lu /or/. Si nécessaire montrer la carte-image.

rot

Prendre la carte-mot rot et la montrer aux élèves, bien visible, face à eux. Rendre attentif à la lettre muette : On va lire ce mot, avec cette lettre à la fin (montrer le t). Elle est en gris. Cela veut dire qu'elle ne fait aucun son à la fin de ce mot. C'est une lettre muette (si un élève est perturbé, la masquer).

- Adopter la même procédure :
  - **Lire chaque graphème.** Pointer chaque graphème : Quel son ?
  - **Lire en allongeant les phonèmes** : Maintenant, lis ce mot lentement en allongeant les sons.
  - **Lire rapidement :** Maintenant, lis ce mot rapidement.
  - **Mettre en évidence le sens du mot :** Bravo, tu as lu le mot /ro/. Un rot, c'est quand tu as bu un coca avec beaucoup de bulles et que tu fais un rot...

Feedback (voir p. 43-44)

5 Synthèse

Matériel
La carte-syllabe or

Bravo, vous avez bien travaillé ! Aujourd'hui, on a appris à lire deux lettres ensemble en les collant, comme ça (montrer la carte-mot or), /o/ et /r/, qui font /ooooorrrr/, c'est le mot or.

Effectuer deux fois cette leçon avec tous les élèves puis passer à la leçon d'encodage.

Encodage

1 Annonce de l'objectif de la leçon

Aujourd'hui, on va s'entrainer à écrire des syllabes et des mots avec le o et les autres lettres qu'on a apprises.

2 Répétition des correspondances graphèmes-phonèmes (dé)

Matériel
- Les pages-graphèmes o-O, l-L, r-R et u-U
- Un dé sur les faces duquel on inscrit les lettres o, l, r et u en minuscule et O et A en majuscule

- Montrer la page-graphème o-O. Vous vous souvenez, le son /o/ s'écrit avec le o. Le o s'écrit comme ça en minuscule (montrer sur la page-graphème) et comme ça en majuscule (montrer sur la page-graphème). On utilise le o pour écrire oooogre ou oooreille (montrer les images sur la page-graphème).
- Procéder de la même manière avec les pages-graphèmes l-L, r-R et u-U.
- Laisser les pages-graphèmes sous les yeux des élèves.
- Prendre le dé et annoncer : On va faire un jeu pour réviser les lettres qu'on a vues jusque-là. Chacun son tour, on lance le dé et on dit le son que fait la lettre.
- Montrer un exemple.
- Donner le dé à un élève. *Prénom*, à toi. Les élèves, à tour de rôle, lancent le dé. Arrêter après que chaque élève a lancé le dé trois ou quatre fois.

Feedback (voir p. 32)

3 Allongement des phonèmes dans les mots

Matériel
Les cartes-images or, fort, os, seau

On va dire des mots très lentement en allongeant les sons. Poser la carte-image de l'or sur la table, de manière à ce qu'elle soit bien visible pour les élèves : On va commencer par le mot or. Prononcer le mot en allongeant les sons et en étirant les bras en même temps : /oooooooorrrrrrr/.

Tout le monde le fait avec moi, vous êtes prêts ? /oooooooorrrrrrr/ (étirer les bras).

• Faire de même avec les mots fort, os, seau.

• Interroger les élèves à tour de rôle, individuellement. Donner une carte-image à un élève : *Prénom*, à toi, dis ce mot très lentement en allongeant les sons.

Feedback (voir p. 47)

4 Enseignement de la procédure d'encodage

Matériel
- Cinq lettres mobiles : o, r, l, a, u (distracteurs) par élève
- Une carte-flèche par élève
- Les cartes-images or, robot, olive, locomotive

Encodage d'un mot connu

• Distribuer une carte-flèche à chaque élève. Poser les cinq lettres mobiles noires (a, r, u, l et o) pour qu'elles soient bien visibles, face à chaque élève.

On va écrire le mot or (montrer la carte-image). Je vous montre comment faire. Dans /ɔɔɔɔɔ rrrrr/, on entend d'abord /ɔɔɔɔɔ/ (placer la lettre mobile o au début de la flèche). Dans /ɔɔɔɔɔ rrrrr/, on entend ensuite /rrrrr/ (placer le r après le o). On a écrit le mot /ɔɔɔɔɔ rrrr/ (suivre la flèche du doigt). Si nécessaire montrer la carte-image.

• Enlever les lettres mobiles de la carte-flèche. Interroger les élèves à tour de rôle, individuellement.

Prénom, à toi maintenant. Écris /ɔɔɔɔɔ rrrr/. Qu'est-ce que tu entends au tout début de /ɔɔɔɔɔ rr/ ? Qu'est-ce que tu entends ensuite dans /ɔɔ rrrrrr/ ?

• Si l'exercice est trop difficile lorsque les élèves doivent choisir entre les cinq lettres mobiles, on peut restreindre le choix en leur laissant à disposition les graphèmes dont ils ont besoin pour encoder la suite de lettres cibles. Il leur restera alors à mettre ces graphèmes dans le bon ordre.

Feedback (voir p. 48)

Bravo, tu as écrit le mot or (si nécessaire montrer la carte-image), c'est aussi le début du mot ordinateur...

• Enlever les lettres mobiles de la carte-flèche avant d'interroger l'élève suivant.

Encodage de suites de lettres

Maintenant, on va écrire les premières lettres de certains mots. Poser les six lettres mobiles face à chaque élève (donc avec le l doublé). Chaque élève est interrogé sur toutes les suites de lettres suivantes.

Prénom, à toi, maintenant. Écris /rrrrrroooo/. Qu'est-ce que tu entends au tout début de /rrrrroo/ ? Qu'est-ce que tu entends ensuite dans /rroooo/ ?

Feedback (voir p. 48)

Bravo, tu as écrit ro, c'est le début du mot robot (si nécessaire montrer la carte-image), robinet...

• Faire de même pour ol et lo.

Prénom, écris /ɔɔɔɔɔ lllllll/. Bravo, c'est le début du mot olive (montrer la carte-image).

Prénom, écris /llllllllooooo/. C'est le début du mot locomotive (montrer la carte-image).

5 Écriture manuscrite de syllabes et de mots dans le cahier

Matériel
Un cahier d'écriture et un crayon par élève

Maintenant, je vais vous donner votre cahier d'écriture.

Montrez-moi d'abord comment vous tenez votre stylo/crayon. Contrôler que les élèves tiennent leur stylo/crayon correctement et corriger la position de leurs doigts si nécessaire.

Maintenant :

- écrivez les syllabes sur les lettres en gris (montrer les premières lignes d'écriture) ;
- écrivez les syllabes sans modèle, en partant du point de départ (montrer les lignes d'écriture sans lettres en gris) ;
- écrivez les bonnes syllabes au début des mots (montrer les endroits à compléter) ;
- écrivez la syllabe que je dis sur les quatre traits en bas de la page : ro, or, lo (si nécessaire, montrer les traits au fur et à mesure).

Contrôler que les élèves fassent le geste correctement et leur donner des feedbacks personnalisés si nécessaire (p.e. : Le trait s'arrête à la ligne, il ne descend pas plus bas ; qu'est-ce que tu entends au tout début de /rrrrrrooo/ ? etc.).

6 Synthèse de fin

Matériel
Les lettres mobiles r et o

Bravo, vous avez bien travaillé ! Aujourd'hui on a appris à mettre les bonnes lettres dans le bon ordre pour écrire des syllabes et des mots. Par exemple, o – r (mettre les lettres dans le bon ordre) pour le mot or ! On s'est aussi entrainés à écrire des syllabes et des mots avec le crayon.

Effectuer une fois cette leçon avec tous les élèves.

7 Évaluation formative

Matériel
Les cartes-syllabes lo, ol, ro, or

Après avoir effectué deux fois la leçon ***Décodage*** et une fois la leçon ***Encodage***, faire l'évaluation formative pour déterminer comment continuer à avancer.

Prénom, concentre-toi. C'est important.

- Montrer successivement à l'élève les cartes lo, ol, ro et or. Lis cette syllabe/ce mot.
- Si l'élève réussit l'évaluation, passer à la leçon ***Introduire la CGP « f »*** (p. 116), même s'il a montré des difficultés dans la tâche de fusion de phonèmes, d'allongement de mots ou d'encodage de syllabes. En effet, ces compétences seront retravaillées par la suite avec d'autres sons.
- Si l'élève ne réussit pas l'évaluation, faire la leçon ***Remédiation du décodage*** (ci-après).

Remédiation du décodage

Cf. ***module 1*** p. 84.

1 Annonce de l'objectif de la leçon

Aujourd'hui, on va s'entrainer à bien lire des lettres ensemble.

2 Fusion de phonèmes à l'oral

Matériel
Trois pièces de LEGO®

- Prendre deux pièces de LEGO® et les placer l'une à côté de l'autre, espacées. On va s'entrainer à assembler des sons.

• Montrer la pièce à gauche de l'élève en disant /lllll/ puis la deuxième pièce à droite de l'élève en disant /oooo/. Assembler les deux pièces en fusionnant les phonèmes : /llllоооо/. Mettre en évidence le sens du mot ou placer la syllabe dans un mot : /lo/, comme on entend dans locomotive…

• Faites-le avec moi. Montrer la pièce à gauche des élèves en disant /lllll/ puis la deuxième pièce à droite des élèves en disant /oooo/. Assembler les deux pièces en fusionnant les phonèmes : /lllloooo/. Veiller à ce que les élèves disent la syllabe avec l'enseignant ou après lui. Mettre en évidence le sens du mot ou placer la syllabe dans un mot.

• Interroger les élèves à tour de rôle, individuellement. *Prénom*, à toi. Prendre deux pièces de LEGO®, dire /oooo/ en montrant la pièce à la gauche de l'élève et /lllll/ en montrant la pièce à la droite de l'élève, assembler les pièces et laisser l'élève fusionner les phonèmes. Mettre en évidence le sens du mot ou placer la syllabe dans un mot : /ol/, comme on entend dans olive, parasol…

• Recommencer avec les syllabes/mots suivants : ro, or, rol, for.

Feedback (voir p. 42)

3 Répétition de la procédure de décodage

Matériel
- Trois lettres mobiles : l, o, r par élève
- Une lettre t grise (t muet) pour l'enseignant
- Une carte-flèche

• Prendre la carte-flèche et les lettres mobiles r et o. Mettre les lettres mobiles l'une à côté de l'autre (écrire ro), au-dessus de la flèche, de façon bien visible, face aux élèves. On va lire cette syllabe.

• Pointer chaque graphème et demander aux élèves de dire le phonème correspondant : pointer r : /rrrr/, pointer o : /oooo/.

• Lire la syllabe en faisant le geste de gauche à droite, ni trop lentement ni trop rapidement, en suivant la flèche avec le doigt : /rrrooo/.

• Faites-le avec moi : /rrrooo/. Adapter les aides selon les difficultés rencontrées par les élèves :
  – Si l'ordre des graphèmes n'est pas respecté, procéder de la même manière mais en cachant le deuxième graphème le temps que le premier soit oralisé.
  – Si un élève regarde la flèche au lieu de regarder les lettres, supprimer la carte-flèche et procéder de la même manière en faisant le geste de gauche à droite directement sous les lettres.
  – Si un élève fait une pause entre les phonèmes, illustrer la fusion des phonèmes en rapprochant les lettres mobiles l'une de l'autre en allongeant les sons.

• Interroger les élèves à tour de rôle, individuellement, sur les syllabes ro ET or. Maintenant chacun votre tour.

Prénom, à toi. Pointer r : Quel son ? Pointer o : Quel son ? Lis la syllabe. L'enseignant et/ou l'élève avance ni lentement ni rapidement sur la flèche avec le doigt (ou juste sous les lettres ; ou en cachant momentanément le deuxième graphème ; ou en rapprochant les lettres mobiles l'une de l'autre).

• Changer les deux lettres mobiles de place pour écrire or. *Prénom*, à toi. Pointer o : Quel son ? Pointer r : Quel son ? Lis la syllabe. L'enseignant et/ou l'élève n'avance ni lentement ni rapidement sur la flèche avec le doigt (ou juste sous les lettres ; ou en cachant momentanément le deuxième graphème ; ou en rapprochant les lettres mobiles l'une de l'autre).

• Enlever les lettres mobiles des cartes-flèches et procéder de la même manière pour les syllabes lo, ol, rol.

• Ne pas oublier de faire brièvement mention de l'existence de ces syllabes dans des mots ou du sens de ces mots une fois qu'ils/elles sont lu-e-s (si le sens du mot rot est mis en évidence, préciser qu'il s'écrit avec un t muet à la fin).

Feedback (voir p. 43-44)

4 Pointer la bonne syllabe/le bon mot

• Prendre les cartes et les mettre l'une à côté de l'autre, face aux élèves. On va montrer la syllabe ou le mot que je dis : /ooooIlll/. Montrer la carte-syllabe ol.

• Faites-le avec moi. Montrez-moi : /ooooIlll/. Demander aux élèves de pointer la bonne syllabe/le bon mot.

• Changer les cartes de place. Interroger ensuite les élèves individuellement au moins deux fois sur chaque syllabe : *Prénom*, montre-moi... Changer régulièrement les cartes de place.

Matériel
Les cartes-syllabes et cartes-mots lo, ol, ro, or, rol

Feedback (voir p. 53)

5 Synthèse

Bravo, vous avez bien travaillé. Aujourd'hui, on s'est entrainés à bien lire des lettres ensemble (montrer les cartes-syllabes).

Cette leçon peut être effectuée deux fois avec les élèves.

Matériel
Les cartes lo et or (par exemple)

6 Évaluation formative

Faites l'évaluation formative suivante pour déterminer comment continuer à avancer.

• Montrer successivement à l'élève les cartes lo, or, ol et ro. Lis cette syllabe/ce mot.

• Si l'élève échoue, ne pas donner de feedback correctif et évaluer ses acquis en modalité non-verbale :

- disposer les cartes lo, la, ir et or sur la table, mélangées :
  Prénom, montre-moi /or/ ; montre-moi /lo/.
- disposer les cartes al, ol, ro et ra sur la table, mélangées :
  Prénom, montre-moi /ol/ ; montre-moi /ro/.

• Si l'élève réussit l'évaluation, que ce soit l'évaluation orale ou par pointage, passer à la leçon ***Introduire la CGP « f »*** (ci-après).

• Si l'élève ne réussit pas l'évaluation (ni orale, ni par pointage) après avoir fait deux fois cette leçon ***Remédiation du décodage*** :

- s'il mémorise bien les correspondances graphèmes-phonèmes, continuer à avancer dans celles-ci (passer à ***Introduire la CGP « f »***) et continuer à bien entrainer la procédure de décodage dans les prochaines leçons de décodage ;
- s'il ne retient pas bien les correspondances graphèmes-phonèmes, continuer à avancer dans la découverte des CGP suivantes (passer à ***Introduire la CGP « f »***) en continuant les leçons de mémorisation des CGP vues jusque-là.

Matériel
Les cartes-syllabes/cartes-mots lo, ol, ro, or

Matériel optionnel
Les cartes-syllabes/cartes-mots la, ir, al, ra.

Introduire la CGP

1 Annonce de l'objectif de la leçon

Aujourd'hui, on va (1re présentation de la leçon) apprendre une nouvelle lettre / (lorsque la leçon est répétée) revoir les lettres qu'on a apprises les dernières fois.

2 Présentation de la comptine du phonème /f/ et travail sur la compréhension

Matériel
Le livre des comptines

Je vais vous raconter une petite histoire. Écoutez bien (montrer successivement les images aux élèves) : Fatima la fée fuit comme une folle hors de la forêt. Elle fonce dans une ferme. La famille, en plein festin, fixe la fée.

Dans cette histoire, Fatima la fée (montrer la fée) fuit comme une folle (montrer qu'elle fuit) hors de la forêt (montrer la forêt). Elle fonce dans une ferme (montrer la ferme). La famille (montrer la famille), en plein festin (montrer le festin), fixe la fée (montrer les yeux des membres de la famille), ça veut dire qu'ils la regardent.

Vocabulaire

Feedback (voir p. 54)

1re leçon	Lorsque la leçon est répétée
Compréhension du vocabulaire Questionner au moins une fois chaque élève. Montrer la 1re image de la comptine : – *Prénom*, montre-moi la fée. – *Prénom*, montre-moi la forêt. – *Prénom*, montre-moi la ferme. Montrer la 2e image de la comptine : – *Prénom*, montre-moi le festin. – *Prénom*, montre-moi la famille.	**Production du vocabulaire** Montrer les images de la comptine. Demander aux élèves, à tour de rôle, de produire les mots attendus (une question par élève). Montrer la première image de la comptine : – *Prénom*, qu'est-ce que c'est (montrer la fée) ? – *Prénom*, qu'est-ce que c'est (montrer la forêt) ? – *Prénom*, qu'est-ce que c'est (montrer la ferme) ? Montrer la deuxième image de la comptine : – *Prénom*, qu'est-ce que c'est (montrer la famille) ? – *Prénom*, qu'est-ce que c'est (montrer le festin) ?

Compréhension

- Questions en lien avec le **schéma narratif**.

Feedback (voir p. 55)

– *Prénom*, où était la fée au début de l'histoire ?
– *Prénom*, qui habite dans la ferme ?
– *Prénom*, la famille était en train de faire quoi ?
– *Prénom*, qu'est-ce qui a interrompu le repas de la famille ?

- Questions en lien avec la compréhension des **états mentaux**.

– Dans l'histoire, on explique que la famille fixe la fée (montrer sur l'image). À votre avis, comment se sentent les membres de la famille ?
– Et les autres, vous imaginez autre chose ? À votre avis, comment se sentent les membres de la famille ?

Feedback (voir p. 55)

Si aucun élève ne répond après 4 secondes :

À mon avis, ils sont vraiment étonnés de voir une fée qui arrive comme ça chez eux.

On pourrait aussi imaginer qu'ils sont tout contents de voir une fée dans leur maison.

- Compréhension des **inférences** (interroger deux élèves maximum).

Dans l'histoire, on explique que Fatima fuit comme une folle hors de la forêt. Qu'est-ce que vous pensez qu'il s'est passé ?

Et les autres, vous imaginez autre chose ? Qu'est-ce que vous pensez qu'il s'est passé ?

Feedback (voir p. 55)

Si aucun élève ne répond après 4 secondes :

Peut-être que Fatima a vu un animal sauvage qui lui a fait peur.

On pourrait aussi imaginer qu'elle a entendu un bruit qui lui a fait peur.

- **Prédiction** de la suite de l'histoire (interroger deux élèves maximum).

Qu'est-ce que vous pensez que la famille va faire ?

Feedback (voir p. 55)

Si aucun élève ne répond après 4 secondes :

Peut-être qu'ils vont demander à Fatima de sortir de chez eux.

On pourrait aussi imaginer qu'ils vont l'inviter à manger avec eux.

3 Introduction de la correspondance graphème f – phonème /f/

Matériel
- La page-graphème f-F

- Le texte de la comptine

Introduction de la correspondance graphème-phonème en lien avec la comptine

Je vais relire l'histoire en vous montrant le texte cette fois-ci. Lire le texte de la comptine en le suivant du doigt, en allongeant légèrement les phonèmes /f/ : Ffatima la ffée ffuit comme une ffolle hors de la fforêt. Elle ffonce dans une fferme. La ffamille, en plein ffestin, ffixe la ffée.

- Préciser qu'on entend beaucoup de /f/ dans cette histoire.
- Montrer la page-graphème, présenter les deux lettres (minuscule et majuscule) et dire le son correspondant.
- Présenter les mots-référents.
- Questionner chaque élève au moins une fois sur le son que font la minuscule ET la majuscule.

Feedback (voir p. 32)

Identification de la lettre f dans le texte de la comptine

- Reprendre le texte et le montrer aux élèves.
- Demander à chaque élève de montrer une lettre f dans le texte. S'il montre un f minuscule, le féliciter puis lui demander de montrer un F majuscule, et vice-versa.
- L'interroger sur le son correspondant.

Feedback (voir p. 28)

4 Tâche de conscience phonémique : identification du phonème initial

Matériel
- Une boite au bord de laquelle on a fixé les cartes-lettres f et F
- Les cartes-images à mélanger : fée, forêt, fantôme, fourchette, fusée, orque, hibou, livre (*si l'activité est faite avec plus de deux élèves, ajouter* : fourmi, foot, armoire)

Maintenant, on va écouter (montrer son oreille) les sons dans les mots. On va bien écouter si les mots commencent par le son /f/ ou pas. Prononcer les mots en allongeant le phonème initial.

• Modeler sur un mot qui commence par /f/ (on le met dans la boite) et sur un mot qui ne commence pas par /f/ (on le met en dehors de la boite).

• Questionner les élèves à tour de rôle en leur tendant une carte-image. *Prénom, est-ce qu'on entend /f/ au début de... ?*

Feedback (voir p. 56)

5 Apprentissage du geste d'écriture avec le doigt sur un modèle

• Montrer la page-graphème aux élèves, nommer la lettre minuscule et leur annoncer qu'ils vont s'entrainer à l'écrire.

• Prendre le modèle gris et montrer le geste d'écriture. Recommencer en disant le son correspondant.

• Demander aux élèves de faire le geste environ cinq fois en disant le son en même temps. Si un élève n'arrive pas à faire le geste seul, le faire avec lui en guidance physique et lui demander de dire le son en même temps.

• Option récompense : donner un smiley si cinq tracés sont corrects.

• Procéder de la même manière avec la lettre majuscule.

Matériel
- La page-graphème f-F
- Les modèles de lettres f et F en gris par élève

Matériel optionnel-récompense
Deux smileys par élève

6 Synthèse

Bravo, vous avez bien travaillé ! Aujourd'hui on a (lors de la 1re présentation de la leçon) appris / (lorsque la leçon est répétée) revu la lettre f en minuscule (pointer le f sur la page-graphème) et en majuscule (pointer le F sur la page-graphème). Cette lettre fait le son /f/.

Cette leçon doit être effectuée au moins deux fois avec tous les élèves.

Matériel
La page-graphème f-F

7 Évaluation formative

Après avoir répété cette leçon ***Introduire la CGP***, passer à la leçon ***Calligraphie*** (ci-après) avec les élèves dont les capacités motrices rendent la tenue du crayon possible.

Pour ceux pour qui ce n'est pas le cas, faire l'évaluation formative décrite à la fin de la leçon ***Calligraphie*** (ci-dessous) pour déterminer comment continuer à avancer.

Calligraphie

• Annoncer l'objectif : Aujourd'hui, on va s'entrainer à écrire la lettre f (montrer la page-graphème).

• Distribuer une feuille plastifiée avec le modèle en gris ainsi qu'un feutre effaçable à chaque élève (*cf.* p. 75).

• Synthèse de fin avec la page-graphème.

Cette leçon (ou une partie de celle-ci) peut être effectuée plusieurs fois avec les élèves.

Matériel
- La page-graphème f-F
- Un modèle de la lettre f en gris par élève
- Un feutre effaçable par élève
- Un crayon ou stylo par élève
- Un cahier d'écriture par élève

Évaluation formative

Faire l'évaluation formative suivante pour déterminer comment continuer à avancer.

Matériel
Les cartes-lettres f et F

Prénom, concentre-toi. C'est important.

- Montrer à l'élève la carte-lettre f. Quel son fait cette lettre ?
- Montrer à l'élève la carte-lettre F. Quel son fait cette lettre ?
- Si l'élève réussit l'évaluation passer à la leçon ***Décodage*** (p. 120), même si l'élève a montré des difficultés dans les tâches de conscience phonémique, de compréhension de texte ou d'écriture de la lettre dans les leçons ***Introduire la CGP*** et ***Calligraphie***.
- Si l'élève ne réussit pas l'évaluation (il ne dit le son ni de la minuscule, ni de la majuscule, ou ne dit le son que d'une des deux écritures), passer à la leçon ***Remédiation de la CGP*** (ci-après).

Remédiation de la CGP

1 Annonce de l'objectif de la leçon

Aujourd'hui, on va s'entrainer à mieux connaitre la lettre f et revoir les autres lettres qu'on a apprises.

2 Révision des correspondances graphèmes-phonèmes (tri de graphèmes)

Matériel
- Douze cartes-lettres : 2 □ f, 2 □ F, 2 □ r, 2 □ R, 2 □ i, 2□ I
- Les pages-graphèmes f, r et i

Matériel optionnel-récompense
10 smileys en tout

Feedback

- Réactiver les correspondances graphèmes-phonèmes f, r et i en montrant les pages-graphèmes, les deux graphies de chaque lettre (minuscule et majuscule) et en rappelant qu'on entend ces sons dans les mots référents.
- Mettre les trois pages-graphèmes alignées devant les élèves et mélanger les cartes-lettres. Les distribuer une à une aux élèves et leur demander de dire le son correspondant puis de la mettre sur la bonne page-graphème (après avoir modelé avec un ou deux exemples).
- Option récompense : donner un smiley à l'élève s'il répond correctement du premier coup ou après la ré-interrogation.

Options d'adaptation au cas où l'élève rencontre des difficultés :

- Demander à l'élève de mettre la lettre au bon endroit sans nommer le phonème correspondant.
- Mettre la carte-lettre à trier juste au-dessus d'une lettre d'une page-graphème (minuscule ou majuscule) et demander à l'élève : Est-ce que c'est la même lettre ?

3 Entrainement du geste d'écriture avec le doigt sur un modèle

Matériel
- La page-graphème f-F
- Les modèles de lettres f et F en gris par élève

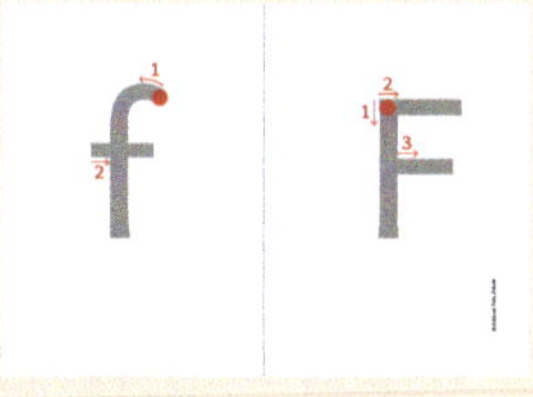

Matériel optionnel-récompense
Deux smileys par élève

- Montrer la page-graphème aux élèves, nommer la lettre minuscule et leur annoncer qu'ils vont s'entrainer à l'écrire.
- Prendre le modèle gris et montrer le geste d'écriture. Recommencer en disant le son correspondant.
- Demander aux élèves de faire le geste environ cinq fois en disant le son en même temps. Si un élève n'arrive pas à faire le geste seul, le faire avec lui en guidance physique et lui demander de dire le son en même temps.
- Option récompense : donner un smiley si cinq tracés sont corrects.
- Procéder de la même manière avec la lettre majuscule.

4 Jeux à choix : dé des graphèmes, memory ou pointage à la tapette à mouche

Cf. ***module 1*** p. 60.

5 Synthèse

Matériel
La page-graphème f-F

Bravo, vous avez bien travaillé ! Aujourd'hui on s'est entrainés à bien connaitre la forme du f minuscule (montrer le f sur la page-graphème) et du f majuscule (montrer le F sur la page-graphème). C'est important de bien se rappeler de la forme des lettres et de savoir quel son elles font pour lire des histoires.

Cette leçon (ou une partie de celle-ci) peut être effectuée deux fois avec les élèves.

6 Évaluation formative

Matériel
Les cartes-lettres f et F

Matériel optionnel
Les cartes-lettres l, a, i, f et L, A, I,

Faites l'évaluation formative suivante pour déterminer comment continuer à avancer.

Prénom, concentre-toi. C'est important.

• Montrer successivement les deux cartes-lettres f et F à l'élève. Quel son fait cette lettre ?

• Si l'élève échoue, ne pas donner de feedback correctif et évaluer ses acquis en modalité non-verbale :

– disposer les quatre lettres minuscules sur la table, mélangées :
Prénom, quelle lettre fait le son /f/ ?

– disposer les quatre lettres majuscules sur la table, mélangées :
Prénom, quelle lettre fait le son /f/ ?

• Si l'élève réussit l'évaluation, que ce soit l'évaluation orale ou par pointage, passer à la leçon ***Décodage*** (ci-après).

• Si l'élève ne réussit pas l'évaluation (ni orale, ni par pointage) après avoir fait deux fois cette leçon ***Remédiation de la CGP*** (il ne dit le son de/ne pointe ni la minuscule, ni la majuscule, ou ne dit le son de/ne pointe que l'une des deux écritures), passer à la leçon ***Introduire la CGP « é »*** (p. 134), en continuant parallèlement à réviser la CGP « f » (***Remédiation de la CGP***) et si nécessaire les CGP précédentes.

Décodage

1 Annonce de l'objectif de la leçon

Aujourd'hui, on va s'entrainer à lire des syllabes et des mots avec le f et les autres lettres qu'on a apprises.

2 Répétition des correspondances graphèmes-phonèmes (dé)

Matériel
- Les pages-graphèmes f, u, o, i, r, l
- Un dé sur les faces duquel on inscrit les lettres en minuscule ; puis en majuscule

• Montrer la page-graphème f-F. Vous vous souvenez, le son /f/ s'écrit avec le f. Le f s'écrit comme ça en minuscule (montrer sur la page-graphème) et comme ça en majuscule (montrer sur la page-graphème). On utilise le f pour écrire ffffffée ou ffffforêt (montrer les images sur la page-graphème).

- Procéder de la même manière avec les pages-graphèmes u-U, o-O, i-I, r-R, l-L.
- Laisser les pages-graphèmes sous les yeux des élèves.
- Prendre le dé et annoncer : On va faire un petit jeu pour réviser les lettres qu'on a vues jusque-là. Chacun son tour, on lance le dé et on dit le son que fait la lettre.
- Montrer un exemple.
- Donner le dé à un élève. *Prénom*, à toi. Les élèves, à tour de rôle, lancent le dé et disent le son que fait la lettre obtenue. Arrêter après que chaque élève a lancé le dé trois ou quatre fois.

Feedback (voir p. 32)

3 Fusion de phonèmes à l'oral

Matériel
- Les cartes-images feu, œuf, fil, fort
- Trois pièces de LEGO®

- Prendre les trois pièces de LEGO®. Maintenant, je dis un mot en séparant les sons et on va coller les sons pour retrouver quel mot c'est. Écoutez bien.
- Dire chaque son en montrant une pièce de LEGO®, de la gauche vers la droite pour les élèves : /œu–fff/ puis assembler les pièces : C'est le mot œuf (dire le mot en prolongeant légèrement les sons). Si nécessaire montrer la carte-image correspondante.
- Interroger les élèves à tour de rôle, individuellement. *Prénom*, à toi. Prendre les pièces de LEGO®, montrer la pièce à la gauche de l'élève en disant le premier phonème et la-les pièce-s à droite de l'élève en disant le-les son-s correspondant-s : p.e. /fff/, /iii/, /lll/, assembler les pièces : C'est quel mot ? Si nécessaire montrer la carte-image correspondante après la fusion des phonèmes.
- Procéder de la même manière avec les mots fort et feu.

Feedback (voir p. 42)

4 Enseignement de la procédure de décodage

Matériel
- Les cartes-syllabes et cartes-mots af, fu, of, fi, fort, fil
- Les cartes-images fort, fil

Lire des syllabes consonne-voyelle ou voyelle-consonne

a f
•⟶

Prendre la carte-syllabe af et la montrer aux élèves de façon à ce qu'elle soit bien visible, face à eux. On va lire cette syllabe.

Lire chaque graphème

On va d'abord dire le son de chaque lettre. Pointer a : /aaaa/. Pointer f : /ffff/. Le refaire une deuxième fois ensemble.

- Interroger les élèves à tour de rôle, individuellement. Maintenant chacun votre tour : *Prénom*, pointer a : Quel son ? Pointer f : Quel son ?

Feedback (voir p. 43)

Lire la syllabe lentement

- Pointer le rond au début de la flèche. Maintenant on va lire la syllabe lentement en allongeant les sons. On ne va pas s'arrêter entre les sons.
- Avancer lentement sur la flèche avec le doigt, au fur et à mesure de la prononciation : /aaaaaffffff/. Le refaire ensemble jusqu'à ce que les élèves lisent la syllabe en allongeant les sons et sans pause.
- Interroger les élèves à tour de rôle, individuellement. Maintenant chacun votre tour. *Prénom*, à toi. L'enseignant et/ou l'élève avance lentement sur la flèche avec le doigt.

Feedback (voir p. 43)

Donner des précisions si nécessaire : Ne t'arrête pas entre les sons.

Lire la syllabe rapidement

- Pointer le rond au début de la flèche. Maintenant, on va lire la syllabe rapidement.
- Avancer rapidement sur la flèche avec le doigt en lisant la syllabe : /af/. Le refaire une deuxième fois ensemble.
- Interroger les élèves à tour de rôle, individuellement. Maintenant chacun votre tour. *Prénom*, à toi. L'enseignant et/ou l'élève avance rapidement sur la flèche avec le doigt.

→ **Feedback** (voir p. 44)

- Interroger les élèves individuellement à tour de rôle sur chacune des syllabes suivantes. À vous.

fu → of → fi →

- Prendre les cartes-syllabes l'une après l'autre, les montrer aux élèves de telle sorte qu'elles soient bien visibles, face à eux, et utiliser la procédure de décodage :
  - **Lire chaque graphème :** *Prénom*, pointer le premier graphème : Quel son ? Pointer le second graphème : Quel son ?
  - **Lire la syllabe en allongeant les phonèmes :** Maintenant lis cette syllabe lentement en allongeant les sons. Avancer lentement sur la flèche avec le doigt.
  - **Lire la syllabe rapidement :** Maintenant, lis cette syllabe rapidement. Avancer rapidement sur la flèche avec le doigt.
  - Faire mention de l'existence de ces syllabes dans des **mots**.
    - Bravo, tu as lu /fu/, comme dans fusée, fumée...
    - Bravo, tu as lu /of/, comme dans offrir.
    - Bravo, tu as lu /fi/, comme dans fini, filer...

→ **Feedback** (voir p. 43-44)

Lire des mots (avec ou sans lettre muette)

fil →

Maintenant, on va lire des mots. Prendre la carte-mot fil et la montrer aux élèves de telle sorte qu'elle soit bien visible, face à eux. Interroger les élèves individuellement à tour de rôle sur chaque mot.

- Adopter la même procédure :
  - **Lire chaque graphème.** Pointer chaque graphème : Quel son ?
  - **Lire le mot en allongeant les phonèmes.** Maintenant, lis ce mot lentement en allongeant les sons.
  - **Lire le mot rapidement.** Maintenant lis ce mot rapidement.
  - **Mettre en évidence le sens du mot.** Bravo, tu as lu fil. Si nécessaire montrer la carte-image.

→ **Feedback** (voir p. 43-44)

fort →

Prendre la carte-mot fort et la montrer aux élèves, bien visible, face à eux. Rendre attentif à la lettre muette : On va lire ce mot, avec cette lettre à la fin (montrer le t). Elle est en gris. Cela veut dire qu'elle ne fait aucun son à la fin de ce mot. C'est une lettre muette. (Si un élève est perturbé, la masquer.)

→ **Feedback** (voir p. 43-44)

5 Synthèse

→ **Matériel**
La carte-syllabe fu

Bravo, vous avez bien travaillé ! Aujourd'hui, on a appris à lire deux lettres ensemble en les collant, comme ça (montrer la carte-syllabe fu), /f/ et /u/, qui font /ffffffuuuuuu/, comme dans fusée.

Effectuer deux fois cette leçon avec tous les élèves puis passer à la leçon d'encodage.

Encodage

1 Annonce de l'objectif de la leçon

Aujourd'hui, on va s'entrainer à écrire des syllabes et des mots avec le f et les autres lettres qu'on a apprises.

2 Répétition des correspondances graphèmes-phonèmes (dé)

Matériel
- Les pages-graphèmes f, u, o, i, r, l
- Un dé sur les faces duquel on inscrit les lettres en minuscule ; puis en majuscule

- Montrer la page-graphème f-F. Vous vous souvenez, le son /f/ s'écrit avec le f. Le f s'écrit comme ça en minuscule (montrer sur la page-graphème) et comme ça en majuscule (montrer sur la page-graphème). On utilise le f pour écrire ffffffée ou ffffffforêt (montrer les images sur la page-graphème).
- Procéder de la même manière avec les pages-graphèmes u-U, o-O, i-I, r-R, l-L.
- Laisser les pages-graphèmes sous les yeux des élèves.
- Prendre le dé et annoncer : On va faire un petit jeu pour réviser les lettres qu'on a vues jusque-là. Chacun son tour, on lance le dé et on dit le son que fait la lettre.
- Montrer un exemple.
- Donner le dé à un élève. *Prénom*, à toi. Les élèves, à tour de rôle, lancent le dé et disent le son que fait la lettre obtenue. Arrêter après que chaque élève a lancé le dé trois ou quatre fois.

Feedback (voir p. 32)

3 Allongement des phonèmes dans les mots

Matériel
Les cartes-images feu, œuf, fil, fort

On va dire des mots très lentement en allongeant les sons. Poser la carte-image du feu sur la table, de manière à ce qu'elle soit bien visible pour les élèves : On va commencer par le mot feu. Prononcer le mot en allongeant les sons et en étirant les bras en même temps : /ffffffffeueueueueueueu/.

Tout le monde le fait avec moi, vous êtes prêts ? /ffffffffeueueueueueueu/ (étirer les bras).

- Faire de même avec les mots œuf, fil, fort.
- Interroger les élèves à tour de rôle, individuellement. Donner une carte-image à un élève : *Prénom*, à toi, dis ce mot très lentement en allongeant les sons.

Feedback (voir p. 47)

4 Enseignement de la procédure d'encodage

Matériel
- Sept lettres mobiles : a, r, u, i, l, o et f par élève
- Une lettre mobile t en gris (t muet) pour l'enseignant
- Une carte-flèche par élève
- Les cartes-images fusée, filet, forêt, fil et fort

Encodage d'une suite de lettres

- Distribuer une carte-flèche à chaque élève. Poser les sept lettres mobiles noires (a, r, u, i, l, o et f) pour qu'elles soient bien visibles face à chaque élève.

On va écrire af. Je vous montre comment on fait. Dans /aaaafff/, on entend d'abord /a/. On le met ici au début de la flèche (placer la lettre mobile a au début la flèche). Dans /aaaffffffff/, on entend ensuite /ffff/ (placer le f après le a). On a écrit /aaaaffff/ (suivre la flèche du doigt), c'est le début du mot affamé.

- Enlever les lettres mobiles de la carte-flèche. Interroger les élèves à tour de rôle, individuellement.

Prénom, à toi, maintenant. Écris /aaaaffff/. Qu'est-ce que tu entends au tout début de /aaaaff/ ? Qu'est-ce que tu entends ensuite dans /aaffffffff/ ?

• Si l'exercice est trop difficile lorsque les élèves doivent choisir entre les sept lettres mobiles, on peut restreindre le choix en leur laissant à disposition les graphèmes dont ils ont besoin pour encoder la suite de lettres cible. Il leur restera alors à mettre ces graphèmes dans le bon ordre.

Feedback (voir p. 48)

Bravo, tu as écris af, c'est le début du mot affamé. On entend aussi af à la fin du mot girafe.

• Enlever les lettres mobiles de la carte-flèche avant d'interroger l'élève suivant.

Maintenant, vous allez écrire les premières lettres d'autres mots. Poser les sept lettres mobiles face à chaque élève. Chaque élève est interrogé sur toutes les suites de lettres suivantes.

Prénom, écris /fffffuuuu/. Qu'est-ce que tu entends au tout début de /ffffuuuu/ ? Qu'est-ce que tu entends ensuite dans /ffffuuuu/ ?

Feedback (voir p. 48)

Bravo, tu as écrit fu, c'est le début du mot fusée (montrer la carte-image).

• Faire de même pour fo et fi.

Prénom, écris /ffffoooo/. Bravo, c'est le début du mot forêt (montrer la carte-image).

Prénom, écris /ffffiiii/. C'est le début du mot filet (montrer la carte-image).

Encodage de mots connus

• Faire de même pour les mots fil et fort. Maintenant, on va écrire des mots entiers.

Prénom, écris /ffffiiiiillll/. Il y a trois sons. Bravo, tu as écrit le mot fil (montrer la carte-image).

Prénom, écris /ffffɔɔɔɔ rrrr/. Il y a trois sons. Bravo, tu as écrit /for/. Avec un t muet à la fin (ajouter le t en gris à la fin du mot), c'est le mot fort (montrer la carte-image).

5 Écriture manuscrite de syllabes et de mots dans le cahier

Matériel
Un cahier d'écriture et un crayon par élève

Maintenant, je vais vous donner votre cahier d'écriture.

Montrez-moi d'abord comment vous tenez votre stylo/crayon. Contrôler que les élèves tiennent leur stylo/crayon correctement et corriger la position de leurs doigts si nécessaire.

Maintenant :

- écrivez les syllabes sur les lettres en gris (montrer les premières lignes d'écriture) ;
- écrivez les syllabes sans modèle, en partant du point de départ (montrer les lignes d'écriture sans lettres en gris) ;
- écrivez les bonnes syllabes au début des mots (montrer les endroits à compléter) ;
- écrivez la syllabe que je dis sur les quatre traits en bas de la page : fu, fi, fil, of (si nécessaire, montrer les traits au fur et à mesure).

• Contrôler que les élèves fassent le geste correctement et leur donner des feedbacks personnalisés si nécessaire (p.e. : Le trait s'arrête à la ligne, il ne descend pas plus bas ; qu'est-ce que tu entends au tout début de /ffffffuuu/ ? etc.).

6 Synthèse

Bravo, vous avez bien travaillé ! Aujourd'hui, on a appris à mettre les bonnes lettres dans le bon ordre pour écrire des syllabes et des mots. Par exemple, f – i – l (mettre les lettres dans le bon ordre) pour le mot fil ! On s'est aussi entrainés à écrire des syllabes et des mots avec le crayon.

Effectuer une fois cette leçon avec tous les élèves.

Matériel
Les lettres mobiles f, i, l

7 Évaluation formative

Après avoir effectué deux fois la leçon ***Décodage*** et une fois la leçon ***Encodage***, faire l'évaluation formative pour déterminer comment continuer à avancer.

Matériel
Les cartes-syllabes af, fu, of, fi

Prénom, concentre-toi. C'est important.

- Montrer successivement à l'élève les cartes af, fu, of et fi. Lis cette syllabe.
- Si l'élève réussit l'évaluation, passer à la leçon ***Révision du module 2*** (p. 128), même s'il a montré des difficultés dans la tâche de fusion de phonèmes, d'allongement de mots ou d'encodage de syllabes. En effet, ces compétences seront retravaillées par la suite avec d'autres sons.
- Si l'élève ne réussit pas l'évaluation, faire la leçon ***Remédiation du décodage*** (ci-après).

Remédiation du décodage

Cf. ***module 1*** p. 84.

1 Annonce de l'objectif de la leçon

Aujourd'hui, on va s'entrainer à bien lire des lettres ensemble.

2 Fusion de phonèmes à l'oral

Matériel
Trois pièces de LEGO®

- Prendre deux pièces de LEGO® et les placer l'une à côté de l'autre, espacées. On va s'entrainer à assembler des sons.
- Montrer la pièce à gauche de l'élève en disant /ffff/ puis la deuxième pièce à droite de l'élève en disant /uuuu/. Assembler les deux pièces en fusionnant les phonèmes : /ffffuuuu/. Mettre en évidence le sens du mot ou placer la syllabe dans un mot : /fu/, comme on entend dans fumée, fusée…
- Faites-le avec moi. Montrer la pièce à gauche des élèves en disant /ffff/ puis la deuxième pièce à droite des élèves en disant /uuuu/. Assembler les deux pièces en fusionnant les phonèmes : /ffffuuuu/. Veiller à ce que les élèves disent la syllabe avec vous ou après vous. Mettre en évidence le sens du mot ou placer la syllabe dans un mot.
- Interroger les élèves à tour de rôle, individuellement. *Prénom*, à toi. Montrer la pièce à gauche de l'élève en disant le premier son et la/les pièces suivante-s en disant le/les sons suivants, assembler les pièces et laisser l'élève fusionner les phonèmes. Mettre en évidence le sens du mot ou placer la syllabe dans un mot.
- Procéder de cette manière avec les syllabes/mots suivants : af, of, fi, fil.

Feedback (voir p. 42)

3 Répétition de la procédure de décodage

• Prendre la carte-flèche et les lettres mobiles f et a. Mettre les lettres mobiles l'une à côté de l'autre (écrire fa), au-dessus de la flèche, de façon bien visible, face aux élèves. On va lire cette syllabe.

• Pointer chaque graphème et demander aux élèves de dire le phonème correspondant : pointer f : /ffff/, pointer a : /aaaa/.

• Lire la syllabe en faisant le geste de gauche à droite, ni trop lentement ni trop rapidement, en suivant la flèche avec le doigt : /ffffaaaa/.

• Faites-le avec moi : /fffaaaa/. Adapter les aides selon les difficultés rencontrées par les élèves :

- Si l'ordre des graphèmes n'est pas respecté, procéder de la même manière mais en cachant le deuxième graphème le temps que le premier soit oralisé.
- Si un élève regarde la flèche au lieu de regarder les lettres, supprimer la carte-flèche et procéder de la même manière en faisant le geste de gauche à droite directement sous les lettres.
- Si un élève fait une pause entre les phonèmes, illustrer la fusion des phonèmes en rapprochant les lettres mobiles l'une de l'autre en allongeant les sons.

• Interroger les élèves à tour de rôle, individuellement, sur les syllabes fa ET af. Maintenant chacun votre tour.

Prénom, à toi. Pointer f : Quel son ? Pointer a : Quel son ? Lis la syllabe. L'enseignant et/ou l'élève avance ni lentement ni rapidement sur la flèche avec le doigt (ou juste sous les lettres ; ou en cachant momentanément le deuxième graphème ; ou en rapprochant les lettres mobiles l'une de l'autre).

• Changer les deux lettres mobiles de place pour écrire af. *Prénom*, à toi. Pointer a : Quel son ? Pointer f : Quel son ? Lis la syllabe. L'enseignant et/ou l'élève avance ni lentement ni rapidement sur la flèche avec le doigt (ou juste sous les lettres ; ou en cachant momentanément le deuxième graphème ; ou en rapprochant les lettres mobiles l'une de l'autre).

• Enlever les lettres mobiles des cartes-flèches et procéder de la même manière pour les syllabes fu, of, fi.

• Ne pas oublier de faire brièvement mention de l'existence de ces syllabes dans des mots ou du sens de ces mots une fois qu'ils/elles sont lu-e-s.

Matériel
- Quatre lettres mobiles : f, a, u, i par élève
- Une lettre t en gris (t muet) pour l'enseignant
- Une carte-flèche

Feedback (voir p. 43-44)

4 Pointer la bonne syllabe/le bon mot

• Prendre les cartes et les mettre l'une à côté de l'autre, face aux élèves. On va montrer la syllabe ou le mot que je dis : /oooofff/. Montrer la carte-syllabe of.

Faites-le avec moi. Montrez-moi : /oooofff/. Demander aux élèves de pointer la bonne syllabe/le bon mot.

• Changer les cartes de place. Interroger ensuite les élèves individuellement au moins deux fois sur chaque syllabe : *Prénom*, montre-moi... Changer régulièrement les cartes de place.

Matériel
Les cartes-syllabes et cartes-mots af, of, fu, fi, fil, fort.

Feedback (voir p. 53)

5 Synthèse

Bravo, vous avez bien travaillé. Aujourd'hui on s'est entrainés à bien lire des lettres ensemble (montrer les cartes-syllabes).

Cette leçon peut être effectuée deux fois avec les élèves.

Matériel
Les cartes-syllabes fu et af (par exemple)

6 Évaluation formative

Faire l'évaluation formative suivante pour déterminer comment continuer à avancer.

Prénom, concentre-toi. C'est important.

- Montrer successivement à l'élève les cartes af, fu, of et fi. Lis cette syllabe.
- Si l'élève échoue, ne pas donner de feedback correctif et évaluer ses acquis en modalité non-verbale :
  - disposer les cartes lu, fu, al et fa sur la table, mélangées :
    Prénom, montre-moi /fu/ ; montre-moi /al/.
  - disposer les cartes or, fi, of et li sur la table, mélangées :
    Prénom, montre-moi /fi/ ; montre-moi /of/.
- Si l'élève réussit l'évaluation, que ce soit l'évaluation orale ou par pointage, passer à la leçon ***Révision du module 2*** (ci-après).
- Si l'élève ne réussit pas l'évaluation (ni orale, ni par pointage) après avoir fait deux fois cette leçon ***Remédiation du décodage*** :
  - s'il mémorise bien les correspondances graphèmes-phonèmes, continuer à avancer dans celles-ci (passer à ***Introduire la CGP «é»***) et continuer à bien entrainer la procédure de décodage dans les prochaines leçons de décodage ;
  - s'il ne retient pas bien les correspondances graphèmes-phonèmes, continuer à avancer dans la découverte des CGP suivantes (passer à ***Introduire la CGP «é»***) en continuant les leçons de mémorisation des CGP vues jusque-là.

Matériel
Les cartes-syllabes af, fu, of, fi

Matériel optionnel
Les cartes-syllabes/cartes-mots al, or, lu, li

RÉVISION du module 2

1 Annonce de l'objectif de la leçon

Jusqu'à maintenant, on a déjà appris beaucoup de lettres. Aujourd'hui, on va réviser ces lettres. On va aussi s'entrainer à lire et écrire des syllabes et des mots avec ces lettres. C'est important de bien s'entrainer pour bien se rappeler de ce qu'on a appris !

2 Révision des correspondances graphèmes-phonèmes du module 2

Matériel
Quatorze cartes-lettres : a, r, u, i, l, o, f majuscules et minuscules

Pointage du bon graphème

Dans cette activité, demander aux élèves de pointer, parmi plusieurs graphèmes, celui qui correspond au phonème prononcé. Afin que les élèves n'aient pas trop d'informations sous les yeux lorsqu'ils doivent choisir le bon graphème, il convient de leur présenter quatre graphèmes à la fois, en séparant les majuscules et les minuscules.

- Disposer quatre cartes-lettres à la fois, de façon à ce qu'elles soient bien visibles pour les élèves. *Prénom*, montre-moi la lettre qui fait /.../. Interroger chaque élève sur au moins quatre lettres.
- Commencer avec quatre lettres minuscules, par exemple f, o, r et u.
- Poursuivre avec quatre autres lettres minuscules, par exemple l, a, i et f.
- Procéder de la même manière avec quatre lettres majuscules, par exemple R, L, A et O.
- Poursuivre avec quatre autres lettres majuscules, par exemple F, L, I et U.

Feedback

Pour être plus ludique, cette activité peut être faite avec la tapette à mouche (*cf.* description p. 61). Les élèves peuvent aussi dire eux-mêmes, à tour de rôle, le phonème correspondant au graphème que leurs camarades doivent montrer.

Dire le phonème correspondant

- Prendre toutes les cartes-lettres dans la main, mélangées, et les montrer une par une aux élèves. Maintenant, je vais vous montrer des lettres et vous allez me dire le son qu'elles font.
- Montrer une lettre : *Prénom*, quel son ? Interroger chaque élève sur au moins deux lettres.

Feedback (voir p. 32)

Pour être plus ludique, cette activité peut être réalisée avec le dé ou sous forme de memory (*cf.* description p. 60). Les élèves peuvent aussi montrer eux-mêmes, à tour de rôle, les graphèmes que leurs camarades doivent nommer.

3 Révision du décodage des syllabes et mots du module 2

Matériel
- Les cartes-syllabes (1re présentation de la leçon) la, il, ro, ol, fi, af
- Les cartes-syllabes (2e présentation de la leçon) al, li, lu, lo, fu, of
- Les cartes-mots or, ile, lit, fort, fil, lire
- Les cartes-images or, ile, lit, fort, fil, lire

Lecture de syllabes

On va lire des syllabes. Prendre la carte-syllabe la.

Je vous remontre comment on fait. Nommer d'abord le phonème correspondant à chaque graphème de la syllabe : pointer l : /ll/ ; pointer a : /aa/. Lire la syllabe à un rythme naturel, ni rapide ni lent, en suivant la flèche du doigt au même rythme : /llaa/.

À vous maintenant. Prendre les six cartes-syllabes dans la main, mélangées, et les montrer une par une aux élèves. Interroger chaque élève individuellement sur au moins trois syllabes, en veillant à ce que les syllabes soient visibles pour tous les élèves.

Prénom, peux-tu lire cette syllabe ?

• Si les élèves lisent directement la syllabe correctement, il n'est pas nécessaire de commencer par leur faire dénommer le phonème correspondant à chaque graphème. Par contre, s'ils rencontrent des difficultés de décodage, leur demander d'appliquer la procédure habituelle de décodage (lire chaque graphème ; lire en allongeant les phonèmes ; lire rapidement).

Feedback

Pour être plus ludique, cette activité peut être réalisée avec le plateau de jeu (*cf.* description p. 60). Les élèves peuvent alors avancer leur pion d'une case sur le plateau de jeu lorsque la syllabe/le mot est lu-e correctement.

Lecture de mots

Maintenant, on va lire des mots. Prendre la carte-mot lit.

Je vous remontre comment on lit ce mot. Nommer le phonème correspondant à chaque graphème : pointer l : /ll/ ; pointer i : /ii/ ; pointer t : Vous vous souvenez, cette lettre ne fait pas de son dans ce mot. Lire le mot à un rythme naturel, ni rapide ni lent, en suivant la flèche du doigt au même rythme : /llii/.

À vous maintenant. Prendre les six cartes-mots dans la main, mélangées, et les montrer une par une aux élèves. Interroger chaque élève individuellement sur au moins trois mots, en veillant à ce que les mots soient visibles pour tous les élèves.

Prénom, peux-tu lire ce mot ?

• Demander aux élèves d'appliquer la procédure entière de décodage s'ils rencontrent des difficultés (lire chaque graphème ; lire en allongeant les phonèmes ; lire rapidement).

• Une fois le mot lu par l'élève, mettre systématiquement en évidence le sens du mot, p.e. : Bravo, tu as lu le mot or (montrer la carte-image).

Feedback

Pour être plus ludique, cette activité peut être réalisée avec le plateau de jeu (*cf.* description p. 60) ou en associant les cartes-mots aux images correspondantes : les cartes-images sont dispersées, face visible, sur la table. Une fois que l'élève a lu le mot qui lui est présenté, il cherche la carte-image qui lui correspond et peut garder la paire.

4 Révision de l'encodage des mots du module 2

Matériel
- Une carte-flèche et sept lettres mobiles : a, r, u, i, l, o, f par élève et pour l'enseignant
- Les lettres e et t en gris (lettres muettes) pour l'enseignant
- Les cartes-images or, ile, lit, fort, fil, lire

• Disposer les lettres mobiles à côté de la carte-flèche de l'enseignant. On va écrire des mots.

Je vous remontre comment on fait. Montrer aux élèves l'image de l'ile. Dans /iiiiill/ j'entends d'abord /iiiii/. Je mets le i au début de la flèche (placer le i au début de la flèche). Dans /iilllllll/, j'entends ensuite /llllllll/ (placer le l après le i). J'ai écrit /iiiiilllll/ (suivre la flèche du doigt). Rajouter le e en gris à la fin et dire : Le mot ile s'écrit avec un e muet à la fin.

• Donner les lettres mobiles et une carte-flèche à chaque élève et les interroger individuellement. À vous maintenant. *Prénom*, peux-tu écrire /…/ ? Commencer par les mots avec une structure consonne-voyelle ou voyelle-consonne (or, ile, lit) puis leur faire écrire les mots avec une structure consonne-voyelle-consonne (for, fil, lire) en précisant : Maintenant, on va écrire des mots avec trois sons. Interroger chaque élève sur au moins trois mots.

• Étayer davantage si nécessaire. *Prénom*, qu'est-ce que tu entends au tout début du mot /…/ ? Prends la lettre et pose-la au début de la flèche. Qu'est-ce que tu entends ensuite dans /…/ ? Prends la lettre et pose-la après le …

• Si l'exercice est trop difficile lorsque les élèves doivent choisir entre les sept lettres mobiles, on peut restreindre le choix en leur laissant à disposition les graphèmes dont ils ont besoin pour encoder la suite de lettres cibles. Il leur restera alors à mettre ces graphèmes dans le bon ordre.

→ **Feedback** (voir p. 48)

5 Synthèse de fin

→ **Matériel**
- Deux cartes-lettres, une minuscule et une majuscule (par exemple r et F)
- Deux cartes-syllabes ou cartes-mots (par exemple al et fort)

Bravo ! Aujourd'hui, vous avez révisé les lettres qu'on a déjà apprises, en minuscule (montrer la carte-lettre r) et en majuscule (montrer la carte-lettre F). Vous avez aussi révisé comment lire et écrire ces lettres ensemble. Vous arrivez à lire et à écrire plusieurs syllabes et plusieurs mots (montrer les cartes-syllabes/cartes-mots) !

Cette leçon peut être effectuée une deuxième fois avec tous les élèves.

Prolongement possible de cette leçon

Le cahier de l'élève comprend des fiches qui permettent de réviser l'écriture des lettres et l'encodage des mots du ***module 2***.

Pour les élèves pour qui la tenue du crayon n'est pas possible, les fiches du cahier peuvent être photocopiées en format A3 et les activités peuvent être réalisées avec les lettres mobiles.

6 Évaluation formative

Pour continuer à avancer dans les leçons d'introduction des CGP et dans les leçons de décodage/encodage, il importe que les élèves retiennent minimalement la plupart des CGP étudiées (qu'ils soient capables de dire les phonèmes correspondants aux graphèmes ou de pointer les graphèmes correspondants aux phonèmes). Les élèves qui retiennent plutôt bien les CGP étudiées peuvent donc continuer à avancer dans l'ensemble des leçons, même s'ils rencontrent des difficultés à décoder/encoder les mots/syllabes (à ce moment-là, continuer à effectuer régulièrement des leçons de remédiation du décodage sur les mots/syllabes qui posent problème).

Les élèves qui peinent à retenir les CGP malgré des leçons de remédiation régulières sur celles-ci peuvent continuer à avancer dans la découverte des CGP suivantes tout en révisant régulièrement les CGP étudiées jusque-là. Ces élèves pourront raccrocher avec les leçons de décodage et d'encodage au fur et à mesure que les CGP seront mémorisées.

Faire l'évaluation formative suivante pour déterminer comment continuer à avancer.

Prénom, concentre-toi. C'est important.

Mélanger les six cartes-lettres minuscules et majuscules, les montrer à tour de rôle à l'élève.

Quel son fait cette lettre ?

- Pour faciliter la passation de l'évaluation, vous pouvez faire deux tas avec les cartes selon que les items soient réussis ou non.
- Si l'élève échoue à nommer plus de 2 lettres, ne pas donner de feedback correctif et évaluer ses acquis en modalité non-verbale :
  - disposer les cartes-lettres minuscules sur la table, mélangées :

Prénom, montre-moi /f/ ; /l/ ; /o/.

  - disposer les cartes-lettres majuscules sur la table, mélangées :

Prénom, montre-moi /o/ ; /f/ ; /l/.

- Mélanger les cartes-syllabes/cartes-mots, les montrer à tour de rôle à l'élève.

Prénom, peux-tu lire cette syllabe/ce mot ?

- Si l'élève échoue à lire plus de 4 syllabes/mots, ne pas donner de feedback correctif et évaluer ses acquis en modalité non-verbale :
  - disposer les cartes-syllabes li, ol, af, la, lu sur la table, mélangées :

Prénom, montre-moi /af/ ; /ol/ ; /li/ ; /lu/ ; /la/.

  - disposer les cartes-syllabes/cartes-mots fort, fil, or, il, ro sur la table, mélangées :

Prénom, montre-moi /il/ ; /fil/ ; /ro/ ; /fort/ ; /or/.

- Si l'élève réussit à nommer/pointer au moins 4 correspondances graphèmes-phonèmes et à lire au moins 7 syllabes/mots, passer aux leçons du ***module 3***.
- Si l'élève réussit à nommer/pointer au moins 4 correspondances graphèmes-phonèmes, mais qu'il ne réussit pas à lire/pointer au moins 7 syllabes/mots, passer aux leçons du ***module 3***, tout en effectuant régulièrement des leçons de remédiation sur les CGP et/ou les mots/syllabes qui posent problème.
- Si l'élève ne réussit pas à nommer/pointer au moins 4 correspondances graphèmes-phonèmes, continuer à avancer dans les leçons d'introduction des CGP du ***module 3***, tout en effectuant régulièrement des leçons de remédiation sur les CGP qui posent problème. Les leçons de décodage et d'encodage pourront être rattrapées au fur et à mesure que les CGP seront mémorisées.

Matériel
Les cartes-lettres l, o, f et L, O, F.

Matériel optionnel
Dix cartes-syllabes/cartes-mots li, ol, af, ro, or, il, la, lu, fil, fort.

module 3

Les graphèmes « é », « j », « v »

plan du module

Le graphème « é »
Le graphème « j »
Le graphème « v »
Lecture de mots déchiffrables – fin de module 3
Lecture de mots-outils – fin de module 3
Lecture de phrases – fin de module 3

matériel

matériel collectif

- Le livre des comptines
- Les pages-graphèmes é-É, j-J, v-V
- Les cartes-lettres é et É, j et J, v et V
- Des cartes-syllabes
- Des cartes-mots
- Des cartes-phrases
- Les illustrations des phrases
- Des cartes-images
- Des cartes-flèches
- Des pièces de LEGO®
- Des smileys

matériel individuel par élève

- Des modèles de lettres é-É, j-J, v-V en gris
- Un feutre effaçable
- Un crayon ou stylo
- Un cahier d'écriture

Introduire la CGP

1 Annonce de l'objectif de la leçon

Aujourd'hui, on va (1re présentation de la leçon) apprendre une nouvelle lettre / (lorsque la leçon est répétée) revoir les lettres qu'on a apprises les dernières fois.

2 Présentation de la comptine du phonème /é/ et travail sur la compréhension

Matériel
Le livre des comptines

Je vais vous raconter une petite histoire. Écoutez bien (montrer successivement les images aux élèves) : Un énorme éléphant veut attraper une étoile éblouissante. Il essaie avec une échelle mais il s'écrase par terre. Énervé, il s'éloigne.

Dans cette histoire, un énorme éléphant (montrer l'éléphant) veut attraper une étoile (montrer l'étoile) éblouissante, ça veut dire qu'elle brille très fort. Il essaie avec une échelle (montrer l'échelle) mais il s'écrase par terre (montrer le sol). Énervé (montrer son visage), il s'éloigne (montrer la direction dans laquelle il va).

Vocabulaire

Feedback

1re leçon	Lorsque la leçon est répétée
Compréhension du vocabulaire Montrer la 4e image de la comptine. Questionner au moins une fois chaque élève. – *Prénom*, montre-moi l'échelle. – *Prénom*, montre-moi l'étoile éblouissante. – *Prénom*, montre-moi l'éléphant. – *Prénom*, où voit-on que l'éléphant est énervé ?	**Production du vocabulaire** Montrer la 4e image de la comptine. Demander aux élèves, à tour de rôle, de produire les mots attendus (une question par élève) : – *Prénom*, qu'est-ce que c'est (montrer l'étoile) ? – *Prénom*, qu'est-ce que c'est (montrer l'éléphant) ? – *Prénom*, qu'est-ce que c'est (montrer l'échelle) ? – *Prénom*, comment est l'étoile (montrer l'étoile) ? – *Prénom*, l'éléphant est... (montrer le visage énervé de l'éléphant) ?

Compréhension

• Questions en lien avec le **schéma narratif**.

– *Prénom*, que veut faire l'éléphant ?
– *Prénom*, l'éléphant essaie d'attraper l'étoile : comment ?
– *Prénom*, est-ce qu'il y arrive ?
– *Prénom*, est-ce que c'est possible d'attraper une étoile ?

Feedback

• Compréhension des **inférences** (interroger deux élèves maximum) :

– Dans l'histoire on explique que l'éléphant veut attraper l'étoile éblouissante. Pourquoi pensez-vous qu'il veut l'attraper ?
– Et les autres, vous imaginez autre chose ? Pourquoi pensez-vous qu'il veut l'attraper ?

Feedback

• Si aucun élève ne répond après 4 secondes :

Peut-être qu'il la trouve très jolie.

On pourrait aussi imaginer qu'il aimerait la mettre chez lui pour faire de la lumière.

• Prédiction de la suite de l'histoire (interroger deux élèves maximum).

Qu'est-ce que vous pensez que l'éléphant va faire après ?

Feedback

• Si aucun élève ne répond après 4 secondes :

Peut-être qu'il en a marre et qu'il va faire autre chose, par exemple aller se promener.

On pourrait aussi imaginer qu'il va aller chercher une échelle plus longue.

3 Introduction de la correspondance graphème « é » - phonème /é/

Matériel
- La page-graphème é-É

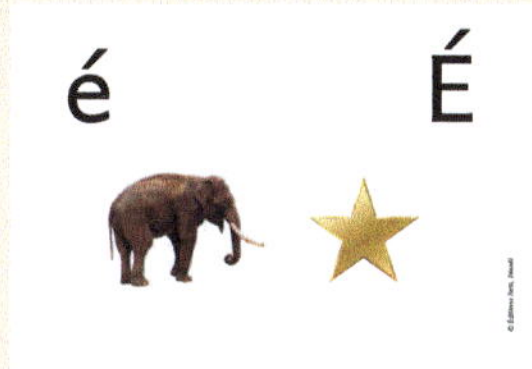

- Le texte de la comptine

Le graphème é, dans les mots, peut correspondre au phonème /é/ comme au phonème /è/. La prononciation de ce graphème diffère selon les mots mais aussi selon les régions et les individus. S'il est pertinent d'associer le phonème /é/ au graphème é présenté seul, il faut être conscient que dans les mots, il ne se prononce pas toujours de façon si « serrée », ne permettant pas toujours d'être bien distingué du graphème è. Lors des activités suivantes, il s'agit donc de prononcer les mots de façon naturelle.

Introduction de la correspondance graphème-phonème en lien avec la comptine

Je vais relire l'histoire en vous montrant le texte cette fois-ci. Lire le texte de la comptine en le suivant du doigt, en allongeant légèrement les phonèmes /é/ : Un éénorme ééléphant veut attraper une éétoile ééblouissante. Il essaie avec une ééchelle mais il s'éécrase par terre. Éénervé, il s'ééloigne.

Si un élève dit qu'il connait cette lettre et la nomme E, lui répondre qu'effectivement c'est un E mais qu'il est spécial car il a un accent (le montrer).

• Préciser qu'on entend beaucoup de /é/ dans cette histoire.

• Montrer la page-graphème, présenter les deux lettres (minuscule et majuscule) et dire le son correspondant.

• Présenter les mots-référents.

• Questionner chaque élève au moins une fois sur le son que font la minuscule ET la majuscule.

Feedback

Identification de la lettre é dans le texte de la comptine

• Reprendre le texte de la comptine et le montrer aux élèves.

• Demander à chaque élève de montrer une lettre é dans le texte. S'il montre un é minuscule, lui demander ensuite de montrer un É majuscule, et vice-versa. L'interroger sur le son correspondant.

Feedback

4 Tâche de conscience phonémique : identification du phonème initial

Matériel
- Une boite au bord de laquelle on a fixé les cartes-lettres é et É
- Les cartes-images à mélanger : éléphant, étoile, école, épaule, échelle, riz, orange, lion (*si l'activité est faite avec plus de deux élèves, ajouter* : épinard, église, vache)

Maintenant, on va écouter (montrer son oreille) les sons dans les mots. On va bien écouter si les mots commencent par le son /é/ ou pas. Prononcer les mots en allongeant le phonème initial.

• Modeler sur un mot qui commence par /é/ (on le met dans la boite) et sur un mot qui ne commence pas par /é/ (on le met en dehors de la boite).

• Questionner les élèves à tour de rôle en leur tendant une carte-image.

Prénom, est-ce qu'on entend /é/ au début de... ?

Feedback

5 Apprentissage du geste d'écriture avec le doigt sur un modèle

• Montrer la page-graphème é-É aux élèves, nommer la lettre minuscule et leur annoncer qu'ils vont s'entrainer à l'écrire.

• Prendre le modèle en gris et montrer le geste d'écriture. Recommencer en disant le son correspondant.

• Demander aux élèves de faire le geste environ cinq fois en disant le son en même temps. Si un élève n'arrive pas à faire le geste seul, le faire avec lui en guidance physique et lui demander de dire le son en même temps.

• Option récompense : donner un smiley si cinq tracés sont corrects.

• Procéder de la même manière avec la lettre majuscule.

Matériel
- La page-graphème é-É
- Les modèles de lettres é et É en gris par élève

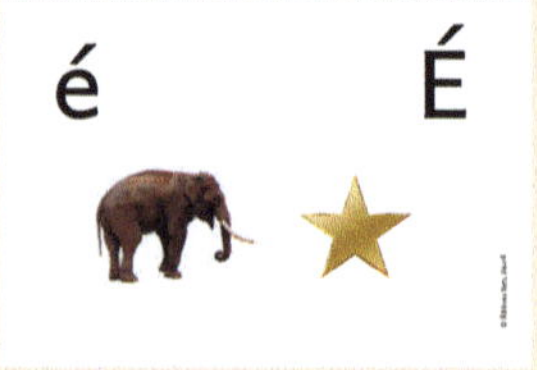

Matériel optionnel-récompense
Deux smileys par élève

6 Synthèse

Bravo, vous avez bien travaillé ! Aujourd'hui, on a (lors de la 1re présentation de la leçon) appris / (lorsque la leçon est répétée) revu la lettre é en minuscule (pointer le é sur la page-graphème) et en majuscule (pointer le É sur la page-graphème). Cette lettre fait le son /é/.

Cette leçon doit être effectuée au moins deux fois avec tous les élèves.

Matériel
La page-graphème é-É

7 Évaluation formative

Après avoir répété cette leçon ***Introduire la CGP***, passer à la leçon ***Calligraphie*** (ci-après) avec les élèves dont les capacités motrices rendent la tenue du crayon possible.

Pour ceux pour qui ce n'est pas le cas, faire l'évaluation formative décrite à la fin de la leçon ***Calligraphie*** (p. 137) pour déterminer comment continuer à avancer.

Calligraphie

Annoncer l'objectif : Aujourd'hui on va s'entrainer à écrire la lettre é (montrer la page-graphème).

Cf. ***module 1*** p. 75.

Cette leçon (ou une partie de celle-ci) peut être effectuée plusieurs fois avec les élèves.

Matériel
- La page-graphème é-É
- Un modèle de la lettre é en gris par élève
- Un feutre effaçable par élève
- Un crayon ou stylo par élève
- Un cahier d'écriture par élève

Évaluation formative

Faire l'évaluation formative suivante pour déterminer comment continuer à avancer.

Matériel
Les cartes-lettres é et É

Prénom, concentre-toi. C'est important.

- Montrer successivement à l'élève les cartes-lettres é et É : Quel son fait cette lettre ?
- Si l'élève réussit l'évaluation, passer à la leçon ***Décodage*** (p. 138).
- Si l'élève ne réussit pas l'évaluation (il ne dit le son ni de la minuscule, ni de la majuscule, ou ne dit le son que d'une des deux écritures), passer à la leçon ***Remédiation de la CGP*** (ci-après).

Remédiation de la CGP

1 Annonce de l'objectif de la leçon

Aujourd'hui, on va s'entrainer à mieux connaitre la lettre é et revoir les autres lettres qu'on a apprises.

2 Révision des correspondances graphèmes-phonèmes (tri de graphèmes)

Matériel
- Douze cartes-lettres : 2 □ é, 2 □ É, 2 □ l, 2 □ L, 2 □ a, 2 □ A
- Les pages-graphèmes é-É, l-L et a-A

Matériel optionnel-récompense
10 smileys

- Réactiver les correspondances graphèmes-phonèmes é, l et a à l'aide des pages-graphèmes.
- Distribuer une à une les cartes-lettres aux élèves, leur demander de dire le son correspondant et/ou de la mettre sur la bonne page-graphème.
- Option récompense : donner un smiley à l'élève s'il répond correctement du premier coup ou après la ré-interrogation.

Feedback

3 Entrainement du geste d'écriture avec le doigt sur un modèle

Matériel
- La page-graphème é-É
- Les modèles de lettres é et É en gris par élève

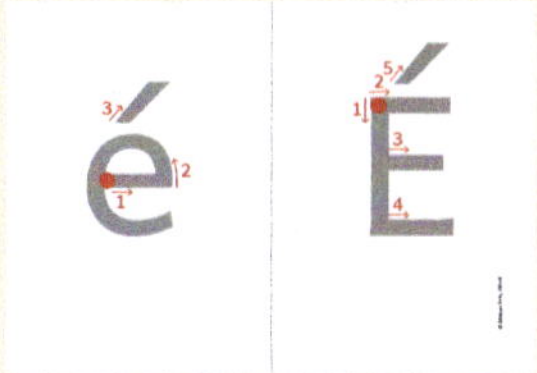

Matériel optionnel-récompense
Deux smileys par élève

- Montrer la page-graphème é-É aux élèves, nommer la lettre minuscule et leur annoncer qu'ils vont s'entrainer à l'écrire.
- Prendre le modèle en gris et montrer le geste d'écriture. Recommencer en disant le son correspondant.
- Demander aux élèves de faire le geste environ cinq fois en disant le son en même temps. Si un élève n'arrive pas à faire le geste seul, le faire avec lui en guidance physique et lui demander de dire le son en même temps.
- Option récompense : donner un smiley si cinq tracés sont corrects.
- Procéder de la même manière avec la lettre majuscule.

Feedback

4 Jeux à choix : dé des graphèmes, memory ou pointage à la tapette à mouche

Cf. ***module 1*** p. 60.

5 Synthèse

Bravo, vous avez bien travaillé ! Aujourd'hui, on s'est entrainés à bien connaitre la forme du é minuscule et du É majuscule (montrer la page-graphème).

Cette leçon (ou une partie de celle-ci) peut être effectuée deux fois avec les élèves.

Matériel
La page-graphème é-É

6 Évaluation formative

Faire l'évaluation formative suivante pour déterminer comment continuer à avancer.

Prénom, concentre-toi. C'est important.

- Montrer successivement les deux cartes-lettres é et É à l'élève : Quel son fait cette lettre ?
- Si l'élève échoue, ne pas donner de feedback correctif et évaluer ses acquis en modalité non-verbale :
  - disposer les quatre lettres minuscules sur la table, mélangées :
    Prénom, quelle lettre fait le son /é/ ?
  - disposer les quatre lettres majuscules sur la table, mélangées :
    Prénom, quelle lettre fait le son /é/ ?
- Si l'élève réussit l'évaluation, que ce soit l'évaluation orale ou par pointage, passer à la leçon ***Décodage*** (ci-après).
- Si l'élève ne réussit pas l'évaluation (ni orale, ni par pointage) après avoir fait au moins deux fois cette leçon ***Remédiation de la CGP*** (il ne dit le son de/ne pointe ni la minuscule, ni la majuscule, ou ne dit le son de/ne pointe que l'une des deux écritures), passer à la leçon ***Introduire la CGP « j »*** (p. 145), en continuant parallèlement à réviser les CGP précédentes.

Matériel
Les cartes-lettres é et É

Matériel optionnel
Huit cartes-lettres : o, f, i, é et O, F, I, É

Décodage

1 Annonce de l'objectif de la leçon

Aujourd'hui, on va s'entrainer à lire des syllabes et des mots avec le é et les autres lettres qu'on a apprises.

2 Répétition des correspondances graphèmes-phonèmes (dé)

- Si nécessaire, réactiver les correspondances graphèmes-phonèmes à l'aide des pages-graphèmes puis les laisser sous les yeux des élèves.
- Prendre le dé et expliquer aux élèves qu'à tour de rôle, ils vont lancer le dé et dire le son correspondant à la lettre apparue.

Matériel
- Les pages-graphèmes é-É, f-F, r-R, l-L
- Un dé sur les faces duquel on inscrit les lettres en minuscule ; puis en majuscule

Feedback

3 Fusion de phonèmes à l'oral

- Prendre deux pièces de LEGO®, les placer l'une à côté de l'autre, espacées, et annoncer qu'on va s'entrainer à assembler des sons.
- Modeler la fusion de phonèmes sur le mot fée :
  - Montrer la **pièce à gauche** de l'élève en disant le **premier son** (/fff/).
  - Montrer la deuxième **pièce à droite** de l'élève en disant le **deuxième son** (/ééé/).
  - **Assembler** les deux pièces en **fusionnant** les phonèmes : /fffééé/.
  - **Mettre en évidence le sens** du mot en montrant la carte-image.
- Interroger les élèves à tour de rôle, individuellement, sur les mots fée, dé, et nez.

Matériel
- Les cartes-images fée, nez, dé
- Deux pièces de LEGO®

Feedback

4 Enseignement de la procédure de décodage

Matériel
- Les cartes-syllabes/cartes-mots él, lé, ré, fél, fée, filé, allé
- La carte-image fée

Lire des syllabes

él

- Prendre la carte-syllabe él, la montrer aux élèves de façon à ce qu'elle soit bien visible, face à eux.
- Modeler la procédure de décodage :
  - Pointer **tous les graphèmes et dire le son correspondant.**
  - Lire la syllabe en **allongeant** les phonèmes (avancer sur la flèche lentement avec le doigt).
  - Lire la syllabe **rapidement** (avancer rapidement sur la flèche avec le doigt).
  - **Faire mention de l'existence** de ces syllabes dans des mots : Bravo, tu as lu /él/ comme dans éléphant, élève...
- Interroger chaque élève individuellement sur les syllabes ci-dessous, en suivant la procédure de décodage.

lé ré fél

- Pour la mention de l'existence de ces syllabes dans des mots :
  - Bravo, tu as lu /lé/ comme dans légume, léger...
  - Bravo, tu as lu /ré/ comme dans récréation, région...
  - Bravo, tu as lu /fél/ comme dans félin.

Feedback

Lire un mot avec lettre muette

fée

- Prendre la carte-mot fée et la montrer aux élèves.
- Modeler si nécessaire puis interroger chaque élève individuellement selon la procédure habituelle de décodage :
  - Pointer **tous les graphèmes et dire le son correspondant** (préciser que le e ne fait aucun son dans ce mot).
  - Lire la syllabe en **allongeant** les phonèmes (avancer sur la flèche lentement avec le doigt).
  - Lire le mot **rapidement** (avancer rapidement sur la flèche avec le doigt).
  - **Mettre en évidence le sens** du mot : Bravo, tu as lu /fé/ (montrer la carte-image de fée).

Lire des mots de deux syllabes

filé

• Prendre la carte-mot filé et la montrer aux élèves. Maintenant, on va lire un mot plus long. Il a quatre lettres que vous connaissez déjà. Il y aura quatre sons.

• Modeler si nécessaire puis interroger chaque élève individuellement selon la procédure habituelle de décodage :

- Pointer **tous les graphèmes et dire le son correspondant.**
- Lire le mot en **allongeant** les phonèmes.
- Lire le mot **rapidement.**
- Mettre en évidence le **sens** du mot : Bravo, tu as lu /filé/. « Il a filé », ça veut dire il est parti en vitesse.

• Si la lecture des quatre lettres pose problème, faire lire une syllabe à la fois (fi – lé, en cachant momentanément l'autre syllabe) puis faire fusionner les deux syllabes.

Feedback

Lire des mots avec deux syllabes et avec la répétition d'une même consonne

allé

• Prendre la carte-mot allé et la montrer aux élèves. Maintenant, on va lire un autre mot plus long. Il a quatre lettres que vous connaissez déjà. Dans ce mot, ces deux lettres-là (montrer les deux l) font un seul son, comme un l tout seul. Il y aura donc trois sons.

• Modeler si nécessaire puis interroger chaque élève individuellement selon la procédure habituelle de décodage.

• Si la lecture des quatre lettres pose problème, faire lire une syllabe à la fois (a – llé, en cachant momentanément l'autre syllabe) puis faire fusionner les deux syllabes.

• Mettre en évidence le **sens du mot** : Bravo, tu as lu /alé/, comme dans « je suis allé ».

Feedback

5 Synthèse

Matériel
La carte-syllabe lé (par exemple)

Bravo, vous avez bien travaillé ! Aujourd'hui, on a appris à lire deux lettres ensemble en les collant, comme ça (montrer la carte-syllabe lé), /l/ et /é/, qui font /llllllééééé/, comme dans lézard.

Effectuer deux fois cette leçon avec tous les élèves puis passer à la leçon d'encodage.

Encodage

1 Annonce de l'objectif de la leçon

Aujourd'hui, on va s'entrainer à écrire des syllabes et des mots avec le é et les autres lettres qu'on a apprises.

2 Répétition des correspondances graphèmes-phonèmes (dé)

• Si nécessaire, réactiver les correspondances graphèmes-phonèmes à l'aide des pages-graphèmes puis les laisser sous les yeux des élèves.

• Prendre le dé et expliquer aux élèves qu'à tour de rôle, ils vont lancer le dé et dire le son correspondant à la lettre apparue.

Matériel
- Les pages-graphèmes é-É, f-F, r-R, l-L
- Un dé sur les faces duquel on inscrit les lettres en minuscule, puis en majuscule

Feedback

3 Allongement des phonèmes dans les mots

On va dire des mots très lentement en allongeant les sons. Poser la carte-image de la fée sur la table, de manière à ce qu'elle soit bien visible pour les élèves et modeler l'allongement des phonèmes sur le mot fée en étirant les bras : /fffffffféééééé/.

Matériel
Les cartes-images fée, nez, dé

• Refaire l'exercice tous ensemble.

• Faire de même avec les mots nez et dé (le phonème /d/ ne peut être prolongé que trop artificiellement, ne prolonger que le /é/).

• Interroger les élèves à tour de rôle, individuellement. Donner une carte-image à un élève. *Prénom, à toi, dis ce mot très lentement en allongeant les sons.*

Feedback

4 Enseignement de la procédure d'encodage

• Distribuer une carte-flèche à chaque élève. Poser les quatre lettres mobiles noires pour qu'elles soient bien visibles face à chaque élève.

• Modeler la procédure d'encodage sur la suite de lettres lé :
  - **Annoncer** la suite de lettres à encoder (/lé/).
  - Préciser **quel son on entend en premier** dans la séquence et placer la lettre correspondante sur la carte-flèche au-dessus du rond.
  - Préciser **quel son on entend ensuite** dans la séquence et placer la lettre correspondante à côté de la première lettre.
  - **Lire la suite de lettres** qui vient d'être écrite en suivant avec **le doigt sur la flèche**.
  - **Mettre en évidence le sens** de la suite de lettres en la plaçant au début d'un mot (lézard), montrer l'image si nécessaire.

Matériel
- Quatre lettres mobiles : l, r, é, f par élève
- Une lettre mobile e en gris (e muet) pour l'enseignant
- Une carte-flèche par élève
- Les cartes-images lézard, éléphant, réveil, félin, fée

• Si l'exercice est trop difficile lorsque les élèves doivent choisir entre les quatre lettres mobiles, on peut restreindre le choix en leur laissant à disposition les graphèmes dont ils ont besoin pour encoder la suite de lettres cible.

• Enlever les lettres mobiles de la flèche. Interroger les élèves à tour de rôle, individuellement, sur les suites de lettres ci-dessous. Donner des aides si nécessaire (*Qu'est-ce que tu entends au tout début de ... ; qu'est-ce que tu entends ensuite dans ...*).

- *Prénom, écris /éééééllll/. Bravo, c'est le début de éléphant* (montrer la carte-image).
- *Prénom, écris /rrrrréééé/. C'est le début de réveil* (montrer la carte-image).
- *Prénom, écris /lllllééééé/. C'est le début de lézard* (montrer la carte-image).
- *Prénom, écris /ffffééééllll/. Il y a trois lettres. Bravo, c'est le début de félin* (montrer la carte-image).
- *Prénom, écris /fffffééééé/. Bravo, comme fée* (montrer la carte-image). Ajouter le e en gris à la fin du mot et dire : *il y a une lettre muette à la fin du mot fée.*

Feedback

5 Écriture manuscrite de syllabes et de mots dans le cahier

Matériel
Un cahier d'écriture et un crayon par élève

- Donner à chaque élève son cahier d'écriture et un crayon. Contrôler la tenue du crayon.
- Leur demander de compléter les lignes selon les consignes habituelles. Pour la dictée de syllabes/mots : lé, ré, él, fél, fée (préciser qu'il y a un e muet à la fin).
- Si nécessaire, donner aux élèves des feedbacks et des aides personnalisés.

6 Synthèse

Matériel
Les lettres mobiles f, é et le e en gris

Bravo, vous avez bien travaillé ! Aujourd'hui, on a appris à écrire des syllabes et des mots, comme /f/, /é/ et un e muet (pointer successivement les lettres mobiles) pour écrire fée.

Effectuer une fois cette leçon avec tous les élèves.

7 Évaluation formative

Matériel
Les cartes-syllabes et cartes-mots él, lé, ré, fél, fée

Après avoir effectué deux fois la leçon ***Décodage*** et une fois la leçon ***Encodage***, faire l'évaluation formative pour déterminer comment continuer à avancer.

Prénom, concentre-toi. C'est important.

- Montrer successivement à l'élève les cartes él, lé, ré, fél et fée. Lis cette syllabe/ce mot.
- Si l'élève réussit l'évaluation, passer à la leçon ***Introduire la CGP « j »*** (p. 145).
- Si l'élève ne réussit pas l'évaluation, faire la leçon ***Remédiation du décodage*** (ci-après).

Remédiation du décodage

Pour le détail des aides en fonction des difficultés, *cf.* ***module 1*** p. 84.

1 Annonce de l'objectif de la leçon

Aujourd'hui, on va s'entrainer à bien lire des lettres ensemble.

2 Fusion de phonèmes à l'oral

Matériel
Deux pièces de LEGO®

- Prendre deux pièces de LEGO®, les placer l'une à côté de l'autre, espacées, et annoncer qu'on va s'entrainer à assembler des sons.
- Modeler la fusion de phonèmes sur la syllabe /ré/ :
  - Montrer la **pièce à gauche** de l'élève en disant le **premier son** (/rrr/).
  - Montrer la deuxième **pièce à droite** de l'élève en disant le **deuxième son** (/ééé/).
  - **Assembler** les deux pièces en **fusionnant** les phonèmes : /rrrééé/.
  - **Mettre en évidence le sens** de la syllabe/du mot : ré, comme on entend au début de réveil.
- Interroger les élèves à tour de rôle, individuellement, avec les syllabes/mots suivants : él, lé, ré, ér, fé, éf.

Feedback

3 Répétition de la procédure de décodage

Matériel
- Sept lettres mobiles : r, 2 x l, f, é, i, a par élève
- Une lettre en gris (e muet) pour l'enseignant
- Une carte-flèche

Lire des syllabes/mots courts

- Prendre la carte-flèche et les lettres mobiles l et é. Mettre les lettres mobiles l'une à côté de l'autre (écrire lé), au-dessus de la flèche, de façon bien visible, face aux élèves. On va lire cette syllabe.
- Modeler la procédure de décodage :
  - Pointer **les graphèmes et dire le son correspondant.**
  - Lire la syllabe, **ni trop lentement ni trop rapidement**, en suivant la flèche avec le doigt.
  - **Faire mention de l'existence** de la syllabe dans des mots : Bravo, tu as lu /lé/ comme dans lézard, légume...
- Enlever les lettres mobiles de la carte-flèche. Interroger chaque élève individuellement sur les syllabes/mots suivant-e-s : él, lé, ré, fél, fée. Pour fée, mettre le e en gris en précisant qu'il y a une lettre muette à la fin de ce mot.
- Adapter les aides selon les difficultés rencontrées par les élèves, à l'aide des précisions en p. 85.

Lire des mots composés de deux syllabes

Maintenant on va faire la même chose pour lire des mots un peu plus longs.

filé →

- Écrire le mot filé avec les lettres mobiles en laissant un léger espace entre les syllabes (fi – lé) et procéder au décodage syllabe par syllabe.

Prénom, à toi : pointer le f : Quel son ? Pointer le i : Quel son ? Lis la syllabe. L'enseignant et/ou l'élève avance lentement sur la flèche avec le doigt (ou selon les adaptations).

- Puis pointer le l : Quel son ? Pointer le é : Quel son ? Lis la syllabe. L'enseignant et/ou l'élève avance lentement sur la flèche avec le doigt.
- Rapprocher les deux syllabes : Maintenant, on lit les deux syllabes à la suite. L'enseignant et/ou l'élève avance sur la flèche avec le doigt en prononçant les quatre phonèmes de façon continue.

allé →

- Écrire le mot allé en laissant un léger espace entre les deux syllabes (a-llé).
- Pointer le a : Quel son ? Pointer les deux l : Vous vous souvenez, dans ce mot les deux l font le son /l/ comme un seul l. Pointer le é : Quel son ? Lis la syllabe. L'enseignant et/ou l'élève avance lentement sur la flèche avec le doigt.
- Rapprocher les deux syllabes : Maintenant, on lit toutes les lettres à la suite. L'enseignant et/ou l'élève avance sur la flèche avec le doigt en prononçant les trois phonèmes de façon continue.
- Interroger individuellement chaque élève sur chaque mot.

Feedback

4 Pointer la bonne syllabe/le bon mot

Matériel
Les cartes-syllabes et cartes-mots ré, él, lé, fée, fél

- Prendre les cartes et les mettre l'une à côté de l'autre, face aux élèves. On va montrer la syllabe ou le mot que je dis : /rrrrréééé/. Montrer la carte-syllabe ré.
- Recommencer en demandant aux élèves de pointer la bonne syllabe/le bon mot.

• Changer les cartes de place. Interroger ensuite les élèves individuellement au moins deux fois sur chaque syllabe/mot : *Prénom*, montre-moi… Changer régulièrement les cartes de place.

Feedback

5 Synthèse

Bravo, vous avez bien travaillé. Aujourd'hui on s'est entrainés à bien lire des lettres ensemble (montrer les cartes).

Cette leçon peut être effectuée deux fois avec les élèves.

Matériel
Les cartes-syllabes et cartes-mots él, ré, fée (par exemple)

6 Évaluation formative

Faire l'évaluation formative suivante pour déterminer comment continuer à avancer.

Prénom, concentre-toi. C'est important.

• Montrer successivement à l'élève les cartes él, lé, ré, fél et fée : Lis cette syllabe/ce mot.

• Si l'élève échoue, ne pas donner de feedback correctif et évaluer ses acquis en modalité non-verbale :

– disposer les cartes il, él, lo, lé, ré et ra sur la table, mélangées :
Prénom, montre-moi /él/ ; montre-moi /lé/ ; montre-moi /ré/.

– disposer les cartes fél, fil, fu et fée sur la table, mélangées :
Prénom, montre-moi /fél/ ; montre-moi /fée/.

• Si l'élève réussit l'évaluation, que ce soit l'évaluation orale ou par pointage, passer à la leçon ***Introduire la CGP « j »*** (ci-après).

• Si l'élève ne réussit pas l'évaluation (ni orale, ni par pointage) après avoir fait deux fois cette leçon ***Remédiation du décodage :***

– s'il mémorise bien les correspondances graphèmes-phonèmes, continuer à avancer dans celles-ci (passer à ***Introduire la CGP « j »***) et continuer à bien entrainer la procédure de décodage dans les prochaines leçons de décodage ;

– s'il ne retient pas bien les correspondances graphèmes-phonèmes, continuer à avancer dans la découverte des CGP suivantes (passer à ***Introduire la CGP « j »***) en continuant les leçons de mémorisation des CGP vues jusque-là.

Matériel
Les cartes-syllabes/cartes-mots él, lé, ré, fél, fée

Matériel optionnel
Quatre cartes-syllabes/cartes-mots : il, lo, ra, fil, fu

Le graphème « j »

Introduire la CGP

1 Annonce de l'objectif de la leçon

Aujourd'hui, on va (1re présentation de la leçon) apprendre une nouvelle lettre / (lorsque la leçon est répétée) revoir les lettres qu'on a apprises les dernières fois.

2 Présentation de la comptine du phonème /j/ et travail sur la compréhension

Matériel
Le livre des comptines

Je vais vous raconter une petite histoire. Écoutez bien (montrer successivement les images aux élèves) : Jonas jardine pendant que ses jumeaux jouent dans le jardin. Soudain, un jeune jaguar jaillit de la jungle. Les jumeaux sont joyeux et veulent le cajoler.

Dans cette histoire, Jonas (montrer l'adulte) jardine (montrer l'outil de jardin) pendant que ses jumeaux (montrer les jumeaux) jouent dans le jardin. Soudain, un jeune jaguar (montre le jaguar) jaillit de la jungle (montrer la jungle), c'est-à-dire qu'il arrive par surprise, brutalement. Les jumeaux sont joyeux, ça veut dire qu'ils sont contents, et veulent le cajoler, c'est-à-dire le caresser.

Vocabulaire

Feedback

1re leçon	Lorsque la leçon est répétée
Compréhension du vocabulaire Montrer la 3e image de la comptine. Questionner au moins une fois chaque élève : – *Prénom*, montre-moi les jumeaux. – *Prénom*, montre-moi le jaguar. – *Prénom*, montre-moi Jonas. – *Prénom*, montre-moi la jungle.	**Production du vocabulaire** Montrer la 3e image de la comptine. Demander aux élèves, à tour de rôle, de produire les mots attendus (une question par élève) : – *Prénom*, qu'est-ce que c'est (montrer la jungle) ? – *Prénom*, qu'est-ce que c'est (montrer le jaguar) ? – *Prénom*, ce sont les … (montrer les jumeaux). – *Prénom*, comment sont les jumeaux (montrer leurs visages joyeux) ?

Compréhension

- Questions en lien avec le **schéma narratif**.

– *Prénom*, où sont Jonas et les jumeaux dans l'histoire ?
– *Prénom*, qui est-ce qui jaillit soudain ?
– *Prénom*, que veulent faire les jumeaux ?

Feedback

- Compréhension des **inférences** (interroger deux élèves maximum).

À votre avis, où vit le jaguar ?
À votre avis, pourquoi les enfants veulent cajoler le jaguar ?

Feedback

Si aucun élève ne répond après 4 secondes :

– 1re question : À mon avis, il vit dans la jungle.

– 2e question : À mon avis, c'est parce qu'ils le trouvent mignon.

- Prédiction de la suite de l'histoire (interroger deux élèves maximum) :

Qu'est-ce que vous pensez que Jonas va faire ?

Feedback

Si aucun élève ne répond après 4 secondes :

Peut-être qu'il va dire aux jumeaux de ne pas s'approcher du jaguar, parce que c'est un animal sauvage. Il peut être dangereux.

3 Introduction de la correspondance graphème « j » - phonème /j/

Matériel
- La page-graphème j-J

- Le texte de la comptine

Introduction de la correspondance graphème-phonème en lien avec la comptine

Je vais relire l'histoire en vous montrant le texte cette fois-ci. Lire le texte de la comptine en le suivant du doigt, en allongeant légèrement les phonèmes /j/ : Jjonas jjardine pendant que ses jjumeaux jjouent dans le jjardin. Soudain un jjeune jjaguar jjaillit de la jjungle. Les jjumeaux sont jjoyeux et veulent le cajjoler.

- Préciser qu'on entend beaucoup de /j/ dans cette histoire.
- Montrer la page-graphème, présenter les deux lettres (minuscule et majuscule) et dire le son correspondant.
- Présenter les mots-référents.
- Questionner chaque élève au moins une fois sur le son que font la minuscule ET la majuscule.

Feedback

Identification de la lettre j dans le texte de la comptine

- Reprendre le texte de la comptine et le montrer aux élèves.
- Demander à chaque élève de montrer une lettre j dans le texte. S'il montre un j minuscule, le féliciter puis lui demander de montrer un J majuscule, et vice-versa.
- L'interroger sur le son correspondant.

Feedback

4 Tâche de conscience phonémique : identification du phonème initial

Matériel
- Une boite au bord de laquelle on a fixé les cartes-lettres j et J
- Les cartes-images à mélanger : jaguar, jupe, jumelles, jaune, jambe, fourmi, armoire, robe (*si l'activité est faite avec plus de deux élèves, ajouter* : journal, épaule, livre)

Maintenant, on va écouter (montrer son oreille) les sons dans les mots. On va bien écouter si les mots commencent par le son /j/ ou pas. Prononcer les mots en allongeant le phonème initial.

- Modeler sur un mot qui commence par /j/ (on le met dans la boite) et sur un mot qui ne commence pas par /j/ (on le met en dehors de la boite).
- Questionner les élèves à tour de rôle en leur tendant une carte-image : *Prénom*, est-ce qu'on entend /j/ au début de... ?

Feedback

5 Apprentissage du geste d'écriture avec le doigt sur un modèle

- Montrer la page-graphème aux élèves, nommer la lettre minuscule et leur annoncer qu'ils vont s'entrainer à l'écrire.
- Prendre le modèle gris et montrer le geste d'écriture. Recommencer en disant le son correspondant.
- Demander aux élèves de faire le geste environ cinq fois en disant le son en même temps. Si un élève n'arrive pas à faire le geste seul, le faire avec lui en guidance physique et lui demander de dire le son en même temps.
- Option récompense : donner un smiley si cinq tracés sont corrects.
- Procéder de la même manière avec la lettre majuscule.

Matériel
- La page-graphème j-J
- Les modèles de lettres j et J en gris par élève

Matériel optionnel-récompense
Deux smileys par élève

6 Synthèse

Bravo, vous avez bien travaillé ! Aujourd'hui, on a (lors de la 1re présentation de la leçon) appris / (lorsque la leçon est répétée) revu la lettre j en minuscule (pointer le j sur la page-graphème) et en majuscule (pointer le J sur la page-graphème). Cette lettre fait le son /j/.

Cette leçon doit être effectuée au moins deux fois avec tous les élèves.

Matériel
La page-graphème j-J

7 Évaluation formative

Après avoir répété cette leçon ***Introduire la CGP***, passer à la leçon ***Calligraphie*** (ci-après) avec les élèves dont les capacités motrices rendent la tenue du crayon possible.

Pour ceux pour qui ce n'est pas le cas, faire l'évaluation formative décrite à la fin de la leçon ***Calligraphie*** (ci-dessous) pour déterminer comment continuer à avancer.

Calligraphie

Annoncer l'objectif : Aujourd'hui, on va s'entrainer à écrire la lettre j (montrer la page-graphème).

Cf. ***module 1*** p. 75.

Cette leçon (ou une partie de celle-ci) peut être effectuée plusieurs fois avec les élèves.

Matériel
- La page-graphème j-J
- Un modèle de la lettre j en gris par élève
- Un feutre effaçable par élève
- Un crayon ou stylo par élève
- Un cahier d'écriture par élève

Évaluation formative

Faire l'évaluation formative suivante pour déterminer comment continuer à avancer.

Prénom, concentre-toi. C'est important.

- Montrer successivement à l'élève les cartes-lettres j et J. Quel son fait cette lettre ?
- Si l'élève réussit l'évaluation, passer à la leçon ***Décodage*** (p. 149).
- Si l'élève ne réussit pas l'évaluation (il ne dit le son ni de la minuscule, ni de la majuscule, ou ne dit le son que d'une des deux écritures), passer à la leçon ***Remédiation de la CGP*** (ci-après).

Matériel
Les cartes-lettres j et J

Remédiation de la CGP

1 Annonce de l'objectif de la leçon

Aujourd'hui on va s'entrainer à mieux connaitre la lettre j et revoir les autres lettres qu'on a apprises.

2 Révision des correspondances graphème-phonème (tri de graphèmes)

- Réactiver les correspondances graphèmes-phonèmes j, f et u à l'aide des pages-graphèmes.
- Distribuer une à une les cartes-lettres aux élèves, leur demander de dire le son correspondant et/ou de la mettre sur la bonne page-graphème.
- Option récompense : donner un smiley à l'élève s'il répond correctement du premier coup ou après la ré-interrogation.

Matériel
- Douze cartes-lettres : 2 □ j, 2 □ J, 2 □ f, 2 □ F, 2 □ u, 2 □ U
- Les pages-graphèmes j-J, f-F et u-U

Matériel optionnel-récompense
10 smileys en tout

Feedback

3 Entrainement du geste d'écriture avec le doigt sur un modèle

- Montrer la page-graphème j-J aux élèves, nommer la lettre minuscule et leur annoncer qu'ils vont s'entrainer à l'écrire.
- Prendre le modèle gris et montrer le geste d'écriture. Recommencer en disant le son correspondant.
- Demander aux élèves de faire le geste environ cinq fois en disant le son en même temps. Si un élève n'arrive pas à faire le geste seul, le faire avec lui en guidance physique et lui demander de dire le son en même temps.
- Option récompense : donner un smiley si cinq tracés sont corrects.
- Procéder de la même manière avec la lettre majuscule.

Matériel
- La page-graphème j-J
- Les modèles de lettres j et J en gris par élève

Matériel optionnel-récompense
Deux smileys par élève

Feedback

4 Jeux à choix : dé des graphèmes, memory ou pointage à la tapette à mouche

Cf. ***module 1*** p. 60.

5 Synthèse

Bravo, vous avez bien travaillé ! Aujourd'hui, on s'est entrainés à bien connaitre la forme du j minuscule et du J majuscule (montrer la page-graphème).

Cette leçon (ou une partie de celle-ci) peut être effectuée deux fois avec les élèves.

Matériel
La page-graphème j-J

6 Évaluation formative

Faire l'évaluation formative suivante pour déterminer comment continuer à avancer.

Prénom, concentre-toi. C'est important.

• Montrer successivement les deux cartes-lettres j et J à l'élève : Quel son fait cette lettre ?

• Si l'élève échoue, ne pas donner de feedback correctif et évaluer ses acquis en modalité non-verbale :

– disposer les quatre lettres minuscules sur la table, mélangées :
Prénom, quelle lettre fait le son /j/ ?

– disposer les quatre lettres majuscules sur la table, mélangées :
Prénom, quelle lettre fait le son /j/ ?

• Si l'élève réussit l'évaluation, que ce soit l'évaluation orale ou par pointage, passer à la leçon ***Décodage*** (ci-après).

• Si l'élève ne réussit pas l'évaluation (ni orale, ni par pointage) après avoir fait au moins deux fois cette leçon ***Remédiation de la CGP*** (il ne dit le son de/ne pointe ni la minuscule, ni la majuscule, ou ne dit le son de/ne pointe que l'une des deux écritures), passer à la leçon ***Introduire la CGP « v »*** (p. 156), en continuant parallèlement à réviser les CGP précédentes.

Matériel
Les cartes-lettres j et J

Matériel optionnel
Huit cartes-lettres : l, f, i, j et L, F, I, J

Décodage

1 Annonce de l'objectif de la leçon

Aujourd'hui, on va s'entrainer à lire des syllabes et des mots avec le j et les autres lettres qu'on a apprises.

2 Répétition des correspondances graphèmes-phonèmes (dé)

• Si nécessaire, réactiver les correspondances graphèmes-phonèmes à l'aide des pages-graphèmes puis les laisser sous les yeux des élèves.

• Prendre le dé et expliquer aux élèves qu'à tour de rôle, ils vont lancer le dé et dire le son correspondant à la lettre apparue.

Matériel
• Les pages-graphèmes j, a, o, é, r, i
• Un dé sur les faces duquel on inscrit les lettres en minuscule, puis en majuscule

Feedback

3 Fusion de phonèmes à l'oral

• Prendre deux pièces de LEGO®, les placer l'une à côté de l'autre, espacées, et annoncer qu'on va s'entrainer à assembler des sons.

• Modeler la fusion de phonèmes sur le mot ange :

– Montrer la **pièce à gauche** de l'élève en disant le **premier son** (/ananan/).
– Montrer la deuxième **pièce à droite** de l'élève en disant le **deuxième son** (/jjj/).
– **Assembler** les deux pièces en **fusionnant** les phonèmes : /ananjjj/.
– **Mettre en évidence le sens** du mot en montrant la carte-image.

• Interroger les élèves à tour de rôle, individuellement, sur les mots ange, joue, jus et neige.

Matériel
• Les cartes-images joue, jus, neige, ange
• Trois pièces de LEGO®

Feedback

4 Enseignement de la procédure de décodage

Matériel
- Les cartes-syllabes/cartes-mots ja, jo, éj, jus, réj, juré, joli
- La carte-image jus

Lire des syllabes consonne-voyelle ou voyelle-consonne

ja

- Prendre la carte-syllabe ja, la montrer aux élèves de façon à ce qu'elle soit bien visible, face à eux.

- Modeler la procédure de décodage :
  - Pointer tous les **graphèmes** et dire le **son** correspondant.
  - Lire la syllabe en **allongeant** les phonèmes (avancer sur la flèche lentement avec le doigt).
  - Lire la syllabe **rapidement** (avancer rapidement sur la flèche avec le doigt).
  - **Mettre en évidence le sens** de la syllabe dans un mot : Bravo, tu as lu /ja/ comme dans jaguar, jardin…

- Interroger chaque élève individuellement sur les syllabes ci-dessous, en suivant la procédure habituelle de décodage.

jo éj

- Pour la mention de l'existence de ces syllabes dans des mots :
  - Bravo, tu as lu /jo/ comme dans joli.
  - Bravo, tu as lu /éj/ comme dans éjecter. — **Feedback**

Lire une syllabe de trois graphèmes

réj

- Prendre la carte-syllabe réj et la montrer aux élèves. Maintenant, vous allez lire une syllabe plus longue. Elle a trois lettres que vous connaissez déjà. Il y aura trois sons. C'est une syllabe, elle ne veut rien dire.

- Interroger chaque élève individuellement selon la procédure habituelle de décodage :
  - Pointer tous les **graphèmes** et dire le **son** correspondant.
  - Lire la syllabe en **allongeant** les phonèmes (avancer sur la flèche lentement avec le doigt).
  - Lire la syllabe **rapidement** (avancer rapidement sur la flèche avec le doigt).
  - **Faire mention de l'existence** de ces syllabes dans des mots : Bravo, tu as lu /réj/, comme dans se réjouir. — **Feedback**

Lire des mots (avec lettre muette)

jus

- Prendre la carte-mot jus et la montrer aux élèves. Les rendre attentifs à la lettre muette : On va lire ce mot, avec cette lettre à la fin du mot (montrer le s). Elle est en gris. Cela veut dire qu'elle ne fait aucun son à la fin de ce mot. C'est une lettre muette (si un élève est perturbé, la masquer momentanément lorsqu'il décode).

- Interroger chaque élève individuellement selon la procédure habituelle de décodage :
  - Pointer tous les **graphèmes** et dire le **son** correspondant.
  - Lire le mot en **allongeant** les phonèmes.
  - Lire le mot **rapidement.**
  - Mettre en évidence le **sens** du mot : Bravo, tu as lu /ju/, comme du jus d'orange (montrer l'image si nécessaire). — **Feedback**

Lire des mots avec deux syllabes

juré

joli

• Prendre les cartes-mots juré et joli et les montrer l'une après l'autre aux élèves. Maintenant, on va lire des mots plus longs. Ils ont quatre lettres que vous connaissez déjà. Il y aura quatre sons.

• Interroger chaque élève individuellement selon la procédure habituelle de décodage :
  - Pointer tous les **graphèmes** et dire le **son** correspondant.
  - Lire le mot en **allongeant** les phonèmes.
  - Lire le mot **rapidement.**
  - Mettre en évidence le **sens** du mot :

Bravo, tu as lu /juré/. Il a juré, ça veut dire il a promis que c'est vrai.

Bravo, tu as lu /joli/, ça veut dire beau !

• Si la lecture des quatre lettres pose problème, faire lire une syllabe à la fois (ju – ré ; jo – li, en cachant momentanément l'autre syllabe) puis faire fusionner les deux syllabes.

Feedback

5 Synthèse

Matériel
La carte-syllabe réj (par exemple)

Bravo, vous avez bien travaillé ! Aujourd'hui on a appris à lire des lettres ensemble en les collant, comme ça (montrer la carte-syllabe réj), /r/, /é/ et /j/, qui font /rrréééjjj/, comme dans se réjouir.

Effectuer deux fois cette leçon avec tous les élèves puis passer à la leçon d'encodage.

Encodage

1 Annonce de l'objectif de la leçon

Aujourd'hui on va s'entrainer à écrire des syllabes et des mots avec le j et les autres lettres qu'on a apprises.

2 Répétition des correspondances graphèmes-phonèmes (dé)

Matériel
- Les pages-graphèmes j, a, o, é, r, i
- Un dé sur les faces duquel on inscrit les lettres en minuscule, puis en majuscule

• Si nécessaire, réactiver les correspondances graphèmes-phonèmes à l'aide des pages-graphèmes puis les laisser sous les yeux des élèves.

• Prendre le dé et expliquer aux élèves qu'à tour de rôle, ils vont lancer le dé et dire le son correspondant à la lettre apparue.

Feedback

3 Allongement des phonèmes dans les mots

Matériel
Les cartes-images joue, jus, neige, ange

• On va dire des mots très lentement en allongeant les sons. Poser la carte-image de la joue sur la table, de manière à ce qu'elle soit bien visible pour les élèves, et modeler l'allongement des phonèmes sur le mot joue en étirant les bras : /jjjjjjjjouououou/.

• Refaire l'exercice tous ensemble.

• Faire de même avec les mots jus, neige et ange.

- Interroger les élèves à tour de rôle, individuellement. Donner une carte-image à un élève. *Prénom*, à toi, dis ce mot très lentement en allongeant les sons.

Feedback

4 Enseignement de la procédure d'encodage

Matériel
- Quatre lettres mobiles : j, a, u, o, é et f (distracteur) par élève
- Une lettre mobile s en gris (s muet) pour l'enseignant
- Une carte-flèche par élève
- Les cartes-images jaguar, jardin, jumeaux, jus

- Distribuer une carte-flèche à chaque élève. Poser les quatre lettres mobiles noires pour qu'elles soient bien visibles, face à chaque élève.
- Modeler la procédure d'encodage sur la suite de lettres ja :
  - **Annoncer** la suite de lettres à encoder (/ja/).
  - Préciser **quel son on** entend **en premier** dans la séquence et placer la lettre correspondante sur la carte-flèche au-dessus du rond.
  - Préciser **quel son on entend ensuite** dans la séquence et placer la lettre correspondante à côté de la première lettre.
  - **Lire la suite de lettres** qui vient d'être écrite en suivant avec le **doigt sur la flèche**.
  - Mettre en évidence le **sens** de la suite de lettres en la plaçant au début d'un mot (jaguar), montrer l'image si nécessaire.
- Si l'exercice est trop difficile lorsque les élèves doivent choisir entre les six lettres mobiles, on peut restreindre le choix en leur laissant à disposition les graphèmes dont ils ont besoin pour encoder la suite de lettres cibles.
- Enlever les lettres mobiles de la flèche. Interroger les élèves à tour de rôle, individuellement, sur les suites de lettres ci-dessous. Donner des aides si nécessaire (Qu'est-ce que tu entends au tout début de... ; qu'est-ce que tu entends ensuite dans...).

Prénom, écris /jjjjjuuuuu/. Bravo, c'est le début de jumeaux (montrer la carte-image).

Prénom, écris /jjjjjaaaaa/. C'est le début de jardin (montrer la carte-image).

Prénom, écris /jjjjjooooo/. C'est le début de joli.

Prénom, écris /jjjjjaaaaa/. Bravo, c'est le début de jaguar (montrer la carte-image).

Prénom, écris /ééééééjjjjj/. C'est le début du mot éjecter.

Prénom, écris /jjjjjuuuuu/. Bravo, comme jus (montrer la carte-image). Ajouter le s en gris à la fin du mot et dire : Il y a une lettre muette à la fin du mot jus.

Feedback

5 Écriture manuscrite de syllabes et de mots dans le cahier

Matériel
Un cahier d'écriture et un crayon par élève

- Donner à chaque élève son cahier d'écriture et un crayon. Contrôler la tenue du crayon.
- Leur demander de compléter les lignes selon les consignes habituelles. Pour la dictée de syllabes/mots : ja, éj, jo, réj, jus (préciser qu'il y a un s muet à la fin).
- Si nécessaire, donner aux élèves des feedbacks et des aides personnalisés.

6 Synthèse

Matériel
Les lettres mobiles j, u, et le s en gris

Bravo, vous avez bien travaillé ! Aujourd'hui, on a appris à écrire des syllabes et des mots, comme /j/, /u/ et un s muet (pointer successivement les lettres mobiles) pour écrire jus.

Effectuer une fois cette leçon avec tous les élèves.

7 Évaluation formative

Après avoir effectué deux fois la leçon ***Décodage*** et une fois la leçon ***Encodage***, faire l'évaluation formative pour déterminer comment continuer à avancer.

Matériel
Les cartes-syllabes/cartes-mots ja, jo, éj, réj, jus

Prénom, concentre-toi. C'est important.

- Montrer successivement à l'élève les cartes ja, jo, éj, réj et jus. Lis cette syllabe/ce mot.
- Si l'élève réussit l'évaluation, passer à la leçon ***Introduire la CGP « v »*** (p. 156).
- Si l'élève ne réussit pas l'évaluation, faire la leçon ***Remédiation du décodage*** (ci-après).

Remédiation du décodage

Pour le détail des aides en fonction des difficultés, *cf.* ***module 1*** p. 84.

1 Annonce de l'objectif de la leçon

Aujourd'hui, on va s'entrainer à bien lire des lettres ensemble.

2 Fusion de phonèmes à l'oral

Matériel
Trois pièces de LEGO®

- Prendre deux pièces de LEGO®, les placer l'une à côté de l'autre, espacées, et annoncer qu'on va s'entrainer à assembler des sons.
- Modeler la fusion de phonèmes sur la syllabe /ja/ :
  - Montrer la **pièce à gauche** de l'élève en disant le **premier son** (/jjj/).
  - Montrer la deuxième **pièce à droite** de l'élève en disant le **deuxième son** (/aaa/).
  - **Assembler** les deux pièces en **fusionnant** les phonèmes : /jjjaaa/.
  - **Faire mention de l'existence** de la syllabe dans un mot : Ja, comme on entend au début de jaguar.
- Interroger les élèves à tour de rôle, individuellement, avec les syllabes/mots suivants : jo, ju, éj, ja, réj, jur, jol.

Feedback

3 Répétition de la procédure de décodage

Matériel
- Quatre lettres mobiles : j, a, u et f (distracteur) par élève
- Une lettre mobile s en gris (s muet) pour l'enseignant
- Une carte-flèche

Lire des syllabes/mots courts

- Prendre la carte-flèche et les lettres mobiles j et a. Mettre les lettres mobiles l'une à côté de l'autre (écrire ja), au-dessus de la flèche, de façon bien visible, face aux élèves. On va lire cette syllabe.
- Modeler la procédure de décodage remédiation :
  - Pointer les **graphèmes** et dire le **son** correspondant.
  - Lire la syllabe, **ni trop lentement ni trop rapidement**, en suivant la flèche avec le doigt.
  - Mettre en évidence le **sens** de la syllabe dans un mot/le sens du mot : Bravo, tu as lu /ja/ comme dans jaguar, jardin…

• Enlever les lettres mobiles de la carte-flèche. Interroger chaque élève individuellement sur les syllabes/mots suivant-e-s : ja, jo, éj, réj, jus. Pour jus, mettre le s en gris en précisant qu'il y a une lettre muette à la fin de ce mot.

• Adapter les aides selon les difficultés rencontrées par les élèves, à l'aide des précisions en p. 85.

Lire des mots composés de deux syllabes

Maintenant, on va faire la même chose pour lire des mots un peu plus longs.

joli

• Écrire le mot joli avec les lettres mobiles en laissant un léger espace entre les syllabes (jo – li) et procéder au décodage syllabe par syllabe.

• *Prénom*, à toi. Pointer le j : Quel son ? Pointer le o : Quel son ? Lis la syllabe. L'enseignant et/ou l'élève avance lentement sur la flèche avec le doigt (ou selon les adaptations).

• Puis pointer le l : Quel son ? Pointer le i : Quel son ? Lis la syllabe. L'enseignant et/ou l'élève avance lentement sur la flèche avec le doigt.

• Rapprocher les deux syllabes : Maintenant, on lit les deux syllabes à la suite. L'enseignant et/ou l'élève avance sur la flèche avec le doigt en prononçant les quatre phonèmes de façon continue.

juré

• Procéder de la même manière avec juré.

• Interroger individuellement chaque élève sur chaque mot.

Feedback

4 Pointer la bonne syllabe/le bon mot

Matériel
Les cartes-syllabes et cartes-mots ja, jo, éj, jus, réj

• Prendre les cartes et les mettre l'une à côté de l'autre, face aux élèves. On va montrer la syllabe que je dis : /jjjjjooooo/. Montrer la carte-syllabe jo.

• Recommencer en demandant aux élèves de pointer la bonne syllabe/le bon mot.

• Changer les cartes de place. Interroger ensuite les élèves individuellement au moins deux fois sur chaque syllabe : *Prénom*, montre-moi… Changer régulièrement les cartes de place.

Feedback

5 Synthèse

Matériel
Les cartes-syllabes/cartes-mots ja, jo, jus (par exemple)

Bravo, vous avez bien travaillé. Aujourd'hui, on s'est entrainés à bien lire des lettres ensemble (montrer les cartes).

Cette leçon peut être effectuée deux fois avec les élèves.

6 Évaluation formative

Matériel
Les cartes-syllabes/cartes-mots ja, jo, éj, jus, réj

Matériel optionnel
Cinq cartes-syllabes/cartes-mots ré, la, lu, éj, fél

Faire l'évaluation formative suivante pour déterminer comment continuer à avancer.

Prénom, concentre-toi. C'est important.

• Montrer successivement à l'élève les cartes él, lé, ré, fél et fée. Lis cette syllabe/ce mot.

• Si l'élève échoue, ne pas donner de feedback correctif et évaluer ses acquis en modalité non-verbale :

– disposer les cartes ja, ré, jo, la et éj sur la table, mélangées :
Prénom, montre-moi /jo/ ; montre-moi /éj/ ; montre-moi /ja/.

– disposer les cartes jus, lu, réj, éj et fél sur la table, mélangées :

Prénom, montre-moi /réj/ ; montre-moi /jus/.

• Si l'élève réussit l'évaluation, que ce soit l'évaluation orale ou par pointage, passer à la leçon ***Introduire la CGP « v »*** (ci-après).

• Si l'élève ne réussit pas l'évaluation (ni orale, ni par pointage) après avoir fait deux fois cette leçon ***Remédiation du décodage*** :

– s'il mémorise bien les correspondances graphèmes-phonèmes, continuer à avancer dans celles-ci (passer à ***Introduire la CGP « v »***) et continuer à bien entrainer la procédure de décodage dans les prochaines leçons de décodage ;

– s'il ne retient pas bien les correspondances graphèmes-phonèmes, continuer à avancer dans la découverte des CGP suivantes (passer à ***Introduire la CGP « v »***) en continuant les leçons de mémorisation des CGP vues jusque-là.

Le graphème « v »

Introduire la CGP

1 Annonce de l'objectif de la leçon

Aujourd'hui, on va (1re présentation de la leçon) apprendre une nouvelle lettre / (lorsque la leçon est répétée) revoir les lettres qu'on a apprises les dernières fois.

2 Présentation de la comptine du phonème /v/ et travail sur la compréhension

Matériel
Le livre des comptines

Je vais vous raconter une petite histoire. Écoutez bien (montrer successivement les images aux élèves) : Valérie va en vacances avec son voisin Victor. Ils visitent un vieux village de Vikings. Ensuite, ils vont voir un volcan. Valérie et son voisin reviennent ravis !

Dans cette histoire, Valérie et son voisin Victor (montrer les deux amis) vont en vacances. Ils visitent un vieux village (montrer le village) de Vikings (montrer le Viking). Ensuite, ils vont voir un volcan (montrer le volcan). Valérie et son voisin reviennent ravis, c'est-à-dire contents (montrer les visages).

Vocabulaire

Feedback

1re leçon	Lorsque la leçon est répétée
Compréhension du vocabulaire Questionner au moins une fois chaque élève. Montrer la 2e image de la comptine : *Prénom*, montre-moi le village. Montrer la 3e image de la comptine : – *Prénom*, montre-moi le volcan. – *Prénom*, montre-moi Valérie et Victor.	**Production du vocabulaire** Demander aux élèves, à tour de rôle, de produire les mots attendus (une question par élève). Montrer la 1re image de la comptine : *Prénom*, Valérie et son voisin sont partis en... (chercher à faire dire vacances). Montrer la 2e image de la comptine : *Prénom*, qu'est-ce que c'est (montrer le village) ? Montrer la 3e image de la comptine : – *Prénom*, qu'est-ce que c'est (montrer le volcan) ? – *Prénom*, Valérie et son voisin reviennent... (montrer les visages ravis).

Compréhension

- Questions en lien avec le **schéma narratif**.

– *Prénom*, qui sont les personnages de l'histoire ?
– *Prénom*, que vont-ils visiter ?
– *Prénom*, que font-ils quand leurs vacances sont finies ?

Feedback

- Compréhension des **inférences** (interroger deux élèves maximum).

À votre avis, où sont-ils partis en vacances ?

Feedback

Si aucun élève ne répond après 4 secondes :

Ils sont peut-être partis en Norvège, il y avait des Vikings là-bas.

• Compréhension des **anaphores** (interroger deux élèves maximum).

Montrer le texte : Dans la phrase « Ils visitent un vieux village de Vikings » (suivre la phrase du doigt), c'est qui « ils » (pointer « ils ») ?

Feedback

Si aucun élève ne répond après 4 secondes :

Ils, c'est Valérie et Victor, ce sont les deux voisins.

3 Introduction de la correspondance graphème « v » - phonème /v/

Matériel
• La page-graphème v-V

• Le texte de la comptine

Introduction de la correspondance graphème-phonème en lien avec la comptine

Je vais relire l'histoire en vous montrant le texte cette fois-ci. Lire le texte de la comptine en le suivant du doigt, en allongeant légèrement les phonèmes /v/ : Vvalérie vva en vvacances avvec son vvoisin Vvictor. ils vvisitent un vvieux vvillage de vvikings. Ensuite, ils vvont vvoir un vvolcan. Vvalérie et son vvoisin revviennent ravvis !

• Préciser qu'on entend beaucoup de /v/ dans cette histoire.

• Montrer la page-graphème, présenter les deux lettres (minuscule et majuscule) et dire le son correspondant.

• Présenter les mots-référents.

• Questionner chaque élève au moins une fois sur le son que font la minuscule ET la majuscule.

Feedback

Identification de la lettre v dans le texte de la comptine

• Reprendre le texte de la comptine et le montrer aux élèves.

• Demander à chaque élève de montrer une lettre v dans le texte. S'il montre un v minuscule, le féliciter puis lui demander de montrer un V majuscule, et vice-versa.

• L'interroger sur le son correspondant.

Feedback

4 Tâche de conscience phonémique : identification du phonème initial

Matériel
• Une boite au bord de laquelle on a fixé les cartes-lettres v et V
• Les cartes-images à mélanger : volcan, veste, vélo, vache, ventre, échelle, immeuble, jaune (*si l'activité est faite avec plus de deux élèves, ajouter* : violet, voiture, usine)

Maintenant, on va écouter (montrer son oreille) les sons dans les mots. On va bien écouter si les mots commencent par le son /v/ ou pas. Prononcer les mots en allongeant le phonème initial.

• Modeler sur un mot qui commence par /v/ (on le met dans la boite) et sur un mot qui ne commence pas par /v/ (on le met en dehors de la boite).

• Questionner les élèves à tour de rôle en leur tendant une carte-image.

Prénom, est-ce qu'on entend /v/ au début de... ?

Feedback

5 Apprentissage du geste d'écriture avec le doigt sur un modèle

Matériel
• La page-graphème v-V
• Les modèles de lettres v et V en gris par élève

Matériel optionnel-récompense
Deux smileys par élève

• Montrer la page-graphème aux élèves, nommer la lettre minuscule et leur annoncer qu'ils vont s'entrainer à l'écrire.

• Prendre le modèle en gris et montrer le geste d'écriture. Recommencer en disant le son correspondant.

• Demander aux élèves de faire le geste environ cinq fois en disant le son en même temps. Si un élève n'arrive pas à faire le geste seul, le faire avec lui en guidance physique et lui demander de dire le son en même temps.

• Option récompense : donner un smiley si cinq tracés sont corrects.

• Procéder de la même manière avec la lettre majuscule.

6 Synthèse

Matériel
La page-graphème v-V

Bravo, vous avez bien travaillé ! Aujourd'hui, on a (lors de la 1re présentation de la leçon) appris / (lorsque la leçon est répétée) revu la lettre v en minuscule (pointer le v sur la page- graphème) et en majuscule (pointer le V sur la page-graphème). Cette lettre fait le son /v/.

Cette leçon doit être effectuée au moins deux fois avec tous les élèves.

7 Évaluation formative

Après avoir répété cette leçon ***Introduire la CGP***, passer à la leçon ***Calligraphie*** (ci-après) avec les élèves dont les capacités motrices rendent la tenue du crayon possible.

Pour ceux pour qui ce n'est pas le cas, faire l'évaluation formative décrite à la fin de la leçon ***Calligraphie*** (ci-dessous) pour déterminer comment continuer à avancer.

Calligraphie

Matériel
- La page-graphème v-V
- Un modèle de la lettre v en gris par élève
- Un feutre effaçable par élève
- Un crayon ou stylo par élève
- Un cahier d'écriture par élève

Annoncer l'objectif : Aujourd'hui, on va s'entrainer à écrire la lettre v (montrer la page-graphème).

Cf. ***module 1*** p. 75.

Cette leçon (ou une partie de celle-ci) peut être effectuée plusieurs fois avec les élèves.

Évaluation formative

Matériel
Les cartes-lettres v et V

Faire l'évaluation formative suivante pour déterminer comment continuer à avancer.

Prénom, concentre-toi. C'est important.

• Montrer successivement à l'élève les cartes-lettres v et V. Quel son fait cette lettre ?

• Si l'élève réussit l'évaluation, passer à la leçon ***Décodage*** (p. 160).

• Si l'élève ne réussit pas l'évaluation (il ne dit le son ni de la minuscule, ni de la majuscule, ou ne dit le son que d'une des deux écritures), passer à la leçon ***Remédiation de la CGP*** (ci-après).

Remédiation de la CGP

1 Annonce de l'objectif de la leçon

Aujourd'hui, on va s'entrainer à mieux connaitre la lettre v et revoir les autres lettres qu'on a apprises.

2 Révision des correspondances graphème-phonème (tri de graphèmes)

- Réactiver les correspondances graphèmes-phonèmes v, r et i à l'aide des pages-graphèmes.
- Distribuer une à une les cartes-lettres aux élèves, leur demander de dire le son correspondant et/ou de la mettre sur la bonne page-graphème.
- Option récompense : donner un smiley à l'élève s'il répond correctement du premier coup ou après la ré-interrogation.

Matériel
- Douze cartes-lettres : 2 □ v, 2 □ V, 2 □ r, 2 □ R, 2 □ i, 2 □ I
- Les pages-graphèmes v-V, r-R et i-I

Matériel optionnel-récompense
10 smileys en tout

Feedback

3 Entrainement du geste d'écriture avec le doigt sur un modèle

- Montrer la page-graphème v-V aux élèves, nommer la lettre minuscule et leur annoncer qu'ils vont s'entrainer à l'écrire.
- Prendre le modèle en gris et montrer le geste d'écriture. Recommencer en disant le son correspondant.
- Demander aux élèves de faire le geste environ cinq fois en disant le son en même temps. Si un élève n'arrive pas à faire le geste seul, le faire avec lui en guidance physique et lui demander de dire le son en même temps.
- Option récompense : donner un smiley si cinq tracés sont corrects.
- Procéder de la même manière avec la lettre majuscule.

Matériel
- La page-graphème v-V
- Les modèles de lettres v et V en gris par élève

Matériel optionnel-récompense
Deux smileys par élève

Feedback

4 Jeux à choix : dé des graphèmes, memory ou pointage à la tapette à mouche

Cf. ***module 1*** p. 60.

5 Synthèse

Bravo, vous avez bien travaillé ! Aujourd'hui on s'est entrainés à bien connaitre la forme du v minuscule et du V majuscule (montrer la page-graphème).

Cette leçon (ou une partie de celle-ci) peut être effectuée deux fois avec les élèves.

Matériel
La page-graphème v-V

6 Évaluation formative

Faire l'évaluation formative suivante pour déterminer comment continuer à avancer.

Prénom, concentre-toi. C'est important.

- Montrer successivement les deux cartes-lettres v et V à l'élève. Quel son fait cette lettre ?
- Si l'élève échoue, ne pas donner de feedback correctif et évaluer ses acquis en modalité non-verbale :
  – disposer les quatre lettres minuscules sur la table, mélangées :
  Prénom, quelle lettre fait le son /v/ ?
  – disposer les quatre lettres majuscules sur la table, mélangées :
  Prénom, quelle lettre fait le son /v/ ?
- Si l'élève réussit l'évaluation, que ce soit l'évaluation orale ou par pointage, passer à la leçon ***Décodage*** (ci-après).
- Si l'élève ne réussit pas l'évaluation (ni orale, ni par pointage) après avoir fait au moins deux fois cette leçon ***Remédiation de la CGP*** (il ne dit le son de/ne pointe ni la minuscule, ni la majuscule, ou ne dit le son de/ne pointe que l'une des deux écritures) mais que les expériences précédentes ont montré qu'il parvenait à mémoriser les CGP avec plus de temps et de répétitions, passer à la leçon ***Introduire la CGP « b »*** (p. 176), en continuant parallèlement à réviser les CGP nécessitant d'être révisées.
- Si à ce stade moins de cinq correspondances graphèmes-phonèmes sont mémorisées, l'enseignant peut, selon le vécu de ses élèves, soit continuer à avancer dans les leçons ***Introduire la CGP*** (passer à la leçon ***Introduire la CGP « b »***), soit en rester, en tout cas momentanément, aux correspondances étudiées jusque-là qui nécessitent d'être révisées.

Matériel
Les cartes-lettres v et V

Matériel optionnel
Huit cartes-lettres : l, f, i, j et L, F, I, J

Décodage

1 Annonce de l'objectif de la leçon

Aujourd'hui, on va s'entrainer à lire des syllabes et des mots avec le v et les autres lettres qu'on a apprises.

2 Répétition des correspondances graphèmes-phonèmes (dé)

- Si nécessaire, réactiver les correspondances graphèmes-phonèmes à l'aide des pages-graphèmes puis les laisser sous les yeux des élèves.
- Prendre le dé et expliquer aux élèves qu'à tour de rôle, ils vont lancer le dé et dire le son correspondant à la lettre apparue.

Matériel
- Les pages-graphèmes v, a, é, o, l, i
- Un dé sur les faces duquel on inscrit les lettres en minuscule, puis en majuscule

Feedback

3 Fusion de phonèmes à l'oral

Matériel
- Les cartes-images vache, lave, veau, vert
- Trois pièces de LEGO®

- Prendre deux pièces de LEGO®, les placer l'une à côté de l'autre, espacées, et annoncer qu'on va s'entrainer à assembler des sons.
- Modeler la fusion de phonèmes sur le mot veau :
  - Montrer la **pièce à gauche** de l'élève en disant le **premier son** (/vvv/).
  - Montrer la deuxième **pièce à droite** de l'élève en disant le **deuxième son** (/ooo/).
  - **Assembler** les deux pièces en **fusionnant** les phonèmes : /vvvooo/.
  - Mettre en évidence le **sens** du mot en montrant la carte-image.
- Interroger les élèves à tour de rôle, individuellement, sur les mots veau, vache, lave, vert.

Feedback

4 Enseignement de la procédure de décodage

Matériel
- Les cartes-syllabes/cartes-mots va, vé, vo, av, vie, vole, vélo, arrive
- La carte-image vélo

Lire des syllabes consonne-voyelle ou voyelle-consonne

va →

- Prendre la carte-syllabe va, la montrer aux élèves de façon à ce qu'elle soit bien visible, face à eux.
- Modeler la procédure de décodage :
  - Pointer tous les **graphèmes** et dire le **son** correspondant.
  - Lire la syllabe en **allongeant** les phonèmes (avancer sur la flèche lentement avec le doigt).
  - Lire la syllabe **rapidement** (avancer rapidement sur la flèche avec le doigt).
  - Mettre en évidence le **sens** de la syllabe dans un mot : Bravo, tu as lu /va/ comme dans vache, valise, ou « il va »…
- Interroger chaque élève individuellement sur les syllabes ci-dessous en suivant la procédure habituelle de décodage.

av → vé → vo →

- Pour la mention de l'existence de ces syllabes dans des mots :
  - Bravo, tu as lu /av/ comme dans avion.
  - Bravo, tu as lu /vé/ comme dans vélo.
  - Bravo, tu as lu /vo/, comme dans volcan.

Feedback

Lire des mots (avec lettre muette)

vole →

vie →

- Prendre les cartes-mot vole et vie et les montrer l'une après l'autre aux élèves, bien visibles, face à eux. Rendre les élèves attentifs à la lettre muette : On va lire ces mots, avec cette lettre à la fin du mot (montrer les e). Elles sont en gris. Cela veut dire qu'elles ne font aucun son à la fin de ces mots. Ce sont des lettres muettes (si un élève est perturbé les masquer momentanément lorsqu'il décode).
- Interroger chaque élève individuellement sur chaque mot en suivant la procédure habituelle de décodage :
  - Pointer tous les **graphèmes** et dire le **son** correspondant.
  - Lire le mot en **allongeant** les phonèmes.
  - Lire le mot **rapidement.**
  - Mettre en évidence le **sens** du mot :

Bravo, tu as lu /vie/, comme la vie, « être en vie » !

Bravo, tu as lu /vole/, comme « l'oiseau vole » !

Feedback

Lire des mots avec deux syllabes

vélo

• Prendre la carte-mot vélo et la montrer aux élèves, bien visible, face à eux. Maintenant on va lire un mot plus long. Il a quatre lettres que vous connaissez déjà. Il y aura quatre sons.

• Interroger chaque élève individuellement en adoptant la procédure habituelle de décodage :

- Pointer tous les **graphèmes** et dire le **son** correspondant.
- Lire le mot en **allongeant** les phonèmes.
- Lire le mot **rapidement**.
- Mettre en évidence le **sens** du mot : Bravo, tu as lu /vélo/, le vélo (si nécessaire montrer la carte-image).

• Si la lecture des quatre lettres pose problème, faire lire une syllabe à la fois (vé – lo, en cachant momentanément l'autre syllabe) puis faire fusionner les deux syllabes.

arrive

• Procéder de la même manière avec le mot arrive en précisant que les deux r font le même son qu'un seul r et que le e ne fait aucun son à la fin de ce mot.

• Si la lecture des six lettres pose problème, faire lire une syllabe à la fois (a – rrive, en cachant momentanément l'autre syllabe) puis faire fusionner les deux syllabes.

Feedback

5 Synthèse

Bravo, vous avez bien travaillé ! Aujourd'hui, on a appris à lire des lettres ensemble en les collant, comme ça (montrer la carte-syllabe vélo), /v/, /é/, /l/ et /o/, qui font /vvvéééllllooo/, le vélo.

Effectuer deux fois cette leçon avec tous les élèves puis passer à la leçon d'encodage.

Matériel
La carte-syllabe vélo (par exemple)

Encodage

1 Annonce de l'objectif de la leçon

Aujourd'hui, on va s'entrainer à écrire des syllabes et des mots avec le v et les autres lettres qu'on a apprises.

2 Répétition des correspondances graphèmes-phonèmes (dé)

• Si nécessaire, réactiver les correspondances graphèmes-phonèmes à l'aide des pages-graphèmes puis les laisser sous les yeux des élèves.

• Prendre le dé et expliquer aux élèves qu'à tour de rôle, ils vont lancer le dé et dire le son correspondant à la lettre apparue.

Matériel
- Les pages-graphèmes v, a, é, o, l, i
- Un dé sur les faces duquel on inscrit les lettres en minuscule, puis en majuscule

Feedback

3 Allongement des phonèmes dans les mots

Matériel
Les cartes-images vache, lave, veau, vert

• On va dire des mots très lentement en allongeant les sons. Poser la carte-image de la vache sur la table, de manière à ce qu'elle soit bien visible pour les élèves et modeler l'allongement des phonèmes sur le mot vache en étirant les bras : /vvvvvvaaaaaachchchchch/.

• Refaire l'exercice tous ensemble.

• Faire de même avec les mots lave, veau, vert.

• Interroger les élèves à tour de rôle, individuellement. Donner une carte-image à un élève. *Prénom*, à toi, dis ce mot très lentement en allongeant les sons.

Feedback

4 Enseignement de la procédure d'encodage

Matériel
- Six lettres mobiles : v, a, é, o, l et i par élève
- Une lettre mobile e en gris (e muet) pour l'enseignant
- Une carte-flèche par élève
- Les cartes-images valise, vélo, avion, vache, volcan

Encodage d'une suite de lettres

• Distribuer une carte-flèche à chaque élève. Poser les six lettres mobiles noires pour qu'elles soient bien visibles, face à chaque élève.

• Modeler la procédure d'encodage sur la suite de lettres va :
- **Annoncer** la suite de lettres à encoder (/va/).
- Préciser **quel son on** entend **en premier** dans la séquence et placer la lettre correspondante sur la carte-flèche au-dessus du rond.
- Préciser **quel son on entend ensuite** dans la séquence et placer la lettre correspondante à côté de la première lettre.
- **Lire la suite de lettres** qui vient d'être écrite en suivant avec le **doigt sur la flèche**.
- **Mettre en évidence le sens** de la suite de lettres en la plaçant au début d'un mot (valise), montrer l'image si nécessaire.

• Si l'exercice est trop difficile lorsque les élèves doivent choisir entre les six lettres mobiles, on peut restreindre le choix en leur laissant à disposition les graphèmes dont ils ont besoin pour encoder la suite de lettres cibles. Il leur restera alors à mettre ces graphèmes dans le bon ordre.

• Enlever les lettres mobiles de la flèche. Interroger les élèves à tour de rôle, individuellement, sur les suites de lettres ci-dessous. Donner des aides si nécessaire (Qu'est-ce que tu entends au tout début de... ; qu'est-ce que tu entends ensuite dans...).
- *Prénom*, écris /vvvvvéééé/. Bravo, c'est le début de vélo (montrer la carte-image).
- *Prénom*, écris /aaaaavvvvv/. C'est le début du mot avion (montrer la carte-image).
- *Prénom*, écris /vvvvvaaaaa/. Bravo, c'est le début de vache (montrer la carte-image).
- *Prénom*, écris /vvvvvoooooIllll/. Il y a trois lettres. Bravo, c'est le début de volcan (montrer la carte-image).
- *Prénom*, écris /vvvvviiiii/. Bravo, comme la vie. Ajouter le e en gris à la fin du mot et dire : Il y a une lettre muette à la fin du mot vie.

Feedback

5 Écriture manuscrite de syllabes et de mots dans le cahier

Matériel
Un cahier d'écriture et un crayon par élève

• Donner à chaque élève son cahier d'écriture et un crayon. Contrôler la tenue du crayon.

• Leur demander de compléter les lignes selon les consignes habituelles. Pour la dictée de syllabes/mots : va, av, vé, vol, vélo.

• Si nécessaire, donner aux élèves des feedbacks et des aides personnalisés.

6 Synthèse

Bravo, vous avez bien travaillé ! Aujourd'hui, on a appris à écrire des syllabes et des mots, comme /v/, /é/, /l/ et /o/ (pointer successivement les lettres mobiles) pour écrire vélo.

Effectuer une fois cette leçon avec tous les élèves.

Matériel
Les lettres mobiles v, é, l et o

7 Évaluation formative

Après avoir effectué deux fois la leçon ***Décodage*** et une fois la leçon ***Encodage***, faire l'évaluation formative pour déterminer comment continuer à avancer.

Matériel
Les cartes-syllabes et cartes-mots va, av, vé, vole, vie

Prénom, concentre-toi. C'est important.

- Montrer successivement à l'élève les cartes va, av, vé, vole, vie. Lis cette syllabe/ce mot.
- Si l'élève réussit l'évaluation, passer à la leçon ***Mots déchiffrables – fin de module 3*** (p. 166).
- Si l'élève ne réussit pas l'évaluation, faire la leçon ***Remédiation du décodage*** (ci-après).

Remédiation du décodage

Pour le détail des aides en fonction des difficultés, *cf.* ***module 1*** p. 84.

1 Annonce de l'objectif de la leçon

Aujourd'hui, on va s'entrainer à bien lire des lettres ensemble.

2 Fusion de phonèmes à l'oral

Matériel
Trois pièces de LEGO®

- Prendre deux pièces de LEGO® et les placer l'une à côté de l'autre, espacées, et annoncer qu'on va s'entrainer à assembler des sons.
- Modeler la fusion de phonèmes sur la syllabe /va/ :
  - Montrer la **pièce à gauche** de l'élève en disant le **premier son** (/vvv/).
  - Montrer la deuxième **pièce à droite** de l'élève en disant le **deuxième son** (/aaa/).
  - **Assembler** les deux pièces en **fusionnant** les phonèmes : /vvvaaa/.
  - **Faire mention de l'existence** de la syllabe dans des mots : Va, comme on entend au début de valise ou comme dans « elle va ».
- Interroger les élèves à tour de rôle, individuellement, avec les syllabes/mots suivants : vo, vé, av, vi, év, vol, vél, lav, vir.

Feedback

3 Répétition de la procédure de décodage

Matériel
- Huit lettres mobiles : v, a, é, o, i, l et 2 □ r
- Une lettre mobile e en gris (e muet) pour l'enseignant
- Une carte-flèche

Lire des syllabes/mots courts

- Prendre la carte-flèche et les lettres mobiles v et a. Mettre les lettres mobiles l'une à côté de l'autre (écrire « va) », au-dessus de la flèche, de façon bien visible, face aux élèves. On va lire cette syllabe.
- Modeler la procédure de décodage :
  - Pointer tous les **graphèmes** et dire le **son** correspondant.
  - Lire la syllabe, **ni trop lentement ni trop rapidement**, en suivant la flèche avec le **doigt**.
  - **Faire mention de l'existence** de la syllabe dans des mots : Bravo, tu as lu /va/ comme dans valise, vache, « il va »...
- Enlever les lettres mobiles de la carte-flèche. Interroger chaque élève individuellement sur les syllabes/mots suivant-e-s : va, vé, vo, av, vie, vole. Pour vie et vole, mettre le e en gris en précisant qu'il y a une lettre muette à la fin de ce mot.
- Adapter les aides selon les difficultés rencontrées par les élèves, à l'aide des précisions en p. 85.

Lire des mots composés de deux syllabes (vélo, arrive)

Maintenant, on va faire la même chose pour lire des mots un peu plus longs.

vélo

- Écrire le mot vélo avec les lettres mobiles en laissant un léger espace entre les syllabes (vé – lo) et procéder au décodage syllabe par syllabe.
- *Prénom*, à toi. Pointer le v : Quel son ? Pointer le é : Quel son ? Lis la syllabe. L'enseignant et/ou l'élève avance lentement sur la flèche avec le doigt (ou selon les adaptations).
- Puis pointer le l : Quel son ? Pointer le o : Quel son ? Lis la syllabe. L'enseignant et/ou l'élève avance lentement sur la flèche avec le doigt.
- Rapprocher les deux syllabes : Maintenant, on lit les deux syllabes à la suite. L'enseignant et/ou l'élève avance sur la flèche avec le doigt en prononçant les quatre phonèmes de façon continue.

arrive

- Écrire le mot arrive en laissant un léger espace entre les deux syllabes (a-rrive) et en mettant le e grisé à la fin du mot.
- Pointer le a : Quel son ?
- Pointer les deux r : Vous vous souvenez, les deux r font le son /r/ comme un seul r. Pointer le i : Quel son ? Pointer le v : Quel son ? Pointer le e muet : Cette lettre ne fait pas de son à la fin des mots. Lis la syllabe (rrive). L'enseignant et/ou l'élève avance lentement sur la flèche avec le doigt.
- Rapprocher les deux syllabes : Maintenant, on lit toutes les lettres à la suite. L'enseignant et/ou l'élève avance sur la flèche avec le doigt en prononçant les quatre phonèmes de façon continue.
- Interroger individuellement chaque élève sur chaque mot.

Feedback

4 Pointer la bonne syllabe/le bon mot

Matériel
Les cartes-syllabes et cartes-mots va, vé, vo, av, vie, vole

- Prendre les cartes et les mettre l'une à côté de l'autre, face aux élèves. On va montrer la syllabe ou le mot que je dis : /vvvvéééé/. Montrer la carte-syllabe vé.
- Recommencer en demandant aux élèves de pointer la bonne syllabe/le bon mot.

• Changer les cartes de place. Interroger ensuite les élèves individuellement au moins deux fois sur chaque syllabe : *Prénom*, montre-moi... Changer régulièrement les cartes de place.

→ **Feedback**

5 Synthèse

Bravo, vous avez bien travaillé. Aujourd'hui, on s'est entrainés à bien lire des lettres ensemble (montrer les cartes).

Cette leçon peut être effectuée deux fois avec les élèves.

→ **Matériel**
Les cartes-syllabes/carte-mot va, vo, vie (par exemple)

6 Évaluation formative

Faites l'évaluation formative suivante pour déterminer comment continuer à avancer.

→ **Matériel**
Les cartes-syllabes va, vé, vo, av, vie, vole

Matériel optionnel
Quatre cartes-syllabes : ré, ra, ro, fort

Prénom, concentre-toi. C'est important.

• Montrer successivement à l'élève les cartes va, vé, vo, av, vie, vole. Lis cette syllabe/ce mot.

• Si l'élève échoue, ne pas donner de feedback correctif et évaluer ses acquis en modalité non-verbale :

– disposer les cartes va, vé, av, ré et ra sur la table, mélangées :
Prénom, montre-moi /av/ ; montre-moi /vé/ ; montre-moi /va/.

– disposer les cartes vo, vie, vole, ro et fort, sur la table, mélangées :
Prénom, montre-moi /vo/ ; montre-moi /vi/ ; montre-moi /vol/.

• Si l'élève réussit l'évaluation, que ce soit l'évaluation orale ou par pointage, passer à la leçon ***Lecture de mots déchiffrables – fin de module 3*** (ci-après).

• Si l'élève ne réussit pas l'évaluation (ni orale, ni par pointage) après avoir fait deux fois cette leçon ***Remédiation du décodage*** et s'il mémorise bien les correspondances graphèmes-phonèmes, continuer à avancer (passer à la leçon ***Lecture de mots déchiffrables – fin de module 3***) et continuer à entrainer régulièrement la procédure de décodage dans les prochaines leçons.

Lecture de mots déchiffrables – fin de module 3

1 Annonce de l'objectif de la leçon

Aujourd'hui, on va s'entrainer à lire plusieurs mots avec les lettres qu'on connait.

2 Répétition des correspondances graphèmes-phonèmes apprises

→ **Matériel**
Les cartes-lettres a, r, u, i, l, o, f, é, j, v minuscules et majuscules (20 cartes-lettres)

On a déjà appris beaucoup de lettres, on va les répéter.

• Mélanger les cartes-lettres. Les montrer l'une après l'autre aux élèves, chacun son tour, et leur demander de dire le phonème correspondant au graphème présenté : *Prénom*, quel son ?

• Procéder ainsi jusqu'à ce que toutes les cartes aient été passées en revue.

→ **Feedback**

3 Décodage de mots

On va s'entrainer à lire des mots. Vous connaissez toutes les lettres. Vous vous souvenez, parfois il y a une lettre muette à la fin, une lettre qui ne fait pas de son dans le mot (montrer le t grisé de rat). Et parfois il y a deux mêmes lettres qui font le même son qu'une seule de ces lettres (montrer les deux l dans le mot allé).

Il y a en tout 28 mots à lire. Si la leçon risque d'être trop fastidieuse en raison des difficultés des élèves ou parce qu'elle a lieu avec un seul élève à la fois, privilégier les mots qui sont nécessaires à la leçon ultérieure de phrases, à savoir : la, il, jolie, fée, lit ; rit ; Jules ; arrive ; vélo ; ravi ; rat ; avale ; olive (à lire lors des deux présentations de la leçon).

Les autres mots peuvent être répartis de la manière suivante afin d'en diminuer le nombre au sein de chaque présentation de cette leçon :

1re présentation de la leçon	2e présentation de la leçon
ile, lire, rot, fort, allé, allo, vole	rire, lard, or, fil, vu, lave, va, alors

Prendre une des cartes-mots et la montrer aux élèves, bien visible, face à eux. Leur demander d'adopter la procédure de décodage habituelle :

– Pointer tous les **graphèmes** et dire le **son** correspondant.
– Lire le mot en **allongeant** les phonèmes (avancer sur la flèche lentement avec le doigt).
– Lire le mot **rapidement** (avancer rapidement sur la flèche avec le doigt).
– Mettre en évidence le **sens** du mot : Bravo, on a lu /.../. C'est le mot... (si nécessaire, montrer la carte-image lorsqu'il y en a une).

• Interroger les élèves individuellement à tour de rôle sur au moins sept mots. À vous maintenant. Demander aux élèves d'adopter la procédure de décodage habituelle.

Matériel
• Les cartes-mots ile, lire, rot, fort, allé, allo, vole, rire, lard, or, fil, vu, lave, va, la, jolie, fée, lit, rit, Jules, arrive, vélo, il, ravi, rat, avale, olive, alors
• Les cartes-images de certains mots (parmi : ile, lire, fort, rire, lard, or, fil, lave, fée, vélo, olive) pour soutenir la compréhension du sens si nécessaire

Feedback

4 Décodage de mots avec majuscule au début

La

• Prendre la carte-mot La et la montrer aux élèves, face à eux. Maintenant, on va s'entrainer à lire des mots avec une majuscule au début. Il y a parfois une majuscule au tout début du mot, par exemple dans les prénoms ou au début d'une phrase. La majuscule n'est jamais au milieu ou à la fin d'un mot, elle est toujours ici (montrer la 1re lettre), au début.

• Prendre la page-graphème l-L. Vous vous souvenez, le L majuscule fait le même son que le l minuscule.

Puis adopter la procédure de décodage habituelle :

– Pointer tous les **graphèmes** et dire le **son** correspondant.
– Lire le mot en **allongeant** les phonèmes (avancer sur la flèche lentement avec le doigt).
– Lire le mot **rapidement** (avancer rapidement sur la flèche avec le doigt).
– Mettre en évidence le **sens** du mot : Bravo, tu as lu /la/. Comme la maison, la voiture...

• Procéder de la même manière avec les cartes-mots Il (insister ici sur la différence ténue entre I majuscule et l minuscule), Allo et Alors.

• Interroger les élèves individuellement à tour de rôle sur chacun de ces quatre mots. À vous maintenant. Demander aux élèves d'adopter la procédure de décodage habituelle.

Matériel
• Les cartes-mots Il, Alors, Allo, La
• Les pages-graphèmes l-L, i-I et a-A

Feedback

5 Apparier un mot écrit à son image

• Étaler les cartes-images sur la table, face visible. Mettre les cartes-mots en tas, face cachée. Chacun son tour, on va tirer un mot. On le lit et on cherche l'image qui va avec.

• Je vous montre un exemple. Tirer la première carte-mot (p.e. vélo). Pointer v : /v/ ; pointer é : /é/ ; pointer l : /l/ ; pointer o : /o/. Suivre la flèche avec le doigt, ni lentement ni rapidement, en allongeant légèrement chaque son : /vvéélloo/. Redire le mot de façon naturelle : /vélo/. Je cherche l'image du vélo. Prendre l'image du vélo, la mettre avec la carte-mot et mettre les deux cartes de côté : Je les mets là (montrer l'endroit où mettre les cartes déjà associées).

Prénom, à toi, tire un mot.

• Si les élèves lisent les mots correctement sans passer par la procédure de décodage habituelle, ne pas exiger qu'ils passent par les différentes étapes. En revanche, s'ils éprouvent des difficultés à lire les mots, leur demander d'adopter la procédure de décodage habituelle.

• Une fois que le mot est lu : Cherche l'image de ce mot (puis mettre les deux cartes de côté).

• Interroger chaque élève individuellement jusqu'à ce que toutes les cartes-mots aient été lues et associées à l'image correspondante.

Matériel
- Les cartes-mots ile, lire, fort, rire, lard, or, fil, lave, fée, vélo, olive
- Les cartes-images correspondantes

Feedback

6 Synthèse

Aujourd'hui, on s'est entrainés à lire beaucoup de mots avec les lettres qu'on connait (montrer les cartes-mots fort, olive). On a aussi appris à lire des mots qui commencent avec une majuscule (montrer les cartes-mot La, Alors). Bravo, vous pouvez déjà lire beaucoup de mots !

Cette leçon doit être effectuée au moins deux fois avec tous les élèves.

Passer à la leçon ***Lecture de mots-outils – fin de module 3*** après deux ou trois présentations de cette leçon, que les élèves y aient rencontré ou non des difficultés.

Matériel
Quelques cartes-mots de la leçon, y compris avec majuscule, par exemple : fort, olive, La, Alors

Lecture de mots-outils – fin de module 3

1 Annonce de l'objectif de la leçon

Aujourd'hui, on va s'entrainer à lire des mots courts mais en entier, sans dire le son de chaque lettre.

2 Mémoriser l'orthographe d'un mot

Épeler un mot pour le mémoriser

Il y a certains mots qu'on doit apprendre à reconnaitre en entier. Parfois ça ne marche pas de dire le son de chaque lettre, ou alors on ne connait pas encore le son de toutes les lettres du mot.

Matériel
Les cartes-mots elle, le, une, est

est

• Prendre la carte-mot est et la montrer aux élèves. E-S-T (dire le nom des lettres successivement en les pointant) ensemble (entourer le mot avec le doigt) ça fait /è/, c'est comme ça. Il faut reconnaitre le mot en entier, c'est pour ça qu'il est écrit en bleu.

• Pour chaque mot, montrer la carte aux élèves, bien visible face à eux. S'entrainer d'abord collectivement deux fois puis interroger chaque élève individuellement.

• Faites-le avec moi : E-S-T (dire le nom des lettres successivement en les pointant) ensemble (entourer le mot avec le doigt) ça fait... (laisser compléter les élèves et utiliser la procédure de feedback). Encore une fois : E-S-T (dire le nom des lettres successivement en les pointant) ensemble (entourer le mot avec le doigt) ça fait...

• Montrer la carte-mot à un élève et l'interroger individuellement : *Prénom*, E-S-T (dire le nom des lettres successivement en les pointant) ensemble (entourer le mot avec le doigt) ça fait... ?

• Mettre en évidence le sens du mot : C'est le mot est, comme « il est sympa »...

• Procéder de la même manière pour elle, le, une.

→ **Feedback**

Épeler un mot (avec majuscule) pour le mémoriser

→ **Matériel**
Les cartes-mots Elle, Le, Une

On va aussi s'entrainer à reconnaitre certains de ces mots en entier avec une majuscule au tout début du mot, quand ils sont en début de phrase.

Elle

• Prendre la carte Elle et dire : Vous vous souvenez, le e s'écrit comme ça en majuscule (montrer le E majuscule de Elle). E-L-L-E (dire le nom des lettres successivement en les pointant) ensemble (entourer le mot avec le doigt) ça fait /èl/.

• Pour chaque mot, montrer la carte aux élèves, bien visible face à eux. S'entrainer d'abord collectivement deux fois puis interroger chaque élève individuellement.

• Faites-le avec moi : E-L-L-E (dire le nom des lettres successivement en les pointant) ensemble (entourer le mot avec le doigt) ça fait... (laisser compléter les élèves et utiliser la procédure de feedback). Encore une fois : E-L-L-E (dire le nom des lettres successivement en les pointant) ensemble (entourer le mot avec le doigt) ça fait...

• Montrer la carte-mot à un élève et l'interroger individuellement : *Prénom*, E-L-L-E (dire le nom des lettres successivement en les pointant) ensemble (entourer le mot avec le doigt) ça fait... ?

• Mettre en évidence le sens du mot : C'est le mot Elle, comme « elle est gentille »...

• Procéder de la même manière avec Le et Une. Interroger chaque élève sur chaque mot.

→ **Feedback**

Entrainer la reconnaissance orthographique d'un même mot avec et sans majuscule

→ **Matériel**
Les cartes-mots elle, Elle, le, Le, une, Une

• Prendre les cartes-mots elle et Elle et dire : On va s'entrainer à reconnaitre des mots qui sont les mêmes mais qui commencent avec une minuscule ou une majuscule. Vous voyez, ces deux mots sont les mêmes (montrer les deux cartes), E-L-L-E et E-L-L-E (sur chaque carte-mot, dire le nom des lettres successivement en les pointant), c'est le mot elle.

• Mélanger les six cartes sur la table, face visible, et les mettre dans le bon sens pour les élèves. Interroger chaque élève individuellement au moins deux fois : *Prénom*, peux-tu montrer deux mots qui sont les mêmes ?

• Mélanger les cartes entre chaque question.

→ **Feedback**

- Mélanger les six cartes sur la table, face cachée. Maintenant, on va faire un memory. Chacun son tour, on tire deux cartes. Si ce sont les mêmes mots, on peut les garder et on peut rejouer. Sinon, on les retourne et c'est au joueur suivant de tirer deux cartes. *Prénom*, à toi, tire deux cartes.

- Donner des aides supplémentaires en fonction des besoins des élèves :
  - Relance verbale : *Prénom*, tire deux cartes.
  - Guidance physique pour retourner les cartes.
  - Ré-interrogation par une question fermée : *Prénom*, est-ce que ces deux mots sont les mêmes ?

Feedback

Mémoriser un mot en s'en faisant une image « orthographique » dans la tête

Matériel
Les cartes-mots elle, Elle, le, Le, une, Une, est

- Prendre la carte-mot est : On regarde bien ce mot. Attention : 3-2-1, je le retourne (retourner la carte) et on essaie de me dire quel mot était écrit.

- Interroger chaque élève individuellement : *Prénom*, quel mot ? Si l'élève donne la succession de lettres : Très bien, et ça fait quel mot ? Si l'élève donne le mot : Bravo, et il s'écrit avec quelles lettres ? On vérifie en regardant le mot (retourner la carte face visible). On essaie encore deux fois chacun : On regarde bien le mot, attention : 3-2-1, je le retourne. *Prénom*, quel mot ?

- Procéder de la même manière pour elle, Elle, Le, le, Une, une.

Feedback

Réviser la reconnaissance des mots-outils par pointage

Matériel
Les cartes-mots elle, Elle, le, Le, une, Une, est

- Mettre les cartes-mots elle, le, une et est les unes à côté des autres, sur la table. Maintenant, vous allez montrer le mot que je dis. *Prénom*, montre-moi /une/.

- Interroger chaque élève individuellement au moins une fois sur chaque mot. Changer la place des cartes entre chaque question.

- Mettre ensuite les cartes-mots Elle, Le, Une les unes à côté des autres et procéder de la même manière.

Feedback

3 Synthèse

Matériel
Les cartes-mots est, Elle (par exemple)

Aujourd'hui, on s'est entrainés à lire des mots en entier, comme E-S-T (prendre la carte-mot est et nommer les lettres successivement en les pointant), qui font /è/ ensemble (entourer le mot avec le doigt). Quand les mots sont en début de phrase, ou dans des *prénoms*, ils commencent par une majuscule (prendre la carte-mot Elle). Alors on s'est aussi entrainés à lire des mots avec une majuscule au début. Bravo, vous avez bien travaillé !

Cette leçon doit être effectuée au moins deux fois avec tous les élèves.

Passer à la leçon de lecture de phrases après deux ou trois présentations de cette leçon, que les élèves y aient rencontré ou non des difficultés.

Lecture de phrases – fin de module 3

1 Annonce de l'objectif de la leçon

Aujourd'hui, on va s'entrainer à lire des petites histoires !

2 Répétition des correspondances graphèmes-phonèmes apprises

On a déjà appris beaucoup de lettres, on va les répéter. Prendre les cartes-lettres, les mélanger. Les montrer l'une après l'autre aux élèves, chacun son tour, et leur demander de dire le phonème correspondant au graphème présenté : *Prénom*, quel son ?

- Procéder ainsi jusqu'à ce que toutes les cartes aient été passées en revue.

Matériel
Les cartes-lettres a, r, u, i, l, o, f, é, j, v minuscules et majuscules (20 cartes-lettres)

Feedback

3 Répétition de la procédure de décodage pour les mots déchiffrables

On va s'entrainer à lire des mots qu'on peut lire en disant le son de chaque lettre. Vous vous souvenez, il y a parfois des lettres muettes. Et parfois le mot commence par une majuscule.

- Mélanger toutes les cartes-mots. En prendre une, la montrer à un élève, bien visible face à lui. *Prénom*, à toi (adopter la procédure habituelle de décodage) :
  - Pointer **tous les graphèmes et dire le son correspondant.**
  - Lire le mot en **allongeant** les phonèmes.
  - Lire le mot **rapidement.**
  - Mettre en évidence le **sens** du mot : Bravo, tu as lu /…/. Comme… (si nécessaire, montrer la carte-image lorsqu'il y en a une).
- Interroger chaque élève individuellement à tour de rôle sur au moins cinq mots.

Matériel
- Les cartes-mots la, il, jolie, fée, lit, rit, Jules, arrive, vélo, ravi, rat, avale, olive, La, Il.
- Les cartes-images de certains mots (parmi : fée, vélo, rat, olive) pour soutenir la compréhension du sens si nécessaire.

Feedback

4 Répétition de la reconnaissance de mots-outils

Maintenant, on va réviser les mots qu'on doit reconnaitre en entier, vous vous souvenez ?

Elle

- Prendre la carte-mot Elle et la montrer aux élèves. E-L-L-E (nommer les lettres successivement en les pointant) ensemble (entourer le mot avec le doigt) ça fait… ? Laisser les élèves compléter et donner un feedback en conséquence.
- Montrer la carte-mot à un élève et l'interroger individuellement : *Prénom*, E-L-L-E (nommer les lettres successivement en les pointant) ensemble (entourer le mot avec le doigt) ça fait… ?
- Procéder de la même manière avec les cartes-mots est, une et Le. Interroger chaque élève sur chaque mot.

Matériel
Les cartes-mots est, une, Elle, Le.

Feedback

5 Lecture de phrases

Maintenant, avec les mots qu'on sait lire, on peut lire des petites histoires ! Prendre la carte-phrase « La jolie fée lit. Elle rit. » et dire : Dans une phrase, il y a plusieurs mots. Entre les mots il y a des espaces (pointer les mots les uns après les autres, en montrant le sens de la lecture). Dans ces phrases, il y a des mots que vous pouvez lire en disant le son de chaque lettre (montrer les mots en noir et/ou gris), et un mot que vous devez lire en entier (montrer le mot Elle).

Dans ces phrases, il y a aussi des petits signes, des points (montrer les deux points). Ils ne font pas de son, c'est pour ça qu'ils sont écrits en gris. Ils aident à savoir quand faire une pause.

La jolie fée lit. Elle rit.

- Pour chaque mot, pointer les graphèmes (non muets), dire le phonème correspondant, puis assembler les phonèmes en suivant avec le doigt sous le mot, ni vite ni lentement.
- Pointer l : /l/, pointer a : /a/ ; suivre avec le doigt sous le mot et lire, ni vite ni lentement : /la/.
- Pointer j : /j/, pointer o : /o/, pointer l : /l/, pointer i : /i/ ; suivre avec le doigt sous le mot et lire, ni vite ni lentement : /joli/.
- Si la lecture des mots bisyllabiques pose problème, faire lire une syllabe à la fois (jo–lie), en cachant momentanément l'autre syllabe) puis faire fusionner les deux syllabes.
- Pointer f : /f/, pointer é : /é/, suivre avec le doigt sous le mot et lire, ni vite ni lentement : /fé/.
- Pointer l : /l/, pointer i : /i/, suivre avec le doigt sous le mot et lire, ni vite ni lentement : /li/.
- Dire : Il y a un point donc je peux m'arrêter. Je relis cette phrase : /la jolie fée lit/ (en pointant chaque mot quand il est lu et en faisant descendre l'intonation à la fin de la phrase).
- E-L-L-E (nommer les lettres successivement en les pointant) : /elle/, c'est un mot que je reconnais en entier (entourer le mot avec le doigt).
- Pointer r : /r/, pointer i : /i/, suivre avec le doigt sous le mot et lire, ni vite ni lentement : /ri/.
- Dire : Il y a un point donc je peux m'arrêter. Je relis cette phrase : /elle rit/ (en pointant chaque mot lu et en faisant descendre l'intonation à la fin de la phrase).
- Demander ensuite à un ou deux élèves de lire la première phrase. Pour chaque mot, pointer les graphèmes (non muets), demander le phonème correspondant, puis demander d'assembler les phonèmes en suivant avec le doigt sous le mot, ni vite ni lentement.
- Si les élèves sont à l'aise avec la lecture de mots, il est inutile de pointer chaque graphème et de dire le phonème correspondant.
- Demander ensuite à un ou deux élèves de lire la deuxième phrase en annonçant : E-L-L-E (nommer les lettres successivement en les pointant), c'est un mot que je reconnais. C'est... (laisser les élèves compléter).
- Puis, pour le mot rit, pointer les graphèmes (non muets), demander le phonème correspondant, puis demander d'assembler les phonèmes en suivant avec le doigt sous le mot, ni vite ni lentement.

Matériel
Les cartes-phrases :
- La jolie fée lit. Elle rit.
- Jules arrive à vélo. Il est ravi.
- Le rat avale une olive.

Feedback

• Valider en lisant la phrase (en pointant les mots successivement) : /la jolie fée lit/. Bravo, tu as lu une phrase !

• Procéder de la même manière pour les phrases :

Jules arrive à vélo.

Il est ravi.

Le rat avale une olive.

→ **Feedback**

6 Appariement des phrases lues avec les illustrations correspondantes

→ **Matériel**
- Les cartes-phrases :
  - La jolie fée lit. Elle rit.
  - Jules arrive à vélo. Il est ravi.
  - Le rat avale une olive.
- Pour chaque phrase, les trois illustrations parmi lesquelles les élèves doivent choisir

• Prendre les cartes-phrases l'une après l'autre et interroger un élève : *Prénom*, lis cette phrase.

• Si nécessaire l'aider davantage :

– Pour les mots déchiffrables, pointer chaque graphème : Quel son ? Puis suivre sous le mot ou sous chaque syllabe avec le doigt, ni vite ni lentement. Laisser les élèves décoder et donner un feedback en conséquence.

– Pour les mots à reconnaitre en entier, pointer les lettres successivement en disant leur nom, puis entourer le mot avec le doigt en disant ce que les lettres font ensemble, par exemple : E-L-L-E (nommer les lettres successivement en les pointant) ensemble (entourer le mot avec le doigt) ça fait... Laisser les élèves compléter et donner un feedback en conséquence.

• Une fois qu'une phrase a été lue par un élève, montrer les trois illustrations en lien avec la phrase concernée et demander à l'élève de montrer celle qui correspond : Montre-moi le dessin qui illustre cette petite histoire.

• Procéder de la même manière avec les autres cartes-phrases. Interroger chaque élève sur au moins deux phrases.

→ **Feedback**

7 Synthèse

→ **Matériel**
- Les cartes-mots : olive, Elle
- La carte-phrase : La jolie fée lit. Elle rit.

Aujourd'hui, on s'est entrainés à lire des mots pour lesquels on dit le son de chaque lettre (montrer la carte-mot olive). On a aussi révisé des mots qu'on doit reconnaitre en entier (montrer la carte-mot Elle). Avec tous ces mots, on peut lire des phrases qui racontent des petites histoires, comme /La jolie fée lit. Elle rit/ (montrer la carte-phrase). Bravo, vous avez bien travaillé !

Cette leçon doit être effectuée au moins deux fois avec les élèves.

Passer à la leçon ***Introduire la CGP « b »*** après deux ou trois présentations de cette leçon, que les élèves y aient rencontré ou non des difficultés.

module 4

Les graphèmes « b », « ou », « t »

plan du module

Le graphème « b »
Le graphème « ou »
Le graphème « t »
Lecture de mots – fin de module 4
Lecture de phrases – fin de module 4

matériel

matériel collectif

- Le livre des comptines
- Les pages-graphèmes b-B, ou-Ou, t-T
- Les cartes-lettres b et B, ou et Ou, t et T
- Des cartes-syllabes
- Des cartes-mots
- Des cartes-phrases
- Les illustrations des phrases
- Des cartes-images
- Des cartes-flèches
- Des pièces de LEGO®
- Des smileys

matériel individuel par élève

- Des modèles de lettres b-B, ou-Ou, t-T en gris
- Un feutre effaçable
- Un crayon ou stylo
- Un cahier d'écriture

Introduire la CGP

1 Annonce de l'objectif de la leçon

Aujourd'hui, on va (1re présentation de la leçon) apprendre une nouvelle lettre / (lorsque la leçon est répétée) revoir les lettres qu'on a apprises les dernières fois.

2 Présentation de la comptine du phonème /b/ et travail sur la compréhension

Matériel
Le livre des comptines

Je vais vous raconter une petite histoire. Écoutez bien (montrer successivement les images aux élèves) : Un bateau contenant beaucoup de bananes est au bord d'une superbe plage de sable. Brusquement, des babouins bondissent à bord du bateau !

Dans cette histoire, un bateau (montrer le bateau) contient beaucoup de bananes (montrer les bananes). Il est au bord d'une superbe plage de sable, regardez comme elle est belle (montrer la plage). Brusquement, ça veut dire tout d'un coup, il y a des babouins (montrer les babouins), c'est une sorte de singe. Ils bondissent à bord du bateau, ça veut dire ils sautent à bord du bateau.

Vocabulaire

Feedback

1re leçon	Lorsque la leçon est répétée
Compréhension du vocabulaire Montrer la 2e image de la comptine. Questionner au moins une fois chaque élève : – *Prénom*, montre-moi les bananes. – *Prénom*, montre-moi les babouins. – *Prénom*, montre-moi le bateau. – *Prénom*, montre-moi la plage.	**Production du vocabulaire** Montrer la 2e image de la comptine. Demander aux élèves, à tour de rôle, de produire les mots attendus (une question par élève) : – *Prénom*, qu'est-ce que c'est (montrer les babouins) ? – *Prénom*, qu'est-ce que c'est (montrer la plage) ? – *Prénom*, (montrer la plage) la plage est… (chercher à faire dire superbe) ? – *Prénom*, (montrer les babouins) que font les babouins ? Ils … (chercher à faire dire bondissent/ sautent à bord du bateau) ?

Compréhension

• Questions en lien avec le **schéma narratif**.

– *Prénom*, où se passe cette histoire ?
– *Prénom*, qui sont les personnages de l'histoire ?

Feedback

• Compréhension des **inférences** (interroger deux élèves maximum).

À votre avis, qui a mis les bananes dans le bateau ?

Feedback

Si aucun élève ne répond après 4 secondes :

C'est sûrement des gens, qui vont amener les bananes dans des magasins pour les vendre.

À votre avis, pourquoi est-ce que les babouins bondissent dans le bateau ? Qu'est-ce qu'ils vont faire ?

→ **Feedback**

Si aucun élève ne répond après 4 secondes :

À mon avis, ils veulent manger des bananes.

• Question facultative :

À votre avis, pourquoi vont-ils chercher des bananes dans le bateau, au lieu d'aller dans les arbres – les bananiers – sur l'ile ?

→ **Feedback**

Si aucun élève ne répond après 4 secondes :

Peut-être qu'il n'y a plus beaucoup de bananes dans les bananiers, parce que les gens les ont toutes ramassées.

3 Introduction de la correspondance graphème « b » - phonème /b/

→ **Matériel**
- La page-graphème b-B

- Le texte de la comptine

Introduction de la correspondance graphème-phonème en lien avec la comptine

Je vais relire l'histoire en vous montrant le texte cette fois-ci. Lire le texte de la comptine en le suivant du doigt, en accentuant la prononciation des phonèmes /b/ et en tapant un petit coup avec le doigt en les prononçant : Un bateau contenant beaucoup de bananes est au bord d'une superbe plage de sable. Brusquement, des babouins bondissent à bord du bateau !

Vous avez entendu, on entend beaucoup de /b/ dans cette histoire. Le son /b/ est un son court, /b/ (taper un petit coup avec le doigt sur la table), c'est pour ça que je fais comme ça avec mon doigt, /b/ (taper avec le doigt).

• Puis montrer la page-graphème, présenter les deux lettres (minuscule et majuscule) et dire le son correspondant (en tapant un petit coup avec le doigt en disant le /b/).

• Présenter les mots-référents (en tapant un petit coup avec le doigt en disant le /b/).

• Questionner chaque élève au moins une fois sur le son que font la minuscule ET la majuscule (le laisser taper avec le doigt s'il le fait mais ne pas demander qu'il le fasse).

→ **Feedback**

Identification de la lettre b dans le texte de la comptine

• Reprendre le texte de la comptine et le montrer aux élèves.

• Demander à chaque élève de montrer une lettre b dans le texte. S'il montre un b minuscule, lui demander ensuite de montrer un B majuscule, et vice-versa. L'interroger sur le son correspondant (le laisser taper avec le doigt s'il le fait mais ne pas demander qu'il le fasse).

→ **Feedback**

4 Tâche de conscience phonémique : identification du phonème final

→ **Matériel**
- Une boite au bord de laquelle on a fixé les cartes-lettres b et B
- Les cartes-images à mélanger : robe, crabe, jambe, herbe, cube, vache, jumelles, valise, oignon (*si l'activité est faite avec plus de deux élèves, ajouter* : tube, olive, lune)
- Une carte-flèche

Maintenant, on va écouter (montrer son oreille) les sons dans les mots. Attention, on va changer un peu l'exercice par rapport à ce qu'on a fait toutes les dernières fois. Aujourd'hui, on va bien écouter si on entend /b/ (taper un petit coup avec le doigt sur la table) à la fin des mots.

• Mettre la carte-image robe juste au-dessus de la carte-flèche. On fait un exemple ensemble. Prononcer le mot lentement, en suivant avec le doigt sur la flèche dans le sens de la lecture et en tapant un petit coup avec le doigt au moment du /b/ : /rroob/.

Est-ce qu'à la fin du mot (montrer à droite de la flèche) on entend /b/ ? Redire le mot /rroob/ en suivant avec le doigt sur la flèche de gauche à droite en tapant un petit coup au moment du /b/. Oui, on entend /b/ à la fin de robe, on met ce mot dans la boite du /b/.

• Mettre la carte-image jumelles juste au-dessus de la carte-flèche. On fait un autre exemple ensemble. Prononcer le mot lentement, en suivant avec le doigt sur la flèche dans le sens de la lecture et en allongeant le phonème final /l/ : /jjuummeelllll/. Est-ce qu'à la fin du mot (montrer à droite de la flèche) on entend /b/ ? Redire le mot lentement, en suivant avec le doigt sur la flèche de gauche à droite et en allongeant le phonème final. Non, on n'entend pas /b/ à la fin de /jumelllll/, on ne met pas ce mot dans la boite du /b/.

• Questionner les élèves à tour de rôle en leur mettant une carte-image juste au-dessus de la carte-flèche : *Prénom*, est-ce qu'on entend /b/ à la fin de ... ? Prononcer les mots lentement, en suivant avec le doigt sur la flèche dans le sens de la lecture, en allongeant les phonèmes finaux qui peuvent l'être ou en tapant légèrement avec le doigt au moment du /b/.

Feedback

5 Apprentissage du geste d'écriture avec le doigt sur un modèle

Cf. ***module 3*** p. 157.

Matériel
- La page-graphème b-B
- Les modèles de lettres b et B en gris par élève

6 Synthèse

Bravo, vous avez bien travaillé ! Aujourd'hui, on a (lors de la 1re présentation de la leçon) appris / (lorsque la leçon est répétée) revu la lettre b en minuscule (pointer le b sur la page- graphème) et en majuscule (pointer le B sur la page-graphème). Cette lettre fait le son /b/ (taper un petit coup sur la table avec le doigt). C'est un son court, /b/ (taper avec le doigt), comme on entend dans bateau, banane.

Cette leçon doit être effectuée au moins deux fois avec tous les élèves.

Matériel optionnel-récompense
Deux smileys par élève

Matériel
La page-graphème b-B

7 Évaluation formative

Après avoir répété cette leçon ***Introduire la CGP « b »***, passer à la leçon ***Calligraphie*** (ci-après) avec les élèves dont les capacités motrices rendent la tenue du crayon possible.

Pour ceux pour qui ce n'est pas le cas, faire l'évaluation formative décrite à la fin de la leçon ***Calligraphie*** (p. 179) pour déterminer comment continuer à avancer.

Calligraphie

Annoncer l'objectif : Aujourd'hui on va s'entrainer à écrire la lettre b (montrer la page-graphème).

Pour la démarche à suivre, *cf.* ***module 1*** p. 75.

Cette leçon (ou une partie de celle-ci) peut être effectuée plusieurs fois avec les élèves.

Matériel
- La page-graphème b-B
- Un modèle de la lettre b en gris par élève
- Un feutre effaçable par élève
- Un crayon ou stylo par élève
- Un cahier d'écriture par élève

Évaluation formative

Faire l'évaluation formative suivante pour déterminer comment continuer à avancer.

Prénom, concentre-toi. C'est important.

- Montrer successivement les cartes-lettres b et B à l'élève. Quel son fait cette lettre ?
- Si l'élève réussit l'évaluation, passer à la leçon ***Décodage*** (ci-après).
- Si l'élève ne réussit pas l'évaluation, faire une leçon ***Remédiation de la CGP*** sur la base des leçons précédentes de remédiation des CGP et selon ce qui a bien convenu à l'élève jusque-là (geste d'écriture, dé des graphèmes, memory des graphèmes, tape-mouche).
- Passer à la leçon ***Décodage*** (ci-après) quand la CGP « b » est mémorisée, que l'élève soit capable de dire le son correspondant au graphème (évaluation orale) ou de montrer le bon graphème parmi quatre (évaluation par pointage).

Matériel
Les cartes-lettres b et B

Décodage

1 Annonce de l'objectif de la leçon

Aujourd'hui, on va s'entrainer à lire des syllabes et des mots avec le b et les autres lettres qu'on a apprises.

2 Répétition des correspondances graphèmes-phonèmes (dé)

- Si nécessaire, réactiver les correspondances graphèmes-phonèmes à l'aide des pages-graphèmes puis les laisser sous les yeux des élèves.
- Prendre le dé et expliquer aux élèves qu'à tour de rôle, ils vont lancer le dé et dire le son correspondant à la lettre apparue.

Matériel
- Les pages-graphèmes b-B, a-A, r-R, l-L, o-O et é-É
- Un dé sur les faces duquel on inscrit les lettres en minuscule, puis en majuscule

Feedback

3 Fusion de phonèmes à l'oral

- Prendre deux pièces de LEGO®. On va s'entrainer à coller le son /b/ (taper un petit coup avec le doigt) avec d'autres sons. C'est un peu plus difficile parce qu'on ne peut pas allonger le son /b/. Écoutez bien. Placer les deux pièces l'une à côté de l'autre, espacées.
- Modeler la fusion de phonèmes sur le mot boue :
  - Montrer la **pièce à gauche** de l'élève en disant le **premier son** (/b/).
  - Montrer la deuxième **pièce à droite** de l'élève en disant le **deuxième son** (/ou/).
  - **Assembler** les deux pièces et **fusionner** les phonèmes : /bou/.
  - Mettre en évidence le **sens** du mot en montrant la carte-image.
- Interroger les élèves à tour de rôle, individuellement, sur les mots banc, bois, balle, botte, robe, jambe, bras.

Matériel
- Les cartes-images boue, banc, bois, balle, botte, robe, jambe, bras
- Trois pièces de LEGO®

Feedback

4 Enseignement de la procédure de décodage

Lire des syllabes et des mots (en deux étapes)

- Prendre la carte-syllabe ba, la montrer aux élèves, face à eux.
- Modeler la procédure de décodage :
  - Pointer les **graphèmes** et dire le **son** correspondant.
  - Lire la syllabe **ni lentement ni rapidement** (avancer au même rythme sur la flèche avec le doigt) : /ba/.
  - **Faire mention de l'existence** de la syllabe dans un mot : Bravo, tu as lu /ba/, comme dans bateau, ballon…
- Interroger chaque élève individuellement sur les syllabes/mots bu, ib, ab en suivant la procédure habituelle de décodage.
- Ne pas oublier de mettre en évidence le sens des mots ou de faire mention de l'existence des syllabes dans des mots en les plaçant en début de mots :
  - Bravo, tu as lu /bu/ comme dans « j'ai bu ».
  - Bravo, tu as lu /ib/ comme dans hibou, hiberner.
  - Bravo, tu as lu /ab/ comme dans abeille, habiter.
- Prendre les cartes balle, bras, bébé, lavabo (bol, bravo, robe, bulle). Maintenant, on continue avec des mots plus longs. Suivre la procédure habituelle de décodage et si nécessaire :
  - pour bol, préciser qu'il y a trois sons ;
  - pour robe et bras, préciser qu'il y a trois sons et que la lettre finale ne fait pas de son dans ces mots ;
  - pour bulle et balle, préciser que les deux l font le même son qu'un l : /l/, et que la lettre finale ne fait pas de son dans ces mots ;
  - pour bébé, bravo, lavabo : préciser que les mots sont encore plus longs, et si nécessaire faire lire les mots syllabe par syllabe (en cachant momentanément l'autre/les autres).
- Ne pas oublier de mettre en évidence le sens des mots, en montrant la carte-image le cas échéant, ou en mettant le mot dans le contexte d'une courte phrase.

Matériel
- Les cartes-syllabes/cartes-mots ba, bu, ib, ab, balle, bras, bébé, lavabo (*si les élèves ont envie de lire plus de mots* : bol, bravo, robe, bulle)
- Les cartes-images balle, bras, bébé, lavabo (bol, bravo, robe, bulle)

Feedback

Feedback

Apparier un mot écrit à son image

- Prendre les cartes-mots balle, bras, bébé, lavabo (bol, robe, bulle), les mélanger et les mettre en pile, face cachée, au milieu de la table. Prendre les cartes-images et les disperser sur la table, face visible.

Chacun votre tour, vous allez prendre un mot, le lire et trouver l'image qui va avec. Je vous montre un exemple. Modeler avec le premier mot de la pile.

- Interroger les élèves à tour de rôle. *Prénom*, à toi. L'activité se termine lorsque tous les mots ont été lus et associés à l'image correspondante.

Feedback

5 Lire des mots-outils

Matériel
Les cartes-mots est, le, Le, dans

Vous vous rappelez, il y a certains mots qu'on doit apprendre à reconnaitre en entier, parce que parfois ça ne marche pas de dire le son de chaque lettre, ou parce qu'on ne connait pas encore le son de toutes les lettres du mot.

est

- Prendre la carte-mot est et la montrer aux élèves. Il faut reconnaitre ces mots en entier, c'est pour ça qu'ils sont écrits en bleu. On va d'abord répéter des mots qu'on a déjà appris. E-S-T (dire le nom des lettres en les pointant successivement) ensemble (entourer le mot avec le doigt) ça fait... Laisser les élèves compléter et utiliser la procédure de feedback. Mettre en évidence le sens du mot. Si nécessaire, répéter la procédure.

• Procéder de la même manière avec les cartes le et Le, en rappelant que le L majuscule fait le même son que le l minuscule.

Maintenant on va apprendre à lire un nouveau mot en entier.

dans

• Prendre la carte-mot dans. D-A-N-S (dire le nom des lettres en les pointant successivement) ensemble (entourer le mot avec le doigt), ça fait /dan/. Encore une fois : D-A-N-S (dire le nom des lettres en les pointant successivement) ensemble (entourer le mot avec le doigt) ça fait... (laisser compléter les élèves et utiliser la procédure de feedback). Répéter la procédure encore deux fois.

• Mélanger les quatre cartes-mots et en prendre une au hasard : On regarde bien ce mot. Attention : 3-2-1, je le retourne (retourner la carte) et on essaie de me dire quel mot était écrit. Interroger chaque élève individuellement : *Prénom*, quel mot ? Si l'élève donne la succession de lettres : Très bien, et ça fait quel mot ? Si l'élève donne le mot : Bravo, et il s'écrit avec quelles lettres ? On vérifie en regardant le mot (retourner la carte face visible). Passer à un autre mot avec un autre élève : On regarde bien ce mot, attention : 3-2-1, je le retourne. *Prénom*, quel mot ?

• Interroger ainsi individuellement chaque élève sur chaque mot. Ne pas oublier de mettre régulièrement en évidence le sens des mots.

Feedback

6 Lire une phrase

Matériel
- La carte-phrase : Le bébé est lavé dans le lavabo. Il est brave.
- Les trois illustrations en lien avec cette phrase

Maintenant, avec toutes les lettres et les mots qu'on connait, on va lire des phrases qui racontent une petite histoire.

• Prendre la carte-phrase : Vous vous souvenez, dans une phrase, il y a plusieurs mots. Entre les mots il y a des espaces (pointer les mots les uns après les autres, en montrant le sens de la lecture). Dans ces phrases, il y a des mots que vous pouvez lire en disant le son de chaque lettre (montrer les mots en noir et/ou gris), et des mots que vous devez lire en entier (montrer les mots écrits en bleu).

Dans cette phrase, il y a aussi des petits signes, des points (montrer les deux points). Ils ne font pas de son, c'est pour ça qu'ils sont écrits en gris. Ils aident à savoir quand faire une pause.

• Si les élèves montrent une certaine aisance et/ou du plaisir à lire des phrases :
  - ne pas modeler la lecture préalablement ;
  - interroger un élève individuellement et s'il a besoin d'aide, utiliser des **aides de la moins à la plus intrusive** (c'est-à-dire donner une première aide, attendre 4 secondes et cas échéant, donner une aide plus intrusive, selon l'ordre suivant) :

1) Aide gestuelle : p.e. pointer une lettre pour inciter à retrouver le son correspondant ; passer sous les lettres d'un mot déchiffrable avec le doigt pour indiquer qu'il se lit en assemblant les sons ; entourer un mot-outil pour rappeler qu'il se lit en entier ; si les élèves inventent la suite de la phrase, cacher les mots qu'il reste à lire et les découvrir au fur et à mesure.

2) Aide verbale : donner le son correspondant à une lettre ; rappeler qu'une lettre muette/un signe de ponctuation ne fait pas de son ; dire à l'élève de coller les sons ensemble ; lui proposer d'allonger les sons.

3) Feedback correctif : lire le mot qui pose problème à l'élève et le réinterroger juste après.

• Interroger ensuite un autre élève.

• Si les élèves montrent une certaine difficulté à lire des phrases, fournir un **étayage important** (modelage) pour éviter qu'ils ne se découragent. (N.B. : la lecture de phrases est utilisée dès que possible pour donner du sens à la lecture de syllabes et de mots, mais certains élèves auront besoin de plus d'entrainement sur des petites unités avant de pouvoir gérer simultanément plusieurs procédures de lecture tel que le requière la lecture de phrases) :

- Lire la phrase avec les élèves en utilisant la procédure adéquate pour chacun des mots :

1) Pour les mots-outils : Ce mot en entier (entourer le mot), ça fait... Modeler la lecture complète du mot ou laisser les élèves compléter. — Feedback

2) Pour les mots déchiffrables : pointer les graphèmes (non muets), dire le phonème correspondant, puis assembler les phonèmes en suivant avec le doigt sous le mot, ni vite ni lentement (modeler la lecture complète du mot ou laisser les élèves assembler les sons). Si nécessaire, lire les mots plurisyllabiques syllabe par syllabe.

3) Pour les signes de ponctuation (les points), rappeler si nécessaire qu'ils ne font pas de son, qu'ils indiquent de faire une pause.

- Après ce modelage, interroger les élèves individuellement sur la lecture de certains mots de la phrase, en suivant les procédures pour chaque type de mots. — Feedback

• Pour tous les élèves :

- Valider en relisant les phrases fluidement, en pointant les mots successivement et en adoptant l'intonation correspondant à la ponctuation.
- Montrer les trois illustrations aux élèves après que la phrase a été lue et leur demander de choisir celle qui correspond à la phrase. — Feedback
- Montrer la bonne illustration et commenter le sens des phrases, notamment en expliquant le mot brave : Bravo, le bébé (montrer le bébé) est lavé dans le lavabo (montrer le lavabo). Il est brave, ça veut dire qu'il est courageux, il reste tranquille pendant qu'on le lave.
- Féliciter les élèves : Bravo, vous avez lu une petite histoire !

7 Synthèse

Matériel
La carte-phrase :
Le bébé est lavé dans le lavabo. Il est brave.

Bravo, vous avez bien travaillé ! Aujourd'hui, on s'est entrainés à lire des mots pour lesquels on peut dire le son des lettres (montrer le mot bébé par exemple). On s'est aussi entrainés à lire des mots qu'on doit reconnaitre en entier (montrer est). Grâce à ces techniques, on peut lire des phrases qui racontent des petites histoires !

Effectuer deux fois cette leçon avec tous les élèves puis passer à la leçon d'encodage.

Encodage

1 Annonce de l'objectif de la leçon

Aujourd'hui, on va s'entrainer à écrire des syllabes et des mots avec le b et les autres lettres qu'on a apprises.

2 Répétition des correspondances graphèmes-phonèmes (dé)

• Si nécessaire, réactiver les correspondances graphèmes-phonèmes à l'aide des pages-graphèmes puis les laisser sous les yeux des élèves.

• Prendre le dé et expliquer aux élèves qu'à tour de rôle, ils vont lancer le dé et dire le son correspondant à la lettre apparue.

Matériel
- Les pages-graphèmes b-B, a-A, r-R, l-L, o-O et é-É
- Un dé sur les faces duquel on inscrit les lettres en minuscule ; puis en majuscule

Feedback

3 Enseignement de la procédure d'encodage

Matériel
- Neuf lettres mobiles : a, r, i, l, o, f, é, v, b par élève
- Deux lettres mobiles : e et s en gris (muets) pour l'enseignant
- Une carte-flèche par élève
- Les cartes-images ballon, barrière, libellule, brosse, robe, bol, blé, bras

• Distribuer une carte-flèche à chaque élève. Poser les neuf lettres mobiles face à chaque élève.

• Modeler la procédure d'encodage sur la suite de lettres ba :
  – **Annoncer** la suite de lettres à encoder (/ba/).
  – Préciser **quel son** on entend **en premier** dans la séquence et placer la lettre correspondante sur la carte-flèche au-dessus du rond.
  – Préciser **quel son** on entend **ensuite** dans la séquence et placer la lettre correspondante à côté de la première lettre.
  – **Lire la suite de lettres** qui vient d'être écrite en suivant avec le **doigt sur la flèche**.
  – **Mettre en évidence le sens** de la suite de lettres en la plaçant au début d'un mot (bateau), montrer l'image, le cas échéant, si nécessaire.

• Si l'exercice est trop difficile lorsque les élèves doivent choisir entre toutes les lettres mobiles, on peut en diminuer le nombre.

• Enlever les lettres mobiles de la flèche. Interroger les élèves à tour de rôle, individuellement, sur certain(e)s des suites de lettres/mots ci-dessous : *Prénom, écris...*

• Donner des aides si nécessaire (Il y a trois lettres ; qu'est-ce que tu entends au tout début de... ? Qu'est-ce que tu entends ensuite dans... ?).

• Si les élèves ont du plaisir et de la facilité, tous les items ci-dessous peuvent être proposés. Dans le cas contraire, choisir un ou deux items par colonne.

• Ajouter la lettre muette grisée lorsqu'il y en a une.

Feedback

Une syllabe			Plus d'une syllabe
CVC	VC	...CC...	
/bal/ (ballon*) /bar/ (barrière*) /lib/ (libellule*) /fab/ (fabrique) /lab/ (labyrinthe) bol* robe* bave	/ab/ (abri) /ob/ (obstacle)	/bla/ (blaguer) /bro/ (brosse*) /bri/ (briller) /blé/ (blé*) /bra/ (bras*) libre	bébé*

C = consonne ; V = voyelle ; * = mots disposant d'une carte-image

4 Écriture manuscrite de syllabes et de mots dans le cahier

Matériel
Un cahier d'écriture et un crayon par élève

• Donner à chaque élève son cahier d'écriture et un crayon. Contrôler la tenue du crayon.

• Leur demander de compléter les lignes selon les consignes habituelles. Pour la dictée de syllabes/mots : ba, ib, bal, bri, bébé.

• Si nécessaire, donner aux élèves des feedbacks et des aides personnalisés.

5 Synthèse

Aujourd'hui, on a révisé les lettres que vous avez déjà apprises. On s'est aussi entrainés à écrire des syllabes et des mots avec le son /b/ (taper un petit coup avec le doigt sur la table), comme… (reprendre deux ou trois exemples qui ont été encodés durant la leçon). Bravo, vous avez bien travaillé !

Cette leçon est effectuée une fois avec les élèves.

6 Évaluation formative

Matériel
Les cartes-syllabes et cartes-mots ba, bu, ib, ab, balle, robe, bébé

Après avoir effectué deux fois la leçon ***Décodage*** et une fois la leçon ***Encodage***, faire l'évaluation formative suivante pour déterminer comment continuer à avancer.

Prénom, concentre-toi. C'est important.

• Montrer successivement les cartes à l'élève. Lis cette syllabe/ce mot.

• Si l'élève réussit à lire 80 % des items, passer à la leçon ***Introduire la CGP « ou »***.

• Si l'élève ne réussit pas l'évaluation, faire une leçon ***Remédiation du décodage***, sur la base des leçons précédentes de remédiation du décodage, et en recourant préférentiellement aux pistes ayant bien convenu à l'élève jusque-là :

- Entrainer la fusion de phonème à l'oral (LEGO®).
- Avant la lecture d'un item, rendre l'élève attentif à l'ordre des lettres, à leur nombre…
- Faire lire les mots plurisyllabiques syllabe par syllabe.
- Faire lire à partir des cartes-mots ou de mots écrits avec les lettres mobiles.
- Pointer le bon item à lire parmi deux ou trois items assez proches.

• Faire ensuite **repasser** cette évaluation formative, en modalité de **pointage** si nécessaire :

- disposer les cartes ba, bu, ib, ab, fu, il sur la table, mélangées :

  Prénom, montre-moi /ba/ ; montre-moi /bu/ ; montre-moi /ib/ ; montre-moi /ab/.
- disposer les cartes balle, robe, bébé sur la table, mélangées :

  Prénom, montre-moi balle ; montre-moi robe ; montre-moi bébé.

• Continuer à avancer (passer à la leçon ***Introduire la CGP « ou »***) quand l'élève parvient à lire/pointer 80 % des items de cette évaluation.

Le graphème « ou »

Introduire la CGP

1 Annonce de l'objectif de la leçon

Aujourd'hui, on va apprendre/réviser le son que font deux lettres ensemble.

2 Présentation de la comptine du phonème /ou/ et travail sur la compréhension

Matériel
Le livre des comptines

Je vais vous raconter une petite histoire. Écoutez bien (montrer l'image aux élèves) : Lilou a trouvé un bijou sur la route. Au bout de cette route, un groupe fouille partout.

Dans cette histoire, Lilou (montrer Lilou) a trouvé un bijou (montrer le bijou) sur la route (montrer la route). Au bout de cette route (montrer le bout), il y a un groupe (entourer le groupe), ça veut dire plusieurs personnes. Ce groupe fouille partout, ça veut dire qu'il cherche partout.

Vocabulaire

Feedback

1re leçon	Lorsque la leçon est répétée
Compréhension du vocabulaire Montrer l'image de la comptine. Questionner au moins une fois chaque élève : – *Prénom*, montre-moi la route. – *Prénom*, montre-moi le bijou. – *Prénom*, montre-moi le groupe. – *Prénom*, montre-moi Lilou.	**Production du vocabulaire** Montrer l'image de la comptine. Demander aux élèves, à tour de rôle, de produire les mots attendus (une question par élève) : – *Prénom*, qu'est-ce que c'est (montrer le bijou) ? – *Prénom*, c'est un… (montrer le groupe) ? – *Prénom*, qu'est-ce que c'est (montrer la route) ? – *Prénom*, que fait le groupe (chercher à faire produire : il fouille/il cherche) ?

Compréhension

- Question en lien avec le **schéma narratif**.

Prénom, qui sont les personnages de l'histoire ?

Feedback

- Compréhension des **inférences** (interroger deux élèves maximum).

Vous pensez que le groupe cherche quoi ?

À votre avis, qui a perdu le bijou ?

Feedback

Si aucun élève ne répond après 4 secondes :

– 1re question : À mon avis, le groupe cherche le bijou.

– 2e question : À mon avis, c'est une des personnes du groupe qui a perdu le bijou, et les autres personnes du groupe l'aident à le chercher.

- Compréhension des **émotions** des personnages (interroger deux élèves maximum).

À votre avis, comment se sent la personne qui a perdu le bijou ?

Feedback

Si aucun élève ne répond après 4 secondes :

Moi, j'imagine qu'elle est triste d'avoir perdu ce bijou, peut-être qu'elle y tient beaucoup.

On pourrait aussi imaginer qu'elle est contente de voir les autres personnes qui l'aident.

• **Prédiction** de la suite de l'histoire (interroger deux élèves maximum) :

À votre avis, que va faire Lilou avec le bijou qu'elle a trouvé ?

Feedback

Si aucun élève ne répond après 4 secondes :

Peut-être qu'elle va aller vers les gens du groupe pour leur demander si c'est ce bijou qu'ils cherchent.

3 Introduction de la correspondance graphème « ou » - phonème /ou/

Matériel
- La page-graphème ou-Ou

- Le texte de la comptine

Introduction de la correspondance graphème-phonème en lien avec la comptine

Je vais relire l'histoire en vous montrant le texte cette fois-ci. Lire le texte de la comptine en le suivant du doigt, en allongeant légèrement les phonèmes /ou/ : Lilouou a trououvé un bijouou sur la rououte. Au bouout de cette rououte, un grououpe fouououille partouout.

• Préciser qu'on entend beaucoup de /ou/ dans cette histoire. Prendre la page-graphème, montrer le ou minuscule et dire : En fait le son /ou/ s'écrit avec deux lettres que vous connaissez déjà, le o et le u (les montrer successivement). Quand elles sont l'une à côté de l'autre, comme ça, d'abord o et après u (les montrer successivement), ensemble (les entourer) elles font le son /ou/, comme on entend dans route ou dans bijou (montrer les mots référents). Ces deux lettres ne font qu'un seul son ensemble, /ou/, c'est comme si elles se mélangeaient. C'est pour ça qu'elles sont écrites en violet, pour montrer qu'elles se lisent ensemble (les entourer). Montrer le graphème ou avec le O majuscule : Si /ou/ est en début de phrase, ou si /ou/ est au début d'un prénom, la première lettre, le o, s'écrit en majuscule. O majuscule et u (les montrer successivement) ensemble (les entourer) ça fait aussi /ou/.

• Questionner chaque élève au moins une fois sur le son que fait le graphème ou avec et sans majuscule. *Prénom*, quel son font ces deux lettres ensemble (les entourer) ?

Feedback

Identification du graphème ou dans le texte de la comptine

• Reprendre le texte et le montrer aux élèves. Demander à chaque élève : *Prénom*, peux-tu me montrer, dans ce texte, deux lettres qui font /ou/ ensemble ? Lorsqu'il montre un graphème ou : Bravo ! Quel son font ces deux lettres ensemble ?

Feedback

4 Tâche de conscience phonémique : identification du phonème final

Matériel
- Une boite au bord de laquelle on a fixé la carte-lettre ou
- Les cartes-images à mélanger : bijou, kangourou, bisou, hibou, genou, abeille, vélo, fantôme (*si l'activité est faite avec plus de deux élèves, ajouter* : igloo, caillou, jaguar)
- Une carte-flèche

Maintenant, on va écouter (montrer son oreille) les sons dans les mots. Comme la dernière fois, on va bien écouter si on entend /ou/ à la fin des mots.

• Modeler sur un mot qui finit par /ou/ et un mot qui ne finit pas par /ou/, en suivant cette procédure :

– Mettre la carte-image juste au-dessus de la carte-flèche.

– Prononcer le mot lentement, en suivant avec le doigt sur la flèche dans le sens de la lecture et en allongeant le dernier phonème.

– Demander aux élèves si on entend /ou/ à la fin du mot, en montrant le côté droit de la flèche.

– Mettre la carte-image à l'endroit correspondant (dans la boite ou en dehors).

• Questionner les élèves à tour de rôle en leur mettant une carte-image juste au-dessus de la carte-flèche : *Prénom*, est-ce qu'on entend /ou/ à la fin de… ?

Feedback

5 Apprentissage du geste d'écriture avec le doigt sur un modèle

• Montrer la page-graphème aux élèves, nommer les lettres o et u minuscules en les pointant successivement, puis les entourer en précisant qu'elles font le son /ou/ ensemble. Annoncer aux élèves qu'ils vont s'entrainer à les écrire.

• Prendre le modèle en gris et montrer le geste d'écriture : Il y a deux lettres dans le son /ou/, il faut donc écrire les deux lettres l'une à côté de l'autre, d'abord le o, après le u.

• Recommencer en disant le son correspondant.

• Demander aux élèves de faire le geste environ cinq fois en disant le son en même temps (procéder par guidance physique si nécessaire).

Matériel
- La page-graphème ou-Ou
- Le modèle de lettres ou en gris par élève

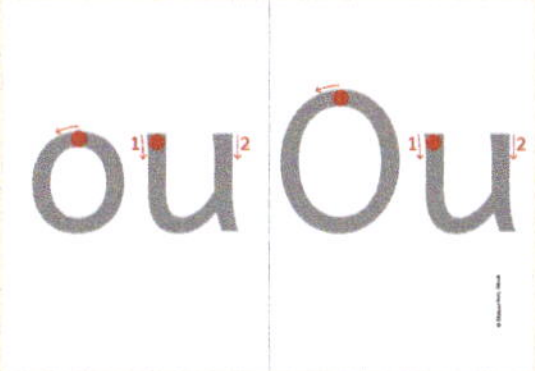

Matériel optionnel-récompense
Deux smileys par élève

6 Synthèse

Bravo, vous avez bien travaillé ! Aujourd'hui on a appris/revu les deux lettres, o et u, qui font /ou/ ensemble (entourer le ou et le Ou), comme on entend dans route et bijou (montrer les mots référents).

Cette leçon doit être effectuée au moins deux fois avec tous les élèves.

Matériel
La page-graphème ou-Ou

7 Évaluation formative

Après avoir répété cette leçon ***Introduire la CGP « ou »***, passer à la leçon ***Calligraphie*** (ci-après) avec les élèves dont les capacités motrices rendent la tenue du crayon possible.

Pour ceux pour qui ce n'est pas le cas, faire l'évaluation formative décrite à la fin de la leçon ***Calligraphie*** (p. 188) pour déterminer comment continuer à avancer.

Calligraphie

Annoncer l'objectif : Aujourd'hui, on va s'entrainer à écrire le ou (montrer la page-graphème).

Pour la démarche à suivre, *cf.* ***module 1*** p. 75.

Cette leçon (ou une partie de celle-ci) peut être effectuée plusieurs fois avec les élèves.

Matériel
- La page-graphème ou-Ou
- Un modèle du graphème ou en gris par élève
- Un feutre effaçable par élève
- Un crayon ou stylo par élève
- Un cahier d'écriture par élève

Évaluation formative

Faire l'évaluation formative suivante pour déterminer comment continuer à avancer.

Prénom, concentre-toi. C'est important.

- Montrer successivement les cartes-lettres ou et Ou à l'élève. Quel son font ces deux lettres ensemble ?
- Si l'élève réussit l'évaluation, passer à la leçon ***Décodage*** (ci-après).
- Si l'élève ne réussit pas l'évaluation, faire une leçon ***Remédiation de la CGP,*** sur la base des leçons précédentes de remédiation des CGP et selon ce qui a bien convenu à l'élève jusque-là (geste d'écriture, dé des graphèmes, mémory des graphèmes, tapette à mouche).
- Passer à la leçon ***Décodage*** (ci-après) quand la CGP « ou » est mémorisée, que l'élève soit capable de dire le son correspondant au graphème (évaluation orale) ou de montrer le bon graphème parmi quatre (évaluation par pointage).

Matériel
Les cartes-lettres ou et Ou

Décodage

1 Annonce de l'objectif de la leçon

Aujourd'hui, on va s'entrainer à lire des mots avec le ou et les autres lettres qu'on a apprises.

2 Répétition des correspondances graphèmes-phonèmes (dé)

- Si nécessaire, réactiver les correspondances graphèmes-phonèmes à l'aide des pages-graphèmes puis les laisser sous les yeux des élèves.
- Prendre le dé et expliquer aux élèves qu'à tour de rôle, ils vont lancer le dé et dire le son correspondant à la lettre apparue.

Matériel
- Les pages-graphèmes ou-Ou, b-B, j-J, f-F, l-L, i-I et r-R
- Un dé sur les faces duquel on inscrit les lettres en minuscule, puis en majuscule

Feedback

3 Fusion de phonèmes à l'oral

- Prendre deux pièces de LEGO®, les placer l'une à côté de l'autre, espacées, et annoncer qu'on va s'entrainer à assembler des sons.
- Modeler la fusion de phonèmes sur le mot joue :
  - Montrer la **pièce à gauche** de l'élève en disant le **premier son** (/j/).
  - Montrer la deuxième **pièce à droite** de l'élève en disant le **deuxième son** (/ou/).
  - **Assembler** les deux pièces et **fusionner** les phonèmes : /jou/.
  - Mettre en évidence le **sens** du mot en montrant la carte-image.
- Interroger les élèves à tour de rôle, individuellement, sur les mots boue, mouche, poule, clou, ours, loup, four.

Matériel
- Les cartes-images joue, boue, mouche, poule, clou, ours, loup, four
- Trois pièces de LEGO®

Feedback

4 Enseignement de la procédure de décodage

Lire des mots (en deux étapes)

- Prendre la carte-mot loup, la montrer aux élèves, face à eux.
- Modeler la procédure de décodage :
  - Pointer les **graphèmes** et dire le **son** correspondant.
  - Lire la syllabe **ni lentement ni rapidement** (avancer au même rythme sur la flèche avec le doigt) : /lou/.
  - Mettre en évidence le **sens** du mot : Bravo, tu as lu /lou/, le loup (montrer l'image correspondante).
- Interroger chaque élève individuellement sur les autres mots, en suivant la procédure habituelle de décodage. Si nécessaire :
  - pour ouf (structure voyelle-consonne), recommander aux élèves de bien regarder quelles lettres sont en première position ;
  - pour loup, roue, joue et boue rappeler que la lettre finale ne fait pas de son dans ces mots ;
  - pour four et jour, préciser qu'il y a trois sons ;
  - pour boule et lourd, préciser qu'il y a trois sons et que la lettre finale ne fait pas de son dans ces mots ;
  - pour bijou, préciser qu'il y a quatre sons, et si nécessaire faire lire le mot syllabe par syllabe ;
  - pour hibou, préciser qu'il y a aussi quatre sons, et si nécessaire faire lire le mot syllabe par syllabe. Préciser également : Dans ce mot, il y a aussi une lettre qui ne fait pas de son, c'est le h (le montrer), c'est pour ça qu'il est écrit en gris. Cette fois la lettre muette est au début du mot. On commence à lire ici (montrer le i).
- Ne pas oublier de mettre en évidence le sens des mots, en montrant la carte-image cas échéant, ou en mettant le mot dans le contexte d'une courte phrase.

Matériel
- Les cartes-mots joue, boue, loup, ouf, boule, four, bijou, hibou (*si les élèves ont envie de lire plus de mots :* Lilou, roue, jour, lourd)
- Les cartes-images joue, boue, loup, hibou, boule, bijou, four (Lilou, roue, jour)

Feedback

Apparier un mot écrit à son image

- Prendre les cartes-mots joue, boue, loup, boule, four, bijou, hibou (roue, jour), les mélanger et les mettre en pile, face cachée, au milieu de la table. Prendre les cartes-images correspondantes et les disperser sur la table, face visible.

Chacun votre tour, vous allez prendre un mot, le lire et trouver l'image qui va avec. Je vous montre un exemple. Modeler avec le premier mot de la pile.

- Interroger les élèves à tour de rôle. *Prénom, à toi.* L'activité se termine lorsque tous les mots ont été lus et associés à l'image correspondante.

Feedback

5 Lire des mots-outils

Matériel
Les cartes-mots Le, est, un

Vous vous rappelez, il y a certains mots qu'on doit apprendre à reconnaitre en entier, parce que parfois ça ne marche pas de dire le son de chaque lettre, ou parce qu'on ne connait pas encore le son de toutes les lettres du mot.

est

- Prendre la carte-mot est et la montrer aux élèves. Il faut reconnaitre ces mots en entier, c'est pour ça qu'ils sont écrits en bleu. On va d'abord répéter des mots qu'on a déjà appris. E-S-T (dire le nom des lettres en les pointant successivement) ensemble (entourer le mot avec le doigt) ça fait… Laisser les élèves compléter et utiliser la procédure de feedback. Mettre en évidence le sens du mot. Si nécessaire, répéter la procédure.

Procéder de la même manière avec Le, en rappelant que le L majuscule fait le même son que le l minuscule.

Maintenant, on va apprendre à lire un nouveau mot en entier.

un

• Prendre la carte-mot un. U-N (dire le nom des lettres en les pointant successivement) ensemble (entourer le mot avec le doigt) ça fait /un/. Encore une fois : U-N (dire le nom des lettres en les pointant successivement) ensemble (entourer le mot avec le doigt) ça fait… (laisser compléter les élèves et utiliser la procédure de feedback). Répéter la procédure encore deux fois.

• Mélanger les trois cartes-mots et en prendre une au hasard : On regarde bien ce mot. Attention : 3-2-1, je le retourne (retourner la carte) et on essaie de me dire quel mot était écrit. Interroger chaque élève individuellement : *Prénom*, quel mot ? Si l'élève donne la succession de lettres : Très bien, et ça fait quel mot ? Si l'élève donne le mot : Bravo, et il s'écrit avec quelles lettres ? On vérifie en regardant le mot (retourner la carte face visible). Passer à un autre mot avec un autre élève : On regarde bien ce mot, attention : 3-2-1, je le retourne. *Prénom*, quel mot ?

• Interroger ainsi individuellement chaque élève sur chaque mot. Ne pas oublier de mettre régulièrement en évidence le sens des mots.

Feedback

6 Lire une phrase

Matériel
- La carte-phrase : Le hibou a vu un loup. Il est à l'abri. Ouf !
- Les trois illustrations en lien avec cette phrase

Maintenant, avec toutes les lettres et les mots qu'on connait, on va lire des phrases qui racontent une petite histoire.

• Prendre la carte-phrase : Vous vous souvenez, dans une phrase, il y a plusieurs mots. Entre les mots il y a des espaces (pointer les mots les uns après les autres, en montrant le sens de la lecture). Dans ces phrases, il y a des mots que vous pouvez lire en disant le son de chaque lettre (montrer les mots en noir/violet/gris), et des mots que vous devez lire en entier (montrer les mots en bleu).

Dans ces phrases, il y a aussi des petits signes. Les points (montrer les deux points) aident à savoir quand faire une pause. Le point d'exclamation (le montrer) indique une sorte d'excitation, la voix monte un peu à la fin. Mais ces signes ne font pas de son, c'est pour ça qu'ils sont écrits en gris.

Pour la différenciation en fonction de l'aisance des élèves, *cf.* p. 181.

• Relire ensuite fluidement les phrases avec les élèves, leur demander de choisir l'illustration correspondante parmi les trois proposées, puis les féliciter.

7 Synthèse

Matériel
La carte-phrase : Le hibou a vu un loup. Il est à l'abri. Ouf !

Bravo, vous avez bien travaillé ! Aujourd'hui, on s'est entrainés à lire des mots pour lesquels on peut dire le son des lettres (montrer le mot hibou, par exemple). On s'est aussi entrainés à lire des mots qu'on doit reconnaitre en entier (montrer est). Grâce à ces techniques, on peut lire des phrases qui racontent des petites histoires !

Effectuer deux fois cette leçon avec tous les élèves puis passer à la leçon d'encodage.

Encodage

1 Annonce de l'objectif de la leçon

Aujourd'hui, on va s'entrainer à écrire des syllabes et des mots avec le b et les autres lettres qu'on a apprises.

2 Répétition des correspondances graphèmes-phonèmes (dé)

• Si nécessaire, réactiver les correspondances graphèmes-phonèmes à l'aide des pages-graphèmes puis les laisser sous les yeux des élèves.

• Prendre le dé et expliquer aux élèves qu'à tour de rôle, ils vont lancer le dé et dire le son correspondant à la lettre apparue.

Matériel
- Les pages-graphèmes ou-Ou, b-B, j-J, f-F, l-L, i-I et r-R
- Un dé sur les faces duquel on inscrit les lettres en minuscule, puis en majuscule

Feedback

3 Allongement des phonèmes dans les mots

• On va dire des mots très lentement en allongeant les sons. Poser la carte-image du loup sur la table, de manière à ce qu'elle soit bien visible pour les élèves et modeler l'allongement des phonèmes sur le mot loup en étirant les bras : /llllllouououououou/.

• Refaire l'exercice tous ensemble.

• Faire de même avec les mots joue, roue, four, jour.

• Interroger les élèves à tour de rôle, individuellement. Donner une carte-image à un élève : *Prénom*, à toi, dis ce mot très lentement en allongeant les sons.

Matériel
Les cartes-images loup, joue, roue, four, jour

Feedback

4 Enseignement de la procédure d'encodage

• Distribuer une carte-flèche à chaque élève. Poser les dix lettres/groupes de lettres mobiles noires/violettes face à chaque élève.

• Modeler la procédure d'encodage sur le mot fou :
 – **Annoncer** la suite de lettres à encoder (/fou/).
 – Préciser **quel son** on entend **en premier** dans la séquence et placer la lettre correspondante sur la carte-flèche au-dessus du rond.
 – Préciser **quel son** on entend **ensuite** dans la séquence et placer la lettre correspondante à côté de la première lettre.
 – **Lire la suite de lettres** qui vient d'être écrite en suivant avec **le doigt sur la flèche**.
 – **Mettre en évidence le sens** du mot/de la suite de lettres en la plaçant au début d'un mot (il fait le fou, fourmi), montrer l'image, lorsqu'il y en a une, si nécessaire.

• Si l'exercice est trop difficile lorsque les élèves doivent choisir entre toutes les lettres mobiles, on peut en diminuer le nombre.

• Enlever les lettres mobiles de la flèche. Interroger les élèves à tour de rôle, individuellement, sur certain(e)s des suites de lettres/mots ci-dessous : *Prénom*, écris...

• Donner des aides si nécessaire (Il y a trois lettres ; qu'est-ce que tu entends au tout début de... ? Qu'est-ce que tu entends ensuite dans... ?).

• Si les élèves ont du plaisir et de la facilité, tous les items ci-dessous peuvent être proposés. Dans le cas contraire, choisir un ou deux items par colonne.

Matériel
- Dix lettres/groupes de lettres mobiles : r, i, l, f, é, j, v, b, ou, t par élève
- Deux lettres mobiles : e et s en gris (muets) pour l'enseignant
- Une carte-flèche par élève
- Les cartes-images joue, boue, roue, loup, jour, four, brouette, bijou

- Ajouter la lettre muette grisée lorsqu'il y en a une.

Une syllabe				Plus d'une syllabe
CV	VC	CVC	...CC...	
joue* boue* roue* vous	ouf	louve* roule jour* four*	/brou/ : (brouette*) flou	bijou* roulé foulé joué

C = consonne ; V = voyelle ; * = mots disposant d'une carte-image

Feedback

5 Écriture manuscrite de syllabes et de mots dans le cahier

Matériel
Un cahier d'écriture et un crayon par élève

- Donner à chaque élève son cahier d'écriture et un crayon. Contrôler la tenue du crayon.
- Leur demander de compléter les lignes selon les consignes habituelles. Pour la dictée de mots : joue, roue, four, jour, boue, ouf (aider les élèves pour les lettres muettes).
- Si nécessaire, donner aux élèves des feedbacks et des aides personnalisés.

6 Synthèse

Aujourd'hui, on a révisé les lettres que vous avez déjà apprises. On s'est aussi entrainés à écrire des syllabes et des mots avec le son /ou/, comme... (reprendre deux ou trois exemples qui ont été encodés durant la leçon). Bravo, vous avez bien travaillé !

Cette leçon est effectuée une fois avec les élèves.

7 Évaluation formative

Après avoir effectué deux fois la leçon ***Décodage*** et une fois la leçon ***Encodage***, faire l'évaluation formative suivante pour déterminer comment continuer à avancer.

Matériel
Les cartes-mots joue, boue, loup, ouf, boule, four

Prénom, concentre-toi. C'est important.

- Montrer successivement les cartes à l'élève. Lis ce mot.
- Si l'élève réussit à lire 80 % des items, passer à la leçon ***Introduire la CGP « t »***.
- Si l'élève ne réussit pas l'évaluation, faire une leçon ***Remédiation du décodage***, sur la base des leçons précédentes de remédiation du décodage, et en recourant préférentiellement aux pistes ayant bien convenu à l'élève jusque-là :
  - Entrainer la fusion de phonèmes à l'oral (LEGO®).
  - Avant la lecture d'un item, rendre l'élève attentif à l'ordre des lettres, à leur nombre...
  - Faire lire les mots plurisyllabiques syllabe par syllabe.
  - Faire lire à partir des cartes-mots ou de mots écrits avec les lettres mobiles.
  - Pointer le bon item à lire parmi deux ou trois items assez proches.
- Faire ensuite **repasser** cette évaluation formative, en modalité de **pointage** si nécessaire : disposer toutes les cartes sur la table, mélangées, et demander à l'élève de montrer les mots à tour de rôle (en veillant à ce que l'ordre dans lequel ils sont demandés à l'élève ne corresponde pas à l'ordre dans lequel ils sont disposés sur la table).
- Continuer à avancer (passer à la leçon ***Introduire la CGP « t »***) quand l'élève parvient à lire/pointer 80 % des items de cette évaluation.

Le graphème « t »

Introduire la CGP

1 Annonce de l'objectif de la leçon

Aujourd'hui, on va apprendre une nouvelle lettre/revoir les lettres qu'on a apprises les dernières fois.

2 Présentation de la comptine du phonème /t/ et travail sur la compréhension

Matériel
Le livre des comptines

Je vais vous raconter une petite histoire. Écoutez bien (montrer l'image aux élèves) : Théo est tombé amoureux de Tania. Il la trouve tellement chouette. Timidement, il tente de l'inviter à sortir.

Dans cette histoire, Théo (montrer Théo) est tombé amoureux de Tania (montrer Tania). Il est tombé amoureux, ça veut dire qu'il l'aime, qu'il a envie d'être avec elle, de lui faire des bisous. Théo trouve que Tania est tellement chouette, ça veut dire qu'il la trouve très sympa. Timidement, il tente de l'inviter à sortir : ça veut dire qu'il est tout gêné (montrer le visage de Théo) mais il essaie de l'inviter à faire quelque chose ensemble.

Vocabulaire

Feedback

1re leçon et lorsque la leçon est répétée
Production du vocabulaire
Montrer l'image de la comptine. Demander aux élèves, à tour de rôle, de produire les mots attendus (une question par élève) : – *Prénom*, que ressent Théo pour Tania (chercher à faire dire amoureux) ? – *Prénom*, Théo trouve que Tania est comment (chercher à faire dire chouette tout en validant les synonymes) ? – *Prénom*, Théo veut inviter Tania à… (chercher à faire dire sortir tout en validant les synonymes) ?

Compréhension

- Compréhension des **anaphores** (interroger deux élèves maximum).

– Quand on dit « Théo est tombé amoureux de Tania. Il (insister sur le il) la trouve tellement chouette », c'est qui « il » ?

– Quand on dit « il la (insister sur le la) trouve tellement chouette », c'est qui la ?

Feedback

Si aucun élève ne répond après 4 secondes :

Il, c'est Théo, et la, c'est Tania. Il la trouve tellement chouette, c'est Théo qui trouve Tania tellement chouette.

- Compréhension des **inférences**.

Qu'est-ce qu'il pourrait lui proposer de faire comme sortie ?

Feedback

Si aucun élève ne répond après 4 secondes :

Peut-être qu'il va lui proposer d'aller au cinéma, ou d'aller manger une glace au bord du lac, ou peut-être d'aller jouer au tennis (ne pas hésiter à faire des propositions en fonction de chaque contexte).

- **Prédictions** de la suite de l'histoire.
  - À votre avis, est-ce que Théo va oser inviter Tania à sortir ?
  - Pensez-vous que Tania va accepter ?
  - Est-ce que vous croyez que Tania va aussi tomber amoureuse de Théo ?

Feedback

Si aucun élève ne répond après 4 secondes :

- 1re question : Moi, je pense qu'il va oser, qu'il va avoir le courage.
- 2e question : Moi, je pense qu'elle va accepter.
- 3e question : Moi, j'espère qu'elle va aussi tomber amoureuse de lui, comme ça il sera tout heureux.

3 Introduction de la correspondance graphème « t » - phonème /t/

Matériel
- La page-graphème t-T

- Le texte de la comptine

Introduction de la correspondance graphème-phonème en lien avec la comptine

Je vais relire l'histoire en vous montrant le texte cette fois-ci. Lire le texte de la comptine en le suivant du doigt, en accentuant la prononciation des phonèmes /t/ et en tapant un petit coup avec le doigt en les prononçant : Théo est tombé amoureux de Tania. Il la trouve tellement chouette. Timidement, il tente de l'inviter à sortir.

Vous avez entendu, on entend beaucoup de /t/ dans cette histoire. Le son /t/ est un son court, /t/ (taper un petit coup avec le doigt sur la table), c'est pour ça que je fais comme ça avec mon doigt, /t/ (taper avec le doigt). Vous vous souvenez d'un autre son court qu'on a appris ?

- Laisser les élèves répondre et utiliser la procédure de feedback.
- Puis montrer la page-graphème, présenter les deux lettres (minuscule et majuscule) et dire le son correspondant (en tapant un petit coup avec le doigt en disant le /t/).
- Présenter les mots-référents (en tapant un petit coup avec le doigt en disant le /t/).
- Questionner chaque élève au moins une fois sur le son que font la minuscule ET la majuscule (le laisser taper avec le doigt s'il le fait mais ne pas demander qu'il le fasse).

Feedback

Identification de la lettre t dans le texte de la comptine

- Reprendre le texte et le montrer aux élèves.
- Demander à chaque élève de montrer une lettre t dans le texte. S'il montre un t minuscule, le féliciter puis lui demander de montrer un T majuscule, et vice-versa. L'interroger sur le son correspondant.

Feedback

4 Tâche de conscience phonémique : identification du phonème final

Maintenant, on va écouter (montrer son oreille) les sons dans les mots. Comme les dernières fois, on va bien écouter si on entend /t/ à la fin des mots.

- Modeler sur un mot qui finit par /t/ et un mot qui ne finit pas par /t/, en suivant cette procédure :
  – Mettre la carte-image juste au-dessus de la carte-flèche.
  – Prononcer le mot lentement, en suivant avec le doigt sur la flèche dans le sens de la lecture, en allongeant les phonèmes finaux qui peuvent l'être ou en tapant légèrement avec le doigt au moment du /t/.
  – Demander aux élèves si on entend /t/ à la fin du mot, en montrant le côté droit de la flèche.
  – Mettre la carte-image à l'endroit correspondant (dans la boite ou en dehors).
- Questionner les élèves à tour de rôle en leur mettant une carte-image juste au-dessus de la carte-flèche : *Prénom*, est-ce qu'on entend /t/ à la fin de... ?

Matériel
- Une boite au bord de laquelle on a fixé les cartes-lettres t et T
- Les cartes-images à mélanger : frite, grotte, pâtes, bottes, veste, fourchette, allumette, église, orange, lézard (*si l'activité est faite avec plus de deux élèves, ajouter* : culotte, but, armoire)
- Une carte-flèche

Feedback

5 Apprentissage du geste d'écriture avec le doigt sur un modèle

*Cf. **module 3*** p. 157.

Lorsque que le geste d'écriture est refait en prononçant le phonème correspondant, ne pas faire le geste d'écriture trop rapidement, même si la prononciation du /t/ ne peut être que brève. Prononcer le /t/ dès le début du geste d'écriture et poursuivre le geste tranquillement, au rythme habituel.

Matériel
- La page-graphème t-T
- Les modèles de lettres t et T en gris par élève

Matériel optionnel-récompense
Deux smileys par élève

6 Synthèse

Bravo, vous avez bien travaillé ! Aujourd'hui, on a appris/revu la lettre t en minuscule (pointer le t sur la page-graphème) et en majuscule (pointer le T sur la page-graphème). Cette lettre fait le son /t/ (taper un petit coup sur la table avec le doigt). C'est un son court, /t/ (taper avec le doigt), comme on entend dans tennis, tortue.

Cette leçon doit être effectuée au moins deux fois avec tous les élèves.

Matériel
La page-graphème t-T

7 Évaluation formative

Après avoir répété cette leçon ***Introduire la CGP « t »***, passer à la leçon ***Calligraphie*** (ci-après) avec les élèves dont les capacités motrices rendent la tenue du crayon possible.

Pour ceux pour qui ce n'est pas le cas, faire l'évaluation formative décrite à la fin de la leçon ***Calligraphie*** (p. 196) pour déterminer comment continuer à avancer.

Calligraphie

• Annoncer l'objectif : Aujourd'hui, on va s'entrainer à écrire la lettre t (montrer la page-graphème).

• Pour de plus amples précisions sur le déroulement de cette activité, *cf.* p. 75.

Cette leçon (ou une partie de celle-ci) peut être effectuée plusieurs fois avec les élèves.

Matériel
- La page-graphème t-T
- Un modèle de la lettre t en gris par élève
- Un feutre effaçable par élève
- Un crayon ou stylo par élève
- Un cahier d'écriture par élève

Évaluation formative

Faire l'évaluation formative suivante pour déterminer comment continuer à avancer.

Matériel
Les cartes-lettres t et T

Prénom, concentre-toi. C'est important.

• Montrer successivement les cartes-lettres t et T à l'élève. Quel son fait cette lettre ?

• Si l'élève réussit l'évaluation, passer à la leçon ***Décodage*** (ci-après).

• Si l'élève ne réussit pas l'évaluation, faire une leçon ***Remédiation de la CGP***, sur la base des leçons précédentes de remédiation des CGP et selon ce qui a bien convenu à l'élève jusque-là (geste d'écriture, dé des graphèmes, memory des graphèmes, tapette à mouche).

• Passer à la leçon ***Décodage*** (ci-après) quand la CGP t est mémorisée, que l'élève soit capable de dire le son correspondant au graphème (évaluation orale) ou de montrer le bon graphème parmi quatre (évaluation par pointage).

Décodage

1 Annonce de l'objectif de la leçon

Aujourd'hui, on va s'entrainer à lire des syllabes et des mots avec le t et les autres lettres qu'on a apprises.

2 Répétition des correspondances graphèmes-phonèmes (dé)

Matériel
- Les pages-graphèmes t-T, i-I, o-O, v-V, b-B, ou-Ou
- Un dé sur les faces duquel on inscrit les lettres en minuscule, puis en majuscule

• Si nécessaire, réactiver les correspondances graphèmes-phonèmes à l'aide des pages-graphèmes puis les laisser sous les yeux des élèves.

• Prendre le dé et expliquer aux élèves qu'à tour de rôle, ils vont lancer le dé et dire le son correspondant à la lettre apparue.

Feedback

3 Fusion de phonèmes à l'oral

Matériel
- Les cartes-images thé, toit, tasse, botte, trou, train, route
- Trois pièces de LEGO®

• Prendre deux pièces de LEGO®. On va s'entrainer à coller le son /t/ (taper un petit coup avec le doigt) avec d'autres sons. C'est un peu plus difficile parce qu'on ne peut pas allonger le son /t/. Écoutez bien. Placer les deux pièces l'une à côté de l'autre, espacées.

• Modeler la fusion de phonèmes sur le mot thé :
  - Montrer la **pièce à gauche** de l'élève en disant le **premier son** (/t/).
  - Montrer la deuxième **pièce à droite** de l'élève en disant le **deuxième son** (/é/).
  - **Assembler** les deux pièces et **fusionner** les phonèmes : /té/.
  - Mettre en évidence le **sens** du mot en montrant la carte-image.

• Interroger les élèves à tour de rôle, individuellement, sur les mots toit, tasse, botte, trou, train, route.

Feedback

4 Enseignement de la procédure de décodage

Matériel

- Les cartes-mots tu, tout, vite, tard, botte, route, but, rote, tour, trop, trou (*si les élèves ont envie de lire plus de mots :* tir, table, frite, raté)
- Les cartes-images botte, route, but, tour, trou (table, frite)

Lire des mots (en deux étapes)

• Prendre la carte-mot tu, la montrer aux élèves de façon à ce qu'elle soit bien visible, face à eux.

• Modeler la procédure de décodage :

- Pointer les **graphèmes** et dire le **son** correspondant.
- Lire la syllabe **ni lentement ni rapidement** (avancer au même rythme sur la flèche avec le doigt) : /tu/.
- Mettre en évidence le **sens** du mot : Bravo, tu as lu /tu/, comme « tu manges, tu lis »...

• Interroger chaque élève individuellement sur les mots ci-dessous en suivant la procédure habituelle de décodage. Si nécessaire :

- pour tout, rappeler que la lettre finale ne fait pas de son dans ces mots.
- pour but, tour, trou et tir, préciser qu'il y a trois sons ; pour vite, tard, botte, route, rote et trop, préciser qu'il y a trois sons et que la lettre finale ne fait pas de son dans ces mots.
- pour table, frite, préciser qu'il y a quatre sons et que la lettre finale ne fait pas de son dans ces mots.
- pour raté, préciser qu'il y a aussi quatre sons et si nécessaire faire lire le mot syllabe par syllabe.

• Ne pas oublier de mettre en évidence le sens des mots, en montrant la carte-image cas échéant, ou en mettant le mot dans le contexte d'une courte phrase.

Feedback

Apparier un mot écrit à son image

• Prendre les cartes-mots botte, route, but, tour, trou (table, frite), les mélanger et les mettre en pile, face cachée, au milieu de la table. Prendre les cartes-images et les disperser sur la table, face visible.

Chacun votre tour, vous allez prendre un mot, le lire et trouver l'image qui va avec. Je vous montre un exemple. Modeler avec le premier mot de la pile.

• Interroger les élèves à tour de rôle. *Prénom*, à toi. L'activité se termine lorsque tous les mots ont été lus et associés à l'image correspondante.

Feedback

Mettre des mots peu imageables dans une phrase orale

• Prendre les cartes-mots tu, tout, vite, tard, rote, trop (tir, raté), les mélanger et les mettre en pile, face cachée, au milieu de la table. Ces mots ne sont pas faciles à dessiner, alors on va les expliquer ou les mettre dans une phrase.

• Je vous montre un exemple. Modeler avec le premier mot de la pile, par exemple : /tou/ : tout le monde est là.

• Interroger les élèves à tour de rôle. *Prénom*, à toi.

• S'il est trop difficile pour les élèves de mettre eux-mêmes les mots dans des phrases, l'enseignant peut le faire pour eux. L'objectif prioritaire est que les élèves s'entrainent à lire les mots et qu'ils y associent du sens.

Feedback

5 Lire des mots-outils

Vous vous rappelez, il y a certains mots qu'on doit apprendre à reconnaitre par cœur, en entier, parce que parfois ça ne marche pas de dire le son de chaque lettre, ou alors parce qu'on ne connait pas encore le son de toutes les lettres du mot.

Matériel
Les cartes-mots un, y, sur

un

• Prendre la carte-mot un et la montrer aux élèves. Il faut reconnaitre ces mots en entier, c'est pour ça qu'ils sont écrits en bleu. On va d'abord répéter des mots qu'on a déjà appris. U-N (dire le nom des lettres en les pointant successivement) ensemble (entourer le mot avec le doigt) ça fait... (laisser les élèves compléter et utiliser la procédure de feedback). Mettre en évidence le sens du mot. Si nécessaire, répéter la procédure.

Maintenant on va apprendre à lire un nouveau mot en entier.

y

• Prendre la carte-mot y. C'est un mot qui n'a qu'une seule lettre. Y (dire le nom de la lettre en la pointant), ça fait /i/, comme le i. Encore une fois : Y (dire le nom de la lettre en la pointant), ça fait... (laisser les élèves compléter et utiliser la procédure de feedback). Répéter la procédure encore deux fois.

On va encore apprendre un autre mot en entier.

sur

• Prendre la carte-mot sur. S-U-R (dire le nom des lettres en les pointant successivement) ensemble (entourer le mot avec le doigt) ça fait /sur/. Encore une fois : S-U-R (dire le nom des lettres en les pointant successivement) ensemble (entourer le mot avec le doigt) ça fait... (laisser les élèves compléter et utiliser la procédure de feedback). Répéter la procédure encore deux fois.

• Mélanger les trois cartes-mots et en prendre une au hasard : On regarde bien ce mot. Attention : 3-2-1, je le retourne (retourner la carte) et on essaie de me dire quel mot était écrit. Interroger chaque élève individuellement : *Prénom*, quel mot ? Si l'élève donne la succession de lettres : Très bien, et ça fait quel mot ? Si l'élève donne le mot : Bravo, et il s'écrit avec quelles lettres ? On vérifie en regardant le mot (retourner la carte face visible). Passer à un autre mot avec un autre élève : On regarde bien ce mot, attention : 3-2-1, je le retourne. *Prénom*, quel mot ?

• Interroger ainsi individuellement chaque élève sur chaque mot. Ne pas oublier de mettre régulièrement en évidence le sens des mots.

Feedback

6 Lire une phrase

Maintenant, avec toutes les lettres et les mots qu'on connait, on va lire une phrase qui raconte une petite histoire.

Matériel
- La carte-phrase :
  Léo roule trop vite, il y a un trou sur la route !
- Les trois illustrations en lien avec cette phrase

• Prendre la carte-phrase : Vous vous souvenez, dans une phrase, il y a plusieurs mots. Entre les mots il y a des espaces (pointer les mots les uns après les autres, en montrant le sens de la lecture). Dans cette phrase, il y a des mots que vous pouvez lire en disant le son de chaque lettre (montrer les mots en noir/violet/gris), et des mots que vous devez lire en entier (montrer les trois mots en bleu).

Dans cette phrase, il y a aussi des petits signes : la virgule (la montrer) aide à savoir quand faire une pause. Le point d'exclamation (le montrer) indique une sorte d'excitation, la voix monte un peu à la fin. Mais ces signes ne font pas de son, c'est pour ça qu'ils sont écrits en gris.

Pour la différenciation en fonction de l'aisance des élèves et pour la mise en évidence du sens de la phrase avec les illustrations, *cf.* p. 181.

Feedback

7 Synthèse

Bravo, vous avez bien travaillé ! Aujourd'hui, on s'est entrainés à lire des mots pour lesquels on peut dire le son des lettres (montrer le mot vite, par exemple). On s'est aussi entrainés à lire des mots qu'on doit reconnaitre en entier (montrer un). Grâce à ces techniques, on peut lire des phrases qui racontent des petites histoires !

Effectuer deux fois cette leçon avec tous les élèves puis passer à la leçon d'encodage.

Matériel
La carte-phrase :
Léo roule trop vite, il y a un trou sur la route !

Encodage

1 Annonce de l'objectif de la leçon

Aujourd'hui, on va s'entrainer à écrire des syllabes et des mots avec le t et les autres lettres qu'on a apprises.

2 Répétition des correspondances graphèmes-phonèmes (dé)

- Si nécessaire, réactiver les correspondances graphèmes-phonèmes à l'aide des pages-graphèmes puis les laisser sous les yeux des élèves.
- Prendre le dé et expliquer aux élèves qu'à tour de rôle, ils vont lancer le dé et dire le son correspondant à la lettre apparue.

Matériel
- Les pages-graphèmes t-T, i-I, o-O, v-V, b-B, ou-Ou
- Un dé sur les faces duquel on inscrit les lettres en minuscule, puis en majuscule

Feedback

3 Enseignement de la procédure d'encodage

- Distribuer une carte-flèche à chaque élève. Poser les douze lettres mobiles noires pour qu'elles soient bien visibles, face à chaque élève.
- Modeler la procédure d'encodage sur la suite de lettres tu :
  - **Annoncer** la suite de lettres à encoder (/tu/).
  - Préciser **quel son** on entend **en premier** dans la séquence et placer la lettre correspondante sur la carte-flèche au-dessus du rond.
  - Préciser **quel son** on entend **ensuite** dans la séquence et placer la lettre correspondante à côté de la première lettre.
  - **Lire la suite de lettres** qui vient d'être écrite en suivant avec **le doigt sur la flèche**.
  - **Mettre en évidence le sens** de la suite de lettres en la plaçant au début d'un mot (tuba), montrer l'image, cas échéant, si nécessaire.
- Si l'exercice est trop difficile lorsque les élèves doivent choisir entre toutes les lettres mobiles, on peut en diminuer le nombre.
- Enlever les lettres mobiles de la flèche. Interroger les élèves à tour de rôle, individuellement, sur certain(e)s des suites de lettres/mots ci-dessous : *Prénom*, écris...
- Donner des aides si nécessaire (Il y a trois lettres ; qu'est-ce que tu entends au tout début de... ? Qu'est-ce que tu entends ensuite dans... ?).
- Si les élèves ont du plaisir et de la facilité, tous les items peuvent être proposés. Dans le cas contraire, choisir un ou deux items par colonne.
- Ajouter la lettre muette grisée lorsqu'il y en a une.

Matériel
- Douze lettres/groupes de lettres mobiles : a, r, u, i, l, o, f, é, v, b, ou, t par élève
- Une lettre mobile : e en gris (muet) pour l'enseignant
- Une carte-flèche par élève
- Les cartes-images tapis, otarie, but, tour, route, tube, talon, télévision, trou, frite, table, tuba

Feedback

Une syllabe				Plus d'une syllabe
CV	VC	CVC	...CC...	
/ta/ (tapis*) /ti/ (petit) /to/ (tonnerre)	/ot/ (otarie*)	but* tour* route* tube* vite /tal/ (talon*) /tél/ (télévision*)	tri trou* frite* table*	tuba* tiré trouvé otarie* raté roté

C = consonne ; **V** = voyelle ; * = mots disposant d'une carte-image

4 Écriture manuscrite de syllabes et de mots dans le cahier

Matériel
Un cahier d'écriture et un crayon par élève

• Donner à chaque élève son cahier d'écriture et un crayon. Contrôler la tenue du crayon.

Leur demander de compléter les lignes selon les consignes habituelles. Pour la dictée de syllabes/mots : ta, ti, tu, vite (aider les élèves pour la lettre muette), trou.

• Si nécessaire, donner aux élèves des feedbacks et des aides personnalisés.

8 Synthèse

Aujourd'hui, on a révisé les lettres que vous avez déjà apprises. On s'est aussi entrainés à écrire des syllabes et des mots avec le son /t/ (taper un petit coup avec le doigt sur la table), comme... (reprendre deux ou trois exemples qui ont été encodés durant la leçon). Bravo, vous avez bien travaillé !

Cette leçon est effectuée une fois avec les élèves.

9 Évaluation formative

Matériel
Les cartes-mots tu, tout, but, tard, vite, trou, raté

Après avoir effectué deux fois la leçon ***Décodage*** et une ou deux fois la leçon ***Encodage***, faire l'évaluation formative suivante pour déterminer comment continuer à avancer.

Prénom, concentre-toi. C'est important.

• Montrer successivement les cartes à l'élève. Lis ce mot.

• Si l'élève réussit à lire 80 % des items, passer à la leçon ***Lecture de mots – fin de module 4***.

• Si l'élève ne réussit pas l'évaluation, faire une leçon ***Remédiation du décodage***, sur la base des leçons précédentes de remédiation du décodage, et en recourant préférentiellement aux pistes ayant bien convenu à l'élève jusque-là :
  – Entrainer la fusion de phonèmes à l'oral (LEGO®).
  – Avant la lecture d'un item, rendre l'élève attentif à l'ordre des lettres, à leur nombre...
  – Faire lire les mots plurisyllabiques syllabe par syllabe.
  – Faire lire à partir des cartes-mots ou de mots écrits avec les lettres mobiles.
  – Pointer le bon item à lire parmi deux ou trois items assez proches.

• Disposer toutes les cartes sur la table, mélangées, et demander à l'élève de montrer les mots à tour de rôle (en veillant à ce que l'ordre dans lequel ils sont demandés à l'élève ne corresponde pas à l'ordre dans lequel ils sont disposés sur la table).

• Continuer à avancer (passer à la leçon ***Lecture de mots – fin de module 4***) quand l'élève parvient à lire/pointer 80 % des items de cette évaluation.

Lecture de mots – fin de module 4

L'objectif de cette leçon est que les élèves s'entraînent à lire des mots aussi fluidement que possible. En effet, plus ils les liront, plus il y aura de chances qu'ils les reconnaissent de manière automatique, ce qui permettra de libérer des ressources attentionnelles qu'ils pourront dédier à d'autres aspects importants de la compréhension écrite. Vous trouverez dans cette leçon différentes activités visant à automatiser la lecture de mots que les élèves sont en principe capables de déchiffrer à ce stade. La compréhension du sens des mots est toujours centrale et certaines dimensions relevant de l'étude de la langue sont également abordées.

Les mots censés pouvoir être lus par les élèves à ce stade sont assez nombreux. Il s'agit donc d'effectuer cette leçon en plusieurs fois (environ quatre fois) et d'adapter la quantité de mots à intégrer dans chaque activité en fonction de la fluidité du déchiffrage des élèves et en fonction de leurs capacités attentionnelles. Répartir les mots de manière à ce qu'ils soient tous rencontrés par les élèves au total.

1 Annonce de l'objectif de la leçon

Aujourd'hui, on va s'entrainer à lire des mots qu'on a déjà appris à lire pour pouvoir les lire plus facilement. C'est important de lire les mots sans trop d'effort pour bien comprendre les histoires.

2 Identification de mots

Apparier un mot écrit à son image (pour les mots imageables)

Il y a 41 mots imageables à ce stade. Prendre par exemple une dizaine de mots à la fois.

- Prendre 10 cartes-mots et les 10 cartes-images correspondantes. Mélanger les 10 cartes-mots et les mettre en pile, face cachée, au milieu de la table. Prendre les 10 cartes-images et les disperser sur la table, face visible. Chacun votre tour, vous allez prendre un mot, le lire et trouver l'image qui va avec.
- Je vous montre un exemple. Modeler avec le premier mot de la pile.
- Interroger les élèves à tour de rôle. *Prénom*, à toi.
- Pour les mots suivants, aborder leur polysémie ou la façon dont l'orthographe du mot en détermine le sens :
  - Pour lit : l'associer à l'image du lit et préciser : Ça peut aussi vouloir dire « il lit un livre ». Les deux s'écrivent de la même manière.
  - Pour lave : l'associer à l'image de la lave et préciser : Ça peut aussi vouloir dire « je lave les habits ». Les deux s'écrivent de la même manière.
  - Pour bol : l'associer à l'image du bol et préciser : Ça peut aussi vouloir dire « avoir du bol », c'est-à-dire avoir de la chance. Les deux s'écrivent de la même manière.
  - Pour joue : l'associer à l'image de la joue et préciser : Ça peut aussi vouloir dire « il joue avec un jouet ». Les deux s'écrivent de la même manière.
  - Pour tour : l'associer à l'image de la tour et préciser : Ça peut aussi vouloir dire « un tour », par exemple « faire un tour », ou « c'est ton tour ». Les deux s'écrivent de la même manière.
  - Pour boue : l'associer à l'image de la boue et préciser : /bou/ peut aussi vouloir dire « un bout », par exemple un « bout de chocolat, un morceau ». Le bout s'écrit avec un t à la fin.

Matériel

- Les mots imageables que les élèves sont censés pouvoir lire à ce stade sont : rat, rue, riz, lire, ile, fort, rire, lard, or, fil, lit, lave, fée, vélo, rat, olive, balle, bras, bébé, lavabo, bol, bravo, robe, bulle, joue, boue, loup, boule, four, bijou, hibou, Lilou, roue, jour, botte, route, but, tour, trou, table, frite
- Les cartes-images correspondantes

• L'activité se termine lorsque tous les mots de la pile ont été lus et associés à l'image correspondante.

Feedback

Mettre des mots dans une phrase orale (pour les mots pas/peu imageables)

Matériel
Les autres mots (peu/pas imageables) que les élèves sont censés pouvoir lire à ce stade sont : filé, juré, joli, vie, rot, allé, allo, vole, vu, va, la, rit, Jules, arrive, il, ravi, avale, alors, Il, Alors, Allo, La, elle, le, une, est, en, Elle, Le, Une, dans, ouf, lourd, tu, tout, vite, tard, rote, trop, tir, raté, y, sur, un

Il y a 44 mots peu/pas imageables à ce stade. Prendre par exemple une dizaine de mots à la fois.

• Prendre 10 cartes-mots (parmi lesquelles des mots déchiffrables et des mots-outils), les mélanger et les mettre en pile, face cachée, au milieu de la table. Ces mots ne sont pas faciles à dessiner, alors on va les expliquer ou les mettre dans une phrase. Je vous montre deux exemples.

• Modeler sur un mot déchiffrable et sur un mot-outil :

 – Pour le mot déchiffrable : pointer les graphèmes (non muets), dire les phonèmes correspondants, puis assembler les phonèmes en suivant avec le doigt sous le mot. Puis expliquer le mot ou le mettre dans une phrase, p.e. : /allé/ : je suis allée (accentuer le mot) à la piscine.

 – Pour les mots-outils : Ce mot en entier (entourer le mot) ça fait… Dire le mot correspondant. Puis expliquer le mot ou le mettre dans une phrase, par exemple : /dan/ : il est dans (accentuer le mot) la maison.

• Interroger les élèves à tour de rôle. *Prénom*, à toi.

• S'il est trop difficile pour les élèves de mettre eux-mêmes les mots dans des phrases, l'enseignant peut le faire pour eux. L'objectif prioritaire est que les élèves s'entrainent à lire les mots et qu'ils y associent du sens.

• Pour les mots suivants, aborder leur polysémie ou la façon dont l'orthographe du mot en détermine le sens :

 – Pour vole, préciser : Ce mot peut vouloir dire deux choses. Ça peut vouloir dire « l'oiseau vole dans le ciel » ; ou alors « le voleur vole de l'argent à la banque ». Les deux s'écrivent de la même manière.

 – Pour rit, préciser : Quand il s'écrit avec un z à la fin, c'est le riz qu'on mange (si nécessaire montrer l'image correspondante) et quand il s'écrit avec un t à la fin c'est par exemple « elle rit, elle rigole ».

 – Pour il, préciser : Quand il s'écrit sans rien à la fin, c'est par exemple « il joue » ou « il mange », il c'est par exemple un garçon ou un chien. Quand il s'écrit avec un e à la fin, c'est l'ile dans la mer (si nécessaire montrer l'image correspondante).

 – Pour rot et rote, préciser : Quand il s'écrit avec un t à la fin, c'est le rot, et quand il y a un e après le t, c'est par exemple « il rote », ou « je rote ».

• L'activité se termine lorsque tous les mots de la pile ont été lus et expliqués ou mis dans une phrase.

Feedback

Trier des noms en fonction de leur déterminant masculin ou féminin

Matériel
- Les cartes-mots rat, rue, riz, vie, ile, lard, fil, lit, lave, fée, vélo, rat, rot, olive, balle, bras, bébé, lavabo, bol, robe, bulle, joue, boue, loup, boule, four, bijou, hibou, roue, jour, botte, route, but, tour, tir, trou, table, frite
- Les cartes-mots déterminants le, un, la, une

Le but de cette activité est de faire encore lire des mots aux élèves ainsi que d'aborder les notions de masculin et de féminin. Il y a 38 noms pouvant être associés à leur déterminant (masculin ou féminin) à ce stade. Prendre par exemple une dizaine de mots à la fois.

• Mettre les cartes-mots le et un d'un côté de la table et la et une un peu plus loin sur la table. Mélanger 10 cartes-mots et les mettre en pile, face cachée. On va lire les mots. Ici (montrer le côté masculin), on va mettre les mots pour lesquels on dit le ou un, c'est-à-dire les noms masculins, comme par exemple le vélo, un ballon, le hibou. Ici (montrer le côté féminin), on va mettre les mots pour lesquels on dit la ou une, c'est-à-dire les noms féminins, comme par exemple la voiture, une boule, la fée.

• Je vous montre quelques exemples. Prendre le premier mot de la pile, le lire et le mettre du bon côté, par exemple : /bal/, on dit une balle, pas un balle, alors je le mets du côté féminin, la (montrer la) ou une (montrer une) balle. Modeler sur deux autres mots.

• Interroger les élèves à tour de rôle. Leur demander de lire le mot.

Feedback

• Pour le classement des mots en fonction de leur déterminant (objectif secondaire), fournir aux élèves tout l'étayage nécessaire pour que l'activité ne soit pas trop complexe, par exemple : /bot/, on dit *une* botte ou *un* botte ? On dit *une* botte, alors on met ce mot du côté féminin, *la* (montrer la) ou *une* (montrer une) botte. Si nécessaire mettre le mot du bon côté pour les élèves. Ne pas hésiter à beaucoup aider les élèves à dire si tel mot est masculin ou féminin. L'essentiel est qu'ils s'entrainent à lire les mots et qu'ils se sensibilisent aux notions de masculin et féminin.

• L'activité se termine quand tous les mots ont été lus et triés.

3 Synthèse de fin

Matériel
Les cartes-mots joue, riz, rit, botte, bras

Aujourd'hui, on s'est entrainés à lire beaucoup de mots pour bien s'habituer à les lire. Quand on est bien entrainés à lire les mots, on comprend mieux les histoires. On a aussi vu que des fois, un même mot peut vouloir dire deux choses différentes, comme joue (montrer la carte-mot), ça peut être « la joue » ou « il joue ». D'autres fois, deux mots se ressemblent beaucoup mais ils n'ont pas tout à fait les mêmes lettres, comme riz et rit (montrer les cartes-mots), qui ne veulent pas dire la même chose. On a aussi appris que pour certains mots on dit la ou une, ce sont les noms féminins, comme la botte (montrer la carte-mot). Et pour d'autres mots on dit le ou un, comme le bras (montrer la carte-mot), ce sont les noms masculins. Bravo, vous avez bien travaillé !

Cette leçon doit être effectuée en environ quatre fois avec les élèves.

Passer ensuite à la leçon de lecture de phrases, que les élèves aient rencontré ou non des difficultés dans la leçon de lecture de mots.

Lecture de phrases – fin de module 4

1 Annoncer l'objectif de la leçon

Aujourd'hui, on va s'entrainer à lire des mots et des phrases qu'on a déjà appris à lire pour pouvoir les lire plus facilement. C'est important de lire les mots et les phrases sans trop d'effort pour bien comprendre les histoires.

2 Lire des phrases

Réviser l'identification de mots-outils

Matériel
Les cartes-mots elle, le, une, est, en, dans, un, y, sur

On va s'entrainer à lire les mots qu'on doit reconnaitre en entier. Vous vous rappelez, on doit lire certains mots en entier, parce que parfois ça ne marche pas de dire le son de chaque lettre, ou alors parce qu'on ne connait pas encore le son de toutes les lettres de ces mots.

• Prendre les cartes-mots des mots et modeler sur un exemple : épeler les lettres en les pointant successivement, ensemble (entourer le mot) ça fait… Lire le mot ou laisser les élèves compléter en utilisant la procédure de feedback.

• On va s'entrainer à connaitre encore mieux tous ces mots écrits en bleu. Mélanger toutes les cartes-mots, les mettre en pile, face cachée, et prendre la première : On regarde bien ce mot. Attention : 3-2-1, je le retourne (retourner la carte) et on essaie de me dire quel mot était écrit. Interroger chaque élève individuellement : *Prénom*, quel mot ? Si l'élève donne la succession de lettres : Très bien, et ça fait quel mot ? Si l'élève donne le mot : Bravo, et il s'écrit avec quelles lettres ? On vérifie en regardant le mot (retourner la carte face visible). Passer à un autre mot avec un autre élève : On regarde bien ce mot, attention : 3-2-1, je le retourne. *Prénom*, quel mot ?

• Interroger ainsi individuellement chaque élève sur chaque mot. Ne pas oublier de mettre régulièrement en évidence le sens des mots.

Feedback

Lire des mots avec une majuscule au début

Matériel
Les cartes-mots Elle, Le, Une, La, Ouf, Il, Léo, Jules.

Vous vous rappelez, parfois les mots commencent par une lettre majuscule. Ils commencent par une majuscule à chaque fois qu'ils sont en début de phrase, et aussi au début des prénoms par exemple. Prendre les prénoms des élèves comme exemples. Les majuscules sont toujours au début des mots, jamais au milieu ou à la fin. C'est pour ces raisons qu'il faut aussi s'entrainer à lire des mots avec une majuscule au début.

• Modeler sur un mot déchiffrable et sur un mot-outil :
  – Pour le mot-outil : Ce mot en entier (entourer le mot) avec un (dire le nom de la première lettre) majuscule ça fait… dire le mot correspondant.
  – Pour le mot déchiffrable : nommer la première lettre en précisant « majuscule » et dire le phonème correspondant, pointer les autres graphèmes (non-muets) et dire les phonèmes correspondants, puis assembler les phonèmes en suivant avec le doigt sous le mot.

• Interroger les élèves individuellement sur chaque mot. Ne pas oublier de régulièrement mettre en évidence le sens des mots.

Feedback

Lire des phrases et les associer à l'illustration correspondante

Matériel
• Les cartes-phrases :
  – La jolie fée lit. Elle rit.
  – Jules arrive à vélo. Il est ravi.
  – Le rat avale une olive.
  – Le bébé est lavé dans le lavabo. Il est brave.
  – Le hibou a vu un loup. Il est à l'abri. Ouf !
  – Léo roule trop vite, il y a un trou sur la route !
• Pour chaque phrase, les trois illustrations parmi lesquelles les élèves doivent choisir

Il y a six phrases à ce stade. Il s'agit donc d'adapter la quantité de phrases à intégrer dans cette activité en fonction de la fluidité de lecture des élèves et en fonction de leurs capacités attentionnelles, tout en répartissant les phrases de manière à ce qu'elles soient toutes rencontrées par les élèves au total. Par exemple, faire cette leçon en deux fois et prendre trois phrases différentes à chaque fois.

Avec toutes les lettres et les mots qu'on connait, on peut déjà lire plusieurs phrases qui racontent des petites histoires.

• Prendre une carte-phrase : Vous vous souvenez, dans une phrase, il y a plusieurs mots. Entre les mots, il y a des espaces (pointer les mots les uns après les autres, en montrant le sens de la lecture). Dans cette phrase, il y a des mots que vous pouvez lire en disant le son de chaque lettre (montrer les mots en noir/gris/violet), et des mots que vous devez lire en entier (montrer les mots en bleu).

Dans cette phrase, il y a aussi des petits signes (montrer les signes de ponctuation). Ils ne font pas de son, c'est pour ça qu'ils sont écrits en gris. Ils aident par exemple à savoir quand faire une pause, ou à savoir quel est le ton de la phrase.

Pour la différenciation en fonction de l'aisance de l'élève et pour la mise en évidence du sens de la phrase avec les illustrations, *cf.* p. 181.

3 Créer des phrases avec des mots

Matériel
Les cartes-mots La, fée, vole, Un, loup, arrive, Le, bébé, joue

Lire des mots et les mettre dans l'ordre

• Prendre les cartes-mots La, fée et vole, les mélanger et les mettre devant les élèves de manière à ce qu'ils puissent bien les lire. On va lire ces mots et on va les mettre dans le bon ordre pour faire une phrase, une petite histoire.

• Je vous montre un exemple. Lire les trois mots en utilisant les procédures pour chaque type de mot. Relire les trois mots fluidement en les pointant successivement. Mettre ensuite les cartes-mots dans le bon ordre et lire la phrase ainsi créée en pointant les mots au fur et à mesure : La fée vole.

• Prendre les cartes-mots Un, loup et arrive, les mélanger et les mettre devant les élèves de manière à ce qu'ils puissent bien les lire.

• Interroger un élève individuellement : *Prénom*, à toi. Lui demander de lire les trois mots, en recourant aux procédures de lecture pour chaque type de mot et en utilisant la procédure de feedback. Relire les trois mots fluidement en les pointant successivement puis demander à l'élève de les mettre dans l'ordre.

• Donner des aides verbales si nécessaire : Quel mot va en premier dans la petite histoire ? Quelle sorte de lettre on voit au début d'une phrase ?

• Quand les mots sont mis dans le bon ordre (utiliser la procédure de feedback si nécessaire) lire la phrase ainsi créée en pointant les mots au fur et à mesure.

• Procéder de la même manière avec Le, bébé et joue.

Sensibilisation à la notion de verbe

Feedback

• Mettre ensuite les trois phrases l'une par-dessus l'autre. Lire les deux premiers mots de la première phrase en les pointant successivement et interroger les élèves sur le 3ᵉ mot : La (pointer La) fée (pointer fée) fait quoi (pointer vole) ? Laisser les élèves compléter.

• Procéder de la même manière avec les deux autres phrases : Un (pointer Un) loup (pointer loup) fait quoi (pointer arrive) ? Le (pointer Le) bébé (pointer bébé) fait quoi (pointer joue) ?

Ces mots (montrer vole, arrive et joue) ce sont des verbes, des mots qui expliquent ce qui est fait. La fée fait quoi ? Elle vole (pointer vole), c'est le verbe voler. Le loup fait quoi ? Il arrive (pointer arrive), c'est le verbe arriver. Le bébé fait quoi ? Il joue (pointer joue), c'est le verbe jouer.

4 Synthèse

Matériel
La carte-phrase :
La jolie fée lit. Elle rit.

Bravo, vous avez bien travaillé ! Aujourd'hui, on s'est entrainés à lire plusieurs mots et plusieurs phrases. Les phrases ont des majuscules au début (montrer La et Elle). On a aussi créé nous-mêmes des petites phrases. Dans les phrases, il y a toujours un verbe, comme jouer, voler, lire.

Cette leçon peut être effectuée en plusieurs fois avec les élèves.

module 5

Les graphèmes « ch », « m », « p »

plan du module

Le graphème « ch »
Le graphème « m »
Le graphème « p »
Lecture de mots – fin de module 5
Lecture de phrases – fin de module 5

matériel

matériel collectif

- Les pages-graphèmes ch-Ch, m-M, p-P
- Les cartes-lettres ch et Ch, m et M, p et P
- Des cartes-syllabes
- Des cartes-mots
- Des cartes-phrases
- Les illustrations des phrases
- Des cartes-images
- Des cartes-flèches
- Des pièces de LEGO®
- Des smileys

matériel individuel par élève

- Des modèles de lettres ch-Ch, m-M, p-P en gris
- Un feutre effaçable
- Un crayon ou stylo
- Un cahier d'écriture

Introduire la CGP

À partir de ce ***module* 5**, étant donné que les élèves peuvent lire de plus en plus d'items, le travail sur la compréhension se fait sur la base de phrases lues. Il n'y a donc plus de comptines dans les leçons Introduire la CGP.

1 Annonce de l'objectif de la leçon

Annoncer aux élèves qu'ils vont apprendre/revoir un nouveau groupe de lettres.

2 Introduction de la correspondance graphème « ch » - phonème /ch/

- Montrer trois images se terminant par /ch/ aux élèves, les prononcer en allongeant légèrement le /ch/, et demander aux élèves quel son on entend à la fin de ces mots.
- Montrer la page-graphème aux élèves et présenter les deux graphies selon la procédure habituelle.

Matériel
- Trois images de mots se terminant par /ch/ (p.e. bouche, cloche, vache)
- La page-graphème ch-Ch

3 Tâche de conscience phonémique : identification du phonème final

- Annoncer qu'on va écouter les sons qu'on entend à la fin des mots.
- Modeler, si nécessaire, avec un mot se terminant par /ch/ et un mot ne se terminant pas par /ch/, en utilisant la carte-flèche pour représenter la fin du mot.
- Interroger les élèves selon la procédure habituelle. Si nécessaire, allonger les phonèmes finaux qui peuvent l'être (ou taper légèrement avec le doigt).

Matériel
- Une boite au bord de laquelle on a fixé les cartes-lettres ch et Ch
- Les cartes-images à mélanger : cloche, bouche, pêche, flèche, sandwich, vache, mouche, moustache, lune, bottes, orange, crabe
- Une carte-flèche

Feedback

4 Apprentissage du geste d'écriture avec le doigt sur un modèle

Cf. ***module* 3** p. 157.

Feedback

5 Synthèse

Féliciter les élèves et synthétiser les apprentissages effectués pendant la leçon, par exemple en montrant la page-graphème.

Matériel
- La page-graphème ch-Ch
- Les modèles de lettres ch et Ch en gris par élève

Matériel optionnel-récompense
Deux smileys par élève

6 Évaluation formative

Après avoir répété si nécessaire cette leçon ***Introduire la CGP « ch »***, passer à la leçon ***Calligraphie*** (ci-après) avec les élèves dont les capacités motrices rendent la tenue du crayon possible.

Calligraphie

Procéder à la calligraphie du ch puis du Ch selon la procédure habituelle (*cf.* ***module 1*** p. 75).

Matériel
- La page-graphème ch-Ch

- Un modèle de la lettre ch en gris par élève
- Un feutre effaçable par élève
- Un crayon ou stylo par élève
- Un cahier d'écriture par élève

Évaluation formative

- Demander à l'élève quel son font ces groupes de lettres.
- Si l'élève réussit l'évaluation, passer à la leçon ***Décodage*** (ci-après).
- Si l'élève ne réussit pas l'évaluation, faire une leçon ***Remédiation de la CGP***, sur la base des leçons précédentes de remédiation des CGP et selon ce qui a bien convenu à l'élève jusque-là (geste d'écriture, dé des graphèmes, memory des graphèmes, tapette à mouche, récompenses).
- Passer à la leçon ***Décodage*** (ci-après) quand la CGP « ch » est mémorisée, que l'élève soit capable de dire le son correspondant au graphème (évaluation orale) ou de montrer le bon graphème parmi quatre (évaluation par pointage).

Matériel
Les cartes-lettres ch et Ch

Décodage

1 Annonce de l'objectif de la leçon

Annoncer aux élèves qu'ils vont s'entrainer à lire des mots et des textes avec le ch.

2 Répétition optionnelle des prérequis au décodage

- Réviser certaines CGP en lançant le dé à tour de rôle et en disant le son correspondant à la lettre apparue.
- S'entrainer à fusionner le phonème /ch/ avec d'autres phonèmes (sur les mots chat, mouche, hache, pêche, vache, ruche, biche) en montrant les pièces de LEGO® au fur et à mesure et en mettant en évidence le sens des mots à l'aide des cartes-images.

Matériel
- Un dé sur les faces duquel on inscrit 6 graphèmes (dont le ch) à réviser, en minuscule, puis en majuscule (dont le Ch)
- Les cartes-images : chat, mouche, hache, pêche, vache, ruche, biche
- Trois pièces de LEGO®

3 Décodage

Feedback

- Si les élèves sont capables de décoder les mots directement eux-mêmes, les laisser faire en leur donnant chacun leur tour un mot à décoder.
- S'ils ont besoin d'étayage, adapter les aides en fonction des besoins des élèves : modeler la procédure de décodage en deux étapes et les inciter à l'utiliser ; procéder syllabe par syllabe (en cachant momentanément l'autre/les autres) ; rappeler que les lettres en gris ne font pas de son dans tel mot ; préciser que tel mot est plus long ; rappeler (pour chiffre) que deux f font le même son qu'un seul f, /fff/...
- Mettre régulièrement en évidence le sens des mots, en montrant les cartes-images correspondantes si nécessaire.

Matériel
- Les cartes-mots chat, chiot, bouche, chut, chuchote, brioche, fichu, chou, louche (*si les élèves ont envie de lire plus de mots :* biche, vache, touche, tache, chiffre, ruche)
- Les cartes-images chat, chiot, bouche, brioche, louche (biche, tache)

Feedback

4 Lire des mots-outils

Révision de deux mots-outils déjà appris (avec et sans majuscule)

- Rappeler que certains mots doivent être reconnus en entier.
- Prendre la carte-mot un et modeler la procédure d'identification de ce mot (épeler les lettres, entourer le mot avec le doigt et dire le mot correspondant).
- Mettre en évidence le sens du mot.
- Si nécessaire, répéter la procédure.
- Procéder de la même manière avec la carte-mot Le en rappelant si nécessaire que le L majuscule fait le même son que le l minuscule.

Apprentissage des nouveaux mots-outils utilisés dans les phrases

- Prendre la carte-mot du et modeler la procédure d'identification (épeler les lettres, entourer le mot avec le doigt et dire le mot correspondant). Mettre en évidence le sens du mot. Si nécessaire, répéter la procédure. Procéder de la même manière avec de.
- Mélanger ensuite les quatre cartes-mots, en prendre une au hasard et entrainer la rétention des suites de lettres composant ces mots (Attention : 3-2-1, je le retourne. cf. p. 204).
- Interroger ainsi individuellement chaque élève sur chaque mot. Ne pas oublier de mettre régulièrement en évidence le sens des mots.

Matériel
- Les cartes-mots des mots à réviser : un, Le
- Les cartes-mots des nouveaux mots à apprendre : du, de

Feedback

5 S'entrainer à lire plusieurs fois chaque mot

Afin que les élèves puissent lire les mots aussi fluidement que possible, il convient de les entrainer à lire plusieurs fois chaque mot. Pour ce faire, différentes activités peuvent être réalisées. Selon la facilité et le plaisir des élèves, il peut être décidé soit de faire toutes les activités suivantes, soit de faire tantôt l'une, tantôt l'autre au fur et à mesure des leçons de décodage.

Apparier un mot écrit à son image

- Prendre les cartes-mots chat, chiot, bouche, brioche, louche, route, bijou, bébé (biche, vache, tache, ruche, fée), les mélanger et les mettre en pile, face cachée, au milieu de la table. Prendre les cartes-images et les disperser sur la table, face visible. Modeler avec le premier mot de la pile puis interroger les élèves à tour de rôle.

Mettre des mots dans une phrase orale (notamment pour les mots pas/peu imageables, dont les mots-outils)

- Prendre les cartes-mots chut, chuchote, fichu, chou, louche, tache, Le, un, (touche, chiffre) les mélanger et les mettre en pile, face cachée, au milieu de la table. Annoncer aux élèves qu'à tour de rôle, ils vont tirer un mot, le lire, puis l'expliquer ou le mettre dans une phrase.
- Modeler sur un mot déchiffrable et sur un mot-outil, en rappelant les procédures d'identification correspondantes puis en mettant le mot dans une phrase ou en l'expliquant.
- Les élèves tirent ensuite un mot chacun leur tour.

Matériel
- Les cartes-syllabes et mots chat, chiot, bouche, chut, chuchote, brioche, fichu, chou, louche, route, bijou, bébé (*si les élèves ont envie de lire plus de mots :* biche, vache, touche, tache, chiffre, ruche, fée)
- Les cartes-images chat, chiot, bouche, brioche, louche, route, bijou, bébé (biche, vache, tache, ruche, fée).
- Les cartes-mots de, du

• S'il est trop difficile pour certains élèves de mettre eux-mêmes les mots dans des phrases, l'enseignant ou d'autres élèves peuvent le faire pour eux. L'objectif prioritaire est que les élèves s'entrainent à lire les mots et qu'ils y associent du sens.

• Lorsqu'un mot peut avoir différentes significations, où lorsque l'orthographe du mot en détermine le sens, l'expliquer aux élèves :

- Pour louche, préciser : Ce mot peut vouloir dire plusieurs choses. Par exemple, il peut vouloir dire une louche pour servir de la soupe. Ça peut aussi vouloir dire les yeux qui louchent (mimer). On peut aussi dire « c'est louche », ça veut dire c'est étrange, il faut se méfier.
- Pour chou, préciser : Ce mot peut aussi vouloir dire deux choses. Ça peut vouloir dire un chou, le légume (montrer l'image si nécessaire) ; ou alors, par exemple, un bébé qui est chou, c'est-à-dire qui est mignon. Les deux s'écrivent de la même manière.

Trier des noms en fonction de leur déterminant masculin ou féminin

• Prendre les cartes-mots vache, bouche, louche, brioche, biche, tache, chat, chiot, chiffre, bijou, et bébé et les mettre en pile, face cachée. Mettre les cartes-mots le et un d'un côté de la table et la et une un peu plus loin sur la table.

On va lire les mots. Ici (montrer le côté masculin), on va mettre les mots pour lesquels on dit le ou un, on les appelle les noms masculins, comme par exemple le vélo, un ballon, le hibou. Ici (montrer le côté féminin), on va mettre les mots pour lesquels on dit la ou une, on les appelle les noms féminins, comme par exemple la voiture, une boule, la fée.

• Je vous montre un exemple. Prendre le premier mot de la pile, le lire et le mettre du bon côté, par exemple : /vache/, on dit une vache, pas un vache, alors je le mets du côté féminin, la (montrer la) ou une (montrer une) vache. Modeler sur deux autres mots.

• Interroger les élèves à tour de rôle. Leur demander de lire le mot et leur fournir tout l'étayage nécessaire pour le classement des mots en fonction de leur déterminant (objectif secondaire) pour que l'activité ne soit pas trop complexe.

Feedback

6 Lire une phrase ou un texte court

Matériel

- Les cartes-phrases :
  - Le chat a volé la balle du chiot. Le chat va dans le lavabo. « Chut ! » chuchote le chat, « il arrive ».
  - Le chat a la brioche de Charles dans la bouche. Charles arrive. « Oh ! La brioche est fichue! »
- Pour chaque phrase, les trois illustrations parmi lesquelles les élèves doivent choisir

Lire une phrase ou un texte court avec plus ou moins d'étayage

Maintenant, avec toutes les lettres et les mots qu'on connait, on va lire un petit texte qui raconte une petite histoire.

• Prendre la première carte-texte : Vous vous souvenez, dans une phrase, il y a plusieurs mots. Entre les mots il y a des espaces (pointer les mots les uns après les autres, en montrant le sens de la lecture). Les phrases commencent par une majuscule et se terminent par un point (montrer la majuscule et le point de la première phrase). Vous vous souvenez, ces petits signes (montrer les points) ne font pas de son, c'est pour ça qu'ils sont écrits en gris. Ils aident à savoir quand faire une pause. Ici, il y a aussi des guillemets (les montrer). Ils veulent dire que quelqu'un dit quelque chose. Dans un texte, il y a plusieurs phrases (montrer les différentes phrases avec majuscule au début et point à la fin). Dans ce texte, il y a des mots que vous pouvez lire en disant le son de chaque lettre (montrer des mots en noir et/ou gris), et des mots que vous devez lire en entier (montrer des mots en bleu).

• Prendre la première carte-texte et, comme pour la lecture des phrases, faire lire le texte aux élèves en différenciant en fonction de leur aisance et de leur plaisir (*cf.* p. 181).

• Valider en relisant le texte fluidement, en pointant les mots successivement et en adoptant l'intonation correspondant à la ponctuation. Montrer ensuite les illustrations aux élèves et leur demander de choisir celle qui correspond au texte qu'ils viennent de lire (utiliser la procédure de feedback si nécessaire).

Compréhension d'un texte court lu (en tout cas en partie) par les élèves

• Relire le texte deux fois fluidement et ne pas hésiter à le relire en cours d'activité pour que les élèves l'aient bien en tête. À partir de celui-ci, poser des questions visant à développer des stratégies de compréhension écrite, par exemple : Qui sont les personnages de l'histoire ? Que font-ils ? Où pensez-vous que l'histoire se passe ? Les guillemets veulent dire que quelqu'un dit quelque chose : dans cette histoire, qui dit « chut » ? Qu'est-ce qui se passe à la fin ? Qu'est-ce qui pourrait se passer après ? À qui/quoi correspond le mot « il » (ou autre reprise anaphorique, à montrer dans le texte) ? Que pense tel personnage ? Comment se sent-il ?....

• Adapter les questions et le nombre de questions en fonction des élèves.

Création de phrases et notion de verbe

Maintenant, on va inventer nous-mêmes des phrases. Par exemple : Jules touche une vache (créer une phrase avec les mots que les élèves peuvent lire jusque-là).

• Faire lire la phrase créée aux élèves avec plus ou moins d'étayage, en fonction de leur aisance et de leur plaisir. Relire ensuite la phrase fluidement et s'assurer que les élèves en ont bien compris le sens.

• Réviser la notion de verbe : Vous vous souvenez, dans les phrases, il y a toujours un verbe. Les verbes sont des mots qui expliquent ce qui est fait. Par exemple, dans cette phrase, Jules fait quoi (pointer le/les mots constituant le sujet et demander aux élèves de compléter) ? Il touche une vache, donc le verbe c'est toucher (dire le verbe à l'infinitif).

• Créer d'autres phrases et procéder de la même manière. Les élèves peuvent participer à créer des phrases. — **Feedback**

7 Synthèse

Féliciter les élèves et synthétiser les apprentissages effectués pendant la leçon, par exemple à l'aide d'une carte-texte.

Passer ensuite à la leçon d'encodage.

Encodage

1 Annonce de l'objectif de la leçon

Annoncer aux élèves qu'ils vont s'entrainer à écrire des mots avec le ch.

2 Répétition optionnelle des prérequis à l'encodage

• Répartir les lettres/groupes de lettres mobiles sur la table, face aux élèves. À tour de rôle, dire un son aux élèves, qui doivent montrer la lettre/le groupe de lettres correspondant.

• Prendre les cartes-images. À tour de rôle, les donner aux élèves, qui doivent dire le mot lentement en allongeant les sons, en étirant les bras.

Matériel
- Six lettres/groupes de lettres mobiles (dont le ch) à réviser
- Les cartes-images cloche, chiot, chat

Feedback

3 Enseignement de la procédure d'encodage

• Distribuer à chaque élève une carte-flèche et les lettres mobiles à chaque élève.

• À tour de rôle, demander aux élèves d'écrire un mot du tableau ci-dessous. Si nécessaire, modeler la procédure d'encodage (p. 48) et aider les élèves en précisant quel son on entend au début, ensuite, etc., en précisant le nombre de lettres nécessaires ou en diminuant le nombre de lettres/groupes de lettres mobiles au choix. Adapter le nombre d'items à écrire en fonction du plaisir et de la facilité des élèves. Ajouter la lettre muette grisée ou une deuxième même consonne (chiffre, attaché, affiche) lorsqu'il y en a.

Mots d'une syllabe			Mots de plus d'une syllabe
CV	CVC	...CC...	
chat* chiot* chou	biche* vache* bouche* chut tache* louche*	fourche* chiffre	taché touché fichu brioche* triché chuchote attaché réfléchir achat affiche

C = consonne ; V = voyelle ; * = mots disposant d'une carte-image

Matériel
- Les 14 lettres/groupes de lettres mobiles par élève
- Deux lettres mobiles : e et t en gris (muets) pour l'enseignant
- Une carte-flèche par élève
- Les cartes-images chat, chiot, biche, vache, bouche, tache, louche, fourche, brioche

Feedback

4 Écriture manuscrite de mots dans le cahier

• Donner à chaque élève son cahier d'écriture ainsi qu'un crayon. Contrôler la tenue de celui-ci.

• Demander aux élèves de compléter les lignes. Pour la dictée de mots, choisir quelques mots dans le tableau ci-dessus. En fonction des capacités des élèves, la dictée de la phrase suivante peut être proposée : La biche a vu la vache (aider les élèves, notamment pour les lettres muettes et les séparations entre les mots).

Matériel
Un cahier d'écriture et un crayon par élève

Feedback

5 Synthèse

Féliciter les élèves et synthétiser les apprentissages effectués pendant la leçon, par exemple à l'aide des lettres mobiles.

Évaluation formative

Prénom, concentre-toi. C'est important.

- Montrer successivement les cartes à l'élève. Lis ce mot.

- Si l'élève réussit à lire 80 % des items, passer à la leçon ***Introduire la CGP « m »***.

- Si l'élève ne réussit pas l'évaluation, faire une leçon ***Remédiation du décodage***, sur la base des leçons précédentes de remédiation du décodage, et en recourant préférentiellement aux pistes ayant bien convenu à l'élève jusque-là (*cf.* p. 200).

- Faire ensuite repasser cette évaluation formative, en modalité de pointage si nécessaire, en présentant les mots cibles (biche, chiot, chat, louche, vache, touche) en deux temps et en insérant deux mots distracteurs d'une autre leçon.

- Continuer à avancer (passer à la leçon ***Introduire la CGP « m »***) quand l'élève parvient à lire/pointer 80 % des items de cette évaluation.

Matériel
Les cartes-mots biche, chiot, chat, louche, vache, touche

Le graphème « m »

Introduire la CGP

1 Annonce de l'objectif de la leçon

Annoncer aux élèves qu'ils vont apprendre/revoir un nouveau groupe de lettres.

2 Introduction de la correspondance graphème « m » - phonème /m/

- Montrer trois images de mots se terminant par /m/ aux élèves, les prononcer en allongeant légèrement le /m/, et demander aux élèves quel son on entend à la fin de ces mots.
- Montrer la page-graphème aux élèves et présenter les deux graphies selon la procédure habituelle.

Matériel
- Trois images de mots se terminant par /m/ (p.e. pomme, plume, gomme)
- La page-graphème m-M

3 Tâche de conscience phonémique : identification du phonème final

- Annoncer qu'on va écouter les sons qu'on entend à la fin des mots.
- Modeler, si nécessaire, avec un mot se terminant par /m/ et un mot ne se terminant pas par /m/, en utilisant la carte-flèche pour représenter la fin du mot.
- Interroger les élèves selon la procédure habituelle. Si nécessaire, allonger les phonèmes finaux qui peuvent l'être (ou taper légèrement avec le doigt).

Matériel
- Une boite au bord de laquelle on a fixé les cartes-lettres m et M
- Les cartes-images à mélanger : fantôme, pomme, plume, flamme, gomme, larme, légume, rame, fil, frites, vache (*si l'activité est faite avec plus de deux élèves, ajouter* : lion, hibou, biche)
- Une carte-flèche

Feedback

4 Apprentissage du geste d'écriture avec le doigt sur un modèle

Cf. ***module* 3** p. 157.

Matériel
- La page-graphème m-M
- Les modèles de lettres m et M en gris par élève

Matériel optionnel-récompense
Deux smileys par élève

5 Synthèse

Féliciter les élèves et synthétiser les apprentissages effectués pendant la leçon, par exemple en montrant la page-graphème.

6 Évaluation formative

Après avoir répété si nécessaire cette leçon ***Introduire la CGP* « *m* »**, passer à la leçon ***Calligraphie*** (ci-après) avec les élèves dont les capacités motrices rendent la tenue du crayon possible.

Calligraphie

Procéder à la calligraphie du m puis du M selon la procédure habituelle (*cf.* ***module 1*** p. 75).

Matériel

- La page-graphème m-M
- Un modèle de la lettre m en gris par élève

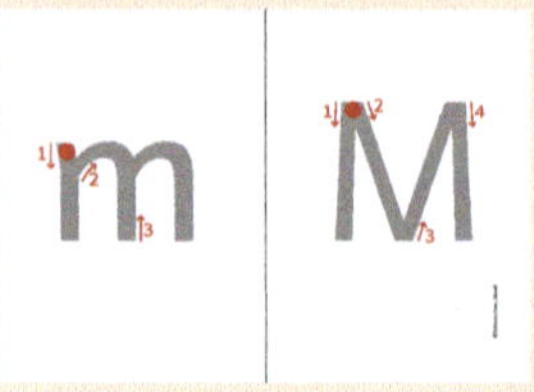

- Un feutre effaçable par élève
- Un crayon ou stylo par élève
- Un cahier d'écriture par élève

Évaluation formative

- Demander à l'élève quel son font ces lettres.
- Si l'élève réussit l'évaluation, passer à la leçon ***Décodage*** (ci-après).
- Si l'élève ne réussit pas l'évaluation, faire une leçon ***Remédiation de la CGP,*** sur la base des leçons précédentes de remédiation des CGP et selon ce qui a bien convenu à l'élève jusque-là (geste d'écriture, dé des graphèmes, memory des graphèmes, tapette à mouche, récompenses).
- Passer à la leçon ***Décodage*** (ci-après) quand la CGP « m » est mémorisée, que l'élève soit capable de dire le son correspondant au graphème (évaluation orale) ou de montrer le bon graphème parmi quatre (évaluation par pointage).

Matériel

Les cartes-lettres m et M

Décodage

1 Annonce de l'objectif de la leçon

Annoncer aux élèves qu'ils vont s'entrainer à lire des mots et des textes avec le m.

2 Répétition optionnelle des prérequis au décodage

Matériel

- Un dé sur les faces duquel on inscrit 6 graphèmes (dont le m) à réviser, en minuscule, puis en majuscule (dont le M)
- Les cartes-images : mer, moule, femme, rame, main, pomme, mur
- Trois pièces de LEGO®

- Réviser certaines CGP en lançant le dé à tour de rôle et en disant le son correspondant à la lettre apparue.
- S'entrainer à fusionner le phonème /m/ avec d'autres phonèmes (sur les mots mer, moule, femme, rame, main, pomme, mur), en montrant les pièces de LEGO® au fur et à mesure et en mettant en évidence le sens des mots à l'aide des cartes-images.

Feedback

3 Décodage

Matériel

- Les cartes-mots rhume, affamée, marmite, mal, mamie, fume, miam, mouche, mot, moto, flamme, homme, film (*si les élèves ont envie de lire plus de mots :* limite, mou)
- Les cartes-images marmite, mamie, mouche, moto, flamme, homme

- Si les élèves sont capables de décoder les mots directement eux-mêmes, les laisser faire en leur donnant chacun leur tour un mot à décoder.
- S'ils ont besoin d'étayage, adapter les aides en fonction des besoins des élèves : modeler la procédure de décodage en deux étapes et les inciter à l'utiliser ; procéder syllabe par syllabe (en cachant momentanément l'autre/les autres) ; rappeler que les lettres en gris ne font pas de son dans tel mot ; préciser que tel mot est plus long...
- Mettre régulièrement en évidence le sens des mots, en montrant les cartes-images correspondantes si nécessaire.

Feedback

4 Lire des mots-outils

Révision de deux mots-outils déjà appris (avec et sans majuscule)

- Rappeler que certains mots doivent être reconnus en entier.
- Prendre la carte-mot est et modeler la procédure d'identification de ce mot (épeler les lettres, entourer le mot avec le doigt et dire le mot correspondant).
- Mettre en évidence le sens du mot.
- Si nécessaire, répéter la procédure.
- Procéder de la même manière avec la carte-mot Elle.

Apprentissage des nouveaux mots-outils utilisés dans les phrases

- Prendre la carte-mot sa et modeler la procédure d'identification de ce mot (épeler les lettres, entourer le mot avec le doigt et dire le mot correspondant). Mettre en évidence le sens du mot. Si nécessaire, répéter la procédure. Procéder de la même manière avec les puis et.
- Mélanger ensuite les cinq cartes-mots, en prendre une au hasard et entrainer la rétention des suites de lettres composant ces mots (Attention : 3-2-1, je le retourne. *cf.* p. 204).
- Interroger ainsi individuellement chaque élève sur chaque mot. Ne pas oublier de mettre régulièrement en évidence le sens des mots.

Matériel
- Les cartes-mots des mots à réviser : Elle, est
- Les cartes-mots des nouveaux mots à apprendre : sa, les, et

Feedback

5 S'entrainer à lire plusieurs fois chaque mot

Afin que les élèves puissent lire les mots aussi fluidement que possible, il convient de les entrainer à lire plusieurs fois chaque mot. Pour ce faire, différentes activités peuvent être réalisées (soit toutes les activités suivantes, soit tantôt l'une, tantôt l'autre au fur et à mesure des leçons de décodage).

Apparier un mot écrit à son image

- Prendre les cartes-mots marmite, mamie, mouche, moto, flamme, homme, chat, table, les mélanger et les mettre en pile, face cachée, au milieu de la table. Prendre les cartes-images et les disperser sur la table, face visible. Modeler avec le premier mot de la pile puis interroger les élèves à tour de rôle.

Mettre des mots dans une phrase orale (notamment pour les mots pas/peu imageables, dont les mots-outils)

- Prendre les cartes-mots rhume, affamée, mal, fume, miam, mot, film, sa, et, les, (limite, mou) les mélanger et les mettre en pile, face cachée, au milieu de la table. Annoncer aux élèves qu'à tour de rôle, ils vont tirer un mot, le lire, puis l'expliquer ou le mettre dans une phrase.
- Modeler sur un mot déchiffrable et sur un mot-outil, en rappelant les procédures d'identification correspondantes puis en mettant le mot dans une phrase ou en l'expliquant.
- Les élèves tirent ensuite un mot chacun leur tour.
- S'il est trop difficile pour certains élèves de mettre eux-mêmes les mots dans des phrases, l'enseignant ou d'autres élèves peuvent le faire pour eux. L'objectif prioritaire est que les élèves s'entrainent à lire les mots et qu'ils y associent du sens.

Matériel
- Les cartes mots rhume, affamée, marmite, mal, mamie, fume, miam, mouche, mot, moto, flamme, homme, film, chat, table (*si les élèves ont envie de lire plus de mots :* limite, mou)
- Les cartes-images marmite, mamie, mouche, moto, flamme, homme, chat, table
- Les cartes-mots sa, et, les

Trier des noms en fonction de leur déterminant masculin ou féminin

• Prendre une dizaine de cartes-mots avec des noms (par exemple marmite, mamie, mouche, moto, flamme, olive, rhume, mot, homme, film, vélo, loup) et les mettre en pile, face cachée. Mettre les cartes-mots le et un d'un côté de la table et la et une un peu plus loin sur la table.

On va lire les mots. Ici (montrer le côté masculin) on va mettre les mots pour lesquels on dit le ou un, on les appelle les noms masculins, comme par exemple le vélo, un ballon, le hibou. Ici (montrer le côté féminin) on va mettre les mots pour lesquels on dit la ou une, on les appelle les noms féminins, comme par exemple la voiture, une boule, la fée.

• Je vous montre un exemple. Prendre le premier mot de la pile, le lire et le mettre du bon côté, par exemple : /marmite/, c'est une marmite, pas un marmite, alors je le mets du côté féminin, la (montrer la) ou une (montrer une) marmite. Modeler sur deux autres mots.

• Interroger les élèves à tour de rôle. Leur demander de lire le mot et leur fournir tout l'étayage nécessaire pour le classement des mots en fonction de leur déterminant (objectif secondaire) pour que l'activité ne soit pas trop complexe.

Feedback

6 Lire une phrase ou un texte court

Matériel

- Les cartes-phrases :
  - Marie va mal. Elle a un rhume. Sa mamie lui offre un thé.
  - Marie est affamée. Les marmites de sa mamie fument. Marie y trouve du riz et du chou. Miam !
- Pour chaque phrase, les trois illustrations parmi lesquelles les élèves doivent choisir

Lire une phrase ou un texte court avec plus ou moins d'étayage

Cf. ***module* 4** p. 181.

• Annoncer aux élèves qu'avec tous les mots qu'ils connaissent, ils peuvent lire des petites histoires.

• Rappeler aux élèves que dans les phrases, il y a une majuscule au début, des espaces entre les mots, des signes de ponctuation.

• Prendre la première carte-texte et comme pour la lecture de phrases, faire lire le texte aux élèves en différenciant en fonction de leur aisance et de leur plaisir (*cf.* p. 181).

• Valider en relisant la phrase fluidement avec l'intonation correspondante. Montrer ensuite les illustrations aux élèves et leur demander de choisir celle qui correspond au texte qu'ils viennent de lire.

Compréhension d'un texte court lu (en tout cas en partie) par les élèves

• Relire le texte deux fois fluidement et ne pas hésiter à le relire en cours d'activité pour que les élèves l'aient bien en tête. À partir de celui-ci, poser des questions visant à développer des stratégies de compréhension écrite, par exemple : Qui sont les personnages de l'histoire ? Que font-ils ? Où pensez-vous que l'histoire se passe ? Qu'est-ce qui se passe à la fin ? Qu'est-ce qui pourrait se passer après ? À qui/quoi correspond le mot « elle » (ou autre reprise anaphorique, à montrer dans le texte) ? Que pense tel personnage ? Comment se sent-il ?....

• Adapter les questions et le nombre de questions en fonction des élèves.

Création de phrases et notion de verbe

Maintenant, on va inventer nous-mêmes des phrases. Par exemple : Un homme vole une moto (créer une phrase avec les mots que les élèves peuvent lire jusque-là).

• Faire lire la phrase créée aux élèves avec plus ou moins d'étayage, en fonction de leur aisance et de leur plaisir. Relire ensuite la phrase fluidement et s'assurer que les élèves en ont bien compris le sens.

• Réviser la notion de verbe : Vous vous souvenez, dans les phrases, il y a toujours un verbe. Les verbes sont des mots qui expliquent ce qui est fait. Par exemple, dans cette phrase, l'homme fait quoi (pointer le/les mots constituant le sujet et demander aux élèves de compléter) ? Il vole une moto, donc le verbe c'est voler (dire le verbe à l'infinitif).

• Créer d'autres phrases et procéder de la même manière. Les élèves peuvent participer à créer des phrases.

Feedback

7 Synthèse

Féliciter les élèves et synthétiser les apprentissages effectués pendant la leçon, par exemple à l'aide d'une carte-texte.

Passer ensuite à la leçon d'encodage.

Encodage

1 Annonce de l'objectif de la leçon

Annoncer aux élèves qu'ils vont s'entrainer à écrire des mots avec le m.

2 Répétition optionnelle des prérequis à l'encodage

Matériel
- Six lettres/groupes de lettres mobiles (dont le m) à réviser
- Les cartes-images film, larme, flamme, mouche

• Répartir les lettres/groupes de lettres mobiles sur la table, face aux élèves. À tour de rôle, dire un son aux élèves, qui doivent montrer la lettre/le groupe de lettres correspondant.

• Prendre les cartes-images. À tour de rôle, les donner aux élèves, qui doivent dire le mot lentement en allongeant les sons, en étirant les bras.

Feedback

3 Enseignement de la procédure d'encodage

Matériel
- Les 15 lettres/groupes de lettres mobiles par élève
- Trois lettres mobiles : e, t et h en gris (muets) pour l'enseignant
- Une carte-flèche par élève
- Les cartes-images mouche, rame, homme, larme, fumée, mamie, momie, moto, marmite

• Distribuer à chaque élève une carte-flèche et les lettres mobiles à chaque élève.

• À tour de rôle, demander aux élèves d'écrire un mot du tableau ci-dessous. Si nécessaire, modeler la procédure d'encodage (p. 48) et aider les élèves en précisant quel son on entend au début, ensuite, etc., en précisant le nombre de lettres nécessaires ou en diminuant le nombre de lettres/groupes de lettres mobiles au choix. Adapter le nombre d'items à écrire en fonction du plaisir et de la facilité des élèves. Ajouter la lettre muette grisée ou une deuxième même consonne (homme, flamme) lorsqu'il y en a.

Mots d'une syllabe				Mots de plus d'une syllabe
CV	CVC	VC	...CC...	
mot mou	mouche* maths mort mal rame* fume	homme*	film larme* forme flamme*	fumée* mamie* momie* moto* limite affamé marmite* ami ému immobile

C = consonne ; **V** = voyelle ; * = mots disposant d'une carte-image

Feedback

4 Écriture manuscrite de mots dans le cahier

Matériel
Un cahier d'écriture et un crayon par élève

• Donner à chaque élève son cahier d'écriture ainsi qu'un crayon. Contrôler la tenue de celui-ci.

• Demander aux élèves de compléter les lignes. Pour la dictée de mots, choisir quelques mots dans le tableau ci-dessus. En fonction des capacités des élèves, la dictée de la phrase suivante peut être proposée : Marie a vu la mouche (aider les élèves, notamment pour la majuscule, les lettres muettes et les séparations entre les mots).

Feedback

5 Synthèse

Féliciter les élèves et synthétiser les apprentissages effectués pendant la leçon, par exemple à l'aide des lettres mobiles.

6 Évaluation formative

Matériel
Les cartes-mots mamie, fume, miam, rhume, mal, moto

Prénom, concentre-toi. C'est important.

• Montrer successivement les cartes à l'élève. Lis ce mot.

• Si l'élève réussit à lire 80 % des items, passer à la leçon ***Introduire la CGP « p »***.

• Si l'élève ne réussit pas l'évaluation, faire une leçon ***Remédiation du décodage***, sur la base des leçons précédentes de remédiation du décodage, et en recourant préférentiellement aux pistes ayant bien convenu à l'élève jusque-là (*cf.* p. 200)

• Faire ensuite repasser cette évaluation formative, en modalité de pointage si nécessaire, en présentant les mots cibles mamie, fume, miam, rhume, mal, moto (remettre les six mots ci-dessus) en deux temps et en insérant deux mots distracteurs d'une autre leçon.

• Continuer à avancer (passer à la leçon ***Introduire la CGP « p »***) quand l'élève parvient à lire/pointer 80 % des items de cette évaluation.

Le graphème « p »

Introduire la CGP

1 Annonce de l'objectif de la leçon

Annoncer aux élèves qu'ils vont apprendre/revoir un nouveau groupe de lettres.

2 Introduction de la correspondance graphème « p » - phonème /p/

• Montrer trois images se terminant par /p/ aux élèves, les prononcer en tapant un petit coup avec le doigt au moment du /p/, et demander aux élèves quel son on entend à la fin de ces mots.

• Montrer la page-graphème aux élèves et présenter les deux graphies selon la procédure habituelle.

Matériel
- Trois images de mots se terminant par /p/ (p.e. soupe, crêpe, guêpe)
- La page-graphème p-P

3 Tâche de conscience phonémique : identification du phonème final

• Annoncer qu'on va écouter les sons qu'on entend à la fin des mots.

• Modeler, si nécessaire, avec un mot se terminant par /p/ et un mot ne se terminant pas par /p/, en utilisant la carte-flèche pour représenter la fin du mot.

• Interroger les élèves selon la procédure habituelle. Si nécessaire, taper légèrement avec le doigt au moment du /p/ ou allonger les phonèmes finaux qui peuvent l'être.

Matériel
- Une boite au bord de laquelle on a fixé les cartes-lettres p et P
- Les cartes-images à mélanger : guêpe, soupe, taupe, trompe, cape, crêpe, lampe, enveloppe, légume, mouche, roi, os
- Une carte-flèche

4 Apprentissage du geste d'écriture avec le doigt sur un modèle

Cf. ***module* 3** p. 157.

Feedback

5 Synthèse

Féliciter les élèves et synthétiser les apprentissages effectués pendant la leçon, par exemple en montrant la page-graphème.

Matériel
- La page-graphème p-P
- Les modèles de lettres p et P en gris par élève

Matériel optionnel-récompense
Deux smileys par élève

6 Évaluation formative

Après avoir répété si nécessaire cette leçon ***Introduire la CGP « p »***, passer à la leçon ***Calligraphie*** (ci-après) avec les élèves dont les capacités motrices rendent la tenue du crayon possible.

Calligraphie

Procéder à la calligraphie du p puis du P selon la procédure habituelle (*cf. **module 1**, p. 75*).

Matériel
- La page-graphème p-P
- Un modèle de la lettre p en gris par élève

- Un feutre effaçable par élève
- Un crayon ou stylo par élève
- Un cahier d'écriture par élève

Évaluation formative

- Demander à l'élève quel son font ces lettres.
- Si l'élève réussit l'évaluation, passer à la leçon ***Décodage*** (ci-après).
- Si l'élève ne réussit pas l'évaluation, faire une leçon ***Remédiation de la CGP***, sur la base des leçons précédentes de remédiation des CGP et selon ce qui a bien convenu à l'élève jusque-là (geste d'écriture, dé des graphèmes, memory des graphèmes, tapette à mouche, récompenses).
- Passer à la leçon ***Décodage*** (ci-après) quand la CGP « p » est mémorisée, que l'élève soit capable de dire le son correspondant au graphème (évaluation orale) ou de montrer le bon graphème parmi quatre (évaluation par pointage).

Matériel
Les cartes-lettres p et P

Décodage

1 Annonce de l'objectif de la leçon

Annoncer aux élèves qu'ils vont s'entrainer à lire des mots et des textes avec le p.

2 Répétition optionnelle des prérequis au décodage

- Réviser certaines CGP en lançant le dé à tour de rôle et en disant le son correspondant à la lettre apparue.
- S'entrainer à fusionner le phonème /p/ avec d'autres phonèmes (sur les mots pile, pelle, pré, nappe, poule, pont, plat) en montrant les pièces de LEGO® au fur et à mesure et en mettant en évidence le sens des mots à l'aide des cartes-images.

Matériel
- Un dé sur les faces duquel on inscrit 6 graphèmes (dont le p) à réviser, en minuscule, puis en majuscule (dont le P)
- Les cartes-images pile, pelle, pré, nappe, poule, pont, plat
- Trois pièces de LEGO®

Feedback

3 Décodage

- Si les élèves sont capables de décoder les mots directement eux-mêmes, les laisser faire en leur donnant chacun leur tour un mot à décoder.
- S'ils ont besoin d'étayage, adapter les aides en fonction des besoins des élèves : modeler la procédure de décodage en deux étapes et les inciter à l'utiliser ; procéder syllabe par syllabe (en cachant momentanément l'autre/les autres) ; rappeler que les lettres en gris ne font pas de son dans tel mot ; préciser que tel mot est plus long…
- Mettre régulièrement en évidence le sens des mots, en montrant les cartes-images correspondantes si nécessaire.

Matériel
- Les cartes-mots papa, prépare, purée, patate, poule, plume, patte, pluie, pue, pré, parle, pipe, plat, tapis (*si les élèves ont envie de lire plus de mots* : aplati, malpoli, toupie)
- Les cartes-images purée, patate, poule, plume, patte, pluie, pipe, tapis (toupie)

Feedback

4 Lire des mots-outils

Révision de deux mots-outils déjà appris (avec et sans majuscule)

- Rappeler que certains mots doivent être reconnus en entier.
- Prendre la carte-mot des et modeler la procédure d'identification de ce mot (épeler les lettres, entourer le mot avec le doigt et dire le mot correspondant).
- Mettre en évidence le sens du mot.
- Si nécessaire, répéter la procédure.
- Procéder de la même manière avec la carte-mot et, puis avec la carte-mot Une.

Apprentissage des nouveaux mots-outils utilisés dans les phrases

- Prendre la carte-mot avec et modeler la procédure d'identification de ce mot (épeler les lettres, entourer le mot avec le doigt et dire le mot correspondant). Mettre en évidence le sens du mot. Si nécessaire, répéter la procédure. Procéder de la même manière avec se, sous et son.
- Mélanger ensuite les quatre cartes-mots, en prendre une au hasard et entrainer la rétention des suites de lettres composant ces mots (Attention : 3-2-1, je le retourne. cf. p. 204).
- Interroger ainsi individuellement chaque élève sur chaque mot. Ne pas oublier de mettre régulièrement en évidence le sens des mots.

Matériel
- Les cartes-mots des mots à réviser : des, et, Une
- Les cartes-mots des nouveaux mots à apprendre : avec, se, sous, son

Feedback

5 S'entrainer à lire plusieurs fois chaque mot

Afin que les élèves puissent lire les mots aussi fluidement que possible, il convient de les entrainer à lire plusieurs fois chaque mot. Pour ce faire, différentes activités peuvent être réalisées (soit toutes les activités suivantes, soit tantôt l'une, tantôt l'autre au fur et à mesure des leçons de décodage).

Apparier un mot écrit à son image

- Prendre les cartes-mots purée, patate, poule, plume, patte, pluie, pipe, tapis, marmite, mamie, mouche, les mélanger et les mettre en pile, face cachée, au milieu de la table. Prendre les cartes-images et les disperser sur la table, face visible. Modeler avec le premier mot de la pile puis interroger les élèves à tour de rôle.

Mettre des mots dans une phrase orale (notamment pour les mots pas/peu imageables, dont les mots-outils)

- Prendre les cartes-mots papa, prépare, pue, pré, parle, plat, avec, se, sous, son, (aplati, malpoli), les mélanger et les mettre en pile, face cachée, au milieu de la table. Annoncer aux élèves qu'à tour de rôle, ils vont tirer un mot, le lire, puis l'expliquer ou le mettre dans une phrase.
- Modeler sur un mot déchiffrable et sur un mot-outil, en rappelant les procédures d'identification correspondantes puis en mettant le mot dans une phrase ou en l'expliquant.
- Les élèves tirent ensuite un mot chacun leur tour.
- S'il est trop difficile pour certains élèves de mettre eux-mêmes les mots dans des phrases, l'enseignant ou d'autres élèves peuvent le faire pour eux. L'objectif prioritaire est que les élèves s'entrainent à lire les mots et qu'ils y associent du sens.

Matériel
- Les cartes-mots papa, prépare, purée, patate, poule, plume, patte, pluie, pue, pré, parle, pipe, plat, tapis, marmite, mamie, mouche (*si les élèves ont envie de lire plus de mots :* aplati, malpoli)
- Les cartes-images purée, patate, poule, plume, patte, pluie, pipe, tapis, marmite, mamie, mouche
- Les cartes-mots avec, se, sous, son

• Lorsqu'un mot peut avoir différentes significations, où lorsque l'orthographe du mot en détermine le sens, l'expliquer aux élèves. Pour plat, préciser : Ce mot peut vouloir dire deux choses. Ça peut vouloir dire que quelque chose est plat (faire un geste) ; ou alors un plat pour mettre à manger. Les deux s'écrivent de la même manière.

Trier des noms en fonction de leur déterminant masculin ou féminin

• Prendre une dizaine de cartes-mots avec des noms (par exemple pipe, purée, patate, poule, plume, patte, tapis, papa, mot, lit, rat) et les mettre en pile, face cachée. Mettre les cartes-mots le et un d'un côté de la table et la et une un peu plus loin sur la table.

On va lire les mots. Ici (montrer le côté masculin), on va mettre les mots pour lesquels on dit le ou un, on les appelle les noms masculins, comme par exemple le vélo, un ballon, le hibou. Ici (montrer le côté féminin), on va mettre les mots pour lesquels on dit la ou une, on les appelle les noms féminins, comme par exemple la voiture, une boule, la fée.

• Je vous montre un exemple. Prendre le premier mot de la pile, le lire et le mettre du bon côté, par exemple : /pipe/, c'est une pipe, pas un pipe, alors je le mets du côté féminin, la (montrer la) ou une (montrer une) pipe. Modeler sur deux autres mots.

• Interroger les élèves à tour de rôle. Leur demander de lire le mot et leur fournir tout l'étayage nécessaire pour le classement des mots en fonction de leur déterminant (objectif secondaire) pour que l'activité ne soit pas trop complexe.

Feedback

6 Lire une phrase ou un texte court

Matériel
• Les cartes-phrases :
  – Le papa de Paola prépare des tomates. Avec les tomates, il prépare une purée de patate. « A table Paola ! »
  – La poule pue. Elle se lave les plumes et les pattes sous la pluie.
  – Paola et son papa marchent dans un pré. Ils parlent de la météo.
• Pour chaque phrase, les trois illustrations parmi lesquelles les élèves doivent choisir

Lire une phrase ou un texte court avec plus ou moins d'étayage

• Annoncer aux élèves qu'avec tous les mots qu'ils connaissent, ils peuvent lire des petites histoires.

• Rappeler aux élèves que dans les phrases, il y a une majuscule au début, des espaces entre les mots, des signes de ponctuation.

• Prendre la première carte-texte et comme pour la lecture de phrases, faire lire le texte aux élèves en différenciant en fonction de leur aisance et de leur plaisir (*cf.* p. 181).

• Valider en relisant la phrase fluidement avec l'intonation correspondante. Montrer ensuite les illustrations aux élèves et leur demander de choisir celle qui correspond au texte qu'ils viennent de lire.

Compréhension d'un texte court lu (en tout cas en partie) par les élèves

Relire le texte fluidement pour que les élèves l'aient bien en tête. Poser ensuite des questions visant à développer des stratégies de compréhension de l'écrit (identifier les personnages, les actions, les lieux ; prédiction de la suite de l'histoire ; interprétation des reprises anaphoriques ; pensées/sentiments des personnages...).

Création de phrases et notion de verbe

Maintenant, on va inventer nous-mêmes des phrases. Par exemple : Le papa prépare de la purée (créer une phrase avec les mots que les élèves peuvent lire jusque-là).

• Faire lire la phrase créée aux élèves avec plus ou moins d'étayage, en fonction de leur aisance et de leur plaisir. Relire ensuite la phrase fluidement et s'assurer que les élèves en ont bien compris le sens.

• Réviser la notion de verbe : Vous vous souvenez, dans les phrases, il y a toujours un verbe. Les verbes sont des mots qui expliquent ce qui est fait. Par exemple, dans cette phrase, le papa fait quoi (pointer le/les mots constituant le sujet et demander aux élèves de compléter) ? Il prépare de la purée, donc le verbe c'est préparer (dire le verbe à l'infinitif).

• Créer d'autres phrases et procéder de la même manière. Les élèves peuvent participer à créer des phrases.

Feedback

7 Synthèse

Féliciter les élèves et synthétiser les apprentissages effectués pendant la leçon, par exemple à l'aide d'une carte-texte.

Passer ensuite à la leçon d'encodage.

Encodage

1 Annonce de l'objectif de la leçon

Annoncer aux élèves qu'ils vont s'entrainer à écrire des mots avec le p.

2 Répétition optionnelle des prérequis à l'encodage

Matériel
- Six lettres/groupes de lettres mobiles (dont le p) à réviser
- Les cartes-images plume, purée, poule, pluie

• Répartir les lettres/groupes de lettres mobiles sur la table, face aux élèves. À tour de rôle, dire un son aux élèves, qui doivent montrer la lettre/le groupe de lettres correspondant.

• Prendre les cartes-images. À tour de rôle, les donner aux élèves, qui doivent dire le mot lentement en allongeant les sons (autres que le /p/), en étirant les bras.

Feedback

3 Enseignement de la procédure d'encodage

Matériel
- Les 16 lettres/groupes de lettres mobiles par élève
- Quatre lettres mobiles : e, s, t et x en gris (muets) pour l'enseignant
- Une carte-flèche par élève
- Les cartes-images pipe, patte, poule, épée, plume, poulpe, écharpe, parapluie, patate, tapis, purée, écharpe

• Distribuer à chaque élève une carte-flèche et les lettres mobiles.

• À tour de rôle, demander aux élèves d'écrire un mot du tableau ci-dessous. Si nécessaire, modeler la procédure d'encodage (p. 48) et aider les élèves en précisant quel son on entend au début, ensuite, etc., en précisant le nombre de lettres nécessaires ou en diminuant le nombre de lettres/groupes de lettres mobiles au choix. Adapter le nombre d'items à écrire en fonction du plaisir et de la facilité des élèves. Ajouter la lettre muette grisée lorsqu'il y en a une.

Mots d'une syllabe			Mots de plus d'une syllabe
CV	CVC	...CC...	
pas pue	pipe* patte* poule*	plume* plat poulpe* prix	papa poli parapluie* patate* tape tapis* purée* épée* apéro écharpe* privé aplati toupie*

C = consonne ; V = voyelle ; * = mots disposant d'une carte-image

Feedback

4 Écriture manuscrite de mots dans le cahier

Matériel
Un cahier d'écriture et un crayon par élève

• Donner à chaque élève son cahier d'écriture ainsi qu'un crayon. Contrôler la tenue de celui-ci.

• Demander aux élèves de compléter les lignes. Pour la dictée de mots, choisir quelques mots dans le tableau ci-dessus. En fonction des capacités des élèves, la dictée de la phrase suivante peut être proposée : La poule a mal à la patte (aider les élèves, notamment pour les lettres muettes, les séparations entre les mots et les doubles consonnes).

Feedback

5 Synthèse

Féliciter les élèves et synthétiser les apprentissages effectués pendant la leçon, par exemple à l'aide des lettres mobiles.

6 Évaluation formative

Matériel
Les cartes-mots pipe, papa, tapis, plat, pré, poule

Prénom, concentre-toi. C'est important.

• Montrer successivement les cartes à l'élève. Lis ce mot.

• Si l'élève réussit à lire 80 % des items, passer à la leçon ***Introduire la CGP « ss » (niveau 2)***.

• Si l'élève ne réussit pas l'évaluation, faire une leçon ***Remédiation du décodage***, sur la base des leçons précédentes de remédiation du décodage, et en recourant préférentiellement aux pistes ayant bien convenu à l'élève jusque-là (*cf.* p. 200).

• Faire ensuite repasser cette évaluation formative, en modalité de pointage si nécessaire, en présentant les mots cibles (pipe, papa, tapis, plat, pré, poule) en deux temps et en insérant deux mots distracteurs d'une autre leçon.

• Continuer à avancer (passer à la leçon ***Introduire la CGP « ss », niveau 2***) quand l'élève parvient à lire/pointer 80 % des items de cette évaluation.

Lecture de mots – fin de module 5

L'objectif de cette leçon est que les élèves s'entrainent à lire des mots aussi fluidement que possible. En effet, plus ils les liront, plus il y aura de chances qu'ils les reconnaissent de manière automatique, ce qui permettra de libérer des ressources attentionnelles qu'ils pourront dédier à d'autres aspects importants de la compréhension écrite. Vous trouverez dans cette leçon différentes activités visant à automatiser la lecture de mots que les élèves sont en principe capables de déchiffrer à ce stade. La compréhension du sens des mots est toujours centrale et certaines dimensions relevant de l'étude de la langue sont également abordées.

Les mots censés pouvoir être lus par les élèves à ce stade sont assez nombreux. Il s'agit donc d'effectuer cette leçon en plusieurs fois (environ quatre fois) et d'adapter la quantité de mots à intégrer dans chaque activité en fonction de la fluidité du déchiffrage des élèves et en fonction de leurs capacités attentionnelles. Répartir les mots de manière à ce que tous les mots du module 5 soient révisés et de manière à réactiver aussi les mots des modules précédents.

1 Annonce de l'objectif de la leçon

Aujourd'hui, on va s'entrainer à lire des mots qu'on a déjà appris à lire pour pouvoir les lire plus facilement. C'est important de lire les mots sans trop d'effort pour bien comprendre les histoires.

2 Identification de mots

Apparier un mot écrit à son image (pour les mots imageables)

Il y a une soixantaine de mots imageables à ce stade. Prendre par exemple une quinzaine de mots à la fois.

- Prendre environ 15 cartes-mots et les 15 cartes-images correspondantes. Mélanger les 15 cartes-mots et les mettre en pile, face cachée, au milieu de la table. Prendre les 15 cartes-images et les disperser sur la table, face visible. Chacun votre tour, vous allez prendre un mot, le lire et trouver l'image qui va avec.
- Je vous montre un exemple. Modeler avec le premier mot de la pile.
- Interroger les élèves à tour de rôle. *Prénom*, à toi.
- Donner des précisions sur les différents sens possibles des mots, et sur la façon dont l'orthographe en détermine le sens.
- L'activité se termine lorsque tous les mots de la pile ont été lus et associés à l'image correspondante.

Matériel

- Les mots imageables :
  - du module 5 : chat, chiot, bouche, brioche, chou, louche, biche, vache, tache, chiffre, ruche, rhume, marmite, mouche, moto, flamme, homme, purée, patate, poule, plume, patte, pluie, pré, pipe, tapis
  - des modules précédents : rat, rue, riz, lire, ile, fort, rire, lard, or, fil, lit, lave, fée, vélo, rat, olive, balle, bras, bébé, lavabo, bol, bravo, robe, bulle, joue, boue, loup, boule, four, bijou, hibou, Lilou, roue, jour, botte, route, but, tour, trou, table, frite
- Les cartes-images correspondantes

Feedback

Mettre des mots dans une phrase orale (pour les mots pas/peu imageables)

Il y a environ 70 mots peu/pas imageables à ce stade. Prendre par exemple une bonne quinzaine de mots à la fois.

• Prendre environ 15 cartes-mots (parmi lesquelles des mots déchiffrables et des mots-outils), les mélanger et les mettre en pile, face cachée, au milieu de la table. Ces mots ne sont pas faciles à dessiner, alors on va les expliquer ou les mettre dans une phrase. Je vous montre deux exemples.

• Modeler sur un mot déchiffrable et sur un mot-outil en rappelant les procédures de lecture correspondantes.

• Interroger les élèves à tour de rôle. *Prénom*, à toi.

• S'il est trop difficile pour les élèves de mettre eux-mêmes les mots dans des phrases, l'enseignant peut le faire pour eux. L'objectif prioritaire est que les élèves s'entraînent à lire les mots et qu'ils y associent du sens.

• Donner des précisions sur les différents sens possibles des mots, et sur la façon dont l'orthographe en détermine le sens.

• L'activité se termine lorsque tous les mots de la pile ont été lus et expliqués ou mis dans une phrase.

Matériel
• Les autres mots peu/pas imageables :
– du module 5 : chut, chuchote, fichu, touche, du, de, affamée, mal, mamie, fume, miam, mot, film, limite, mou, sa, les, et, papa, prépare, purée, pue, parle, plat, aplati, malpoli, avec, se, sous, son
– des modules précédents : filé, juré, joli, vie, rot, allé, allo, vole, vu, va, la, rit, Jules, arrive, il, ravi, avale, alors, Il, Alors, Allo, La, elle, le, une, est, en, Elle, Le, Une, dans, ouf, lourd, tu, tout, vite, tard, rote, trop, tir, raté, y, sur, un

Feedback

Trier des noms en fonction de leur déterminant masculin ou féminin

Le but de cette activité est de faire encore lire des mots aux élèves ainsi que de réviser les notions de masculin et de féminin. Il y a une soixantaine de noms pouvant être associés à leur déterminant (masculin ou féminin) à ce stade. Prendre par exemple une quinzaine de mots à la fois.

• Mettre les cartes-mots le et un d'un côté de la table et la et une un peu plus loin sur la table. Mélanger environ 15 cartes-mots et les mettre en pile, face cachée. On va lire les mots. Ici (montrer le côté masculin), on va mettre les mots pour lesquels on dit le ou un, c'est-à-dire les noms masculins, comme par exemple le vélo, un ballon, le hibou. Ici (montrer le côté féminin), on va mettre les mots pour lesquels on dit la ou une, c'est-à-dire les noms féminins, comme par exemple la voiture, une boule, la fée.

• Je vous montre quelques exemples. Prendre le premier mot de la pile, le lire et le mettre du bon côté, par exemple : /cha/, on dit un chat, pas une chat, alors je le mets du côté masculin, le (montrer le) ou un (montrer un) chat. Modeler sur deux autres mots.

• Interroger les élèves à tour de rôle. Leur demander de lire le mot.

• Pour le classement des mots en fonction de leur déterminant (objectif secondaire), fournir aux élèves tout l'étayage nécessaire pour que l'activité ne soit pas trop complexe, par exemple : /brioch/, on dit une brioche ou un brioche ? On dit une brioche, alors on met ce mot du côté féminin, la (montrer la) ou une (montrer une) brioche. Si nécessaire mettre le mot du bon côté pour les élèves.

• L'activité se termine quand tous les mots ont été lus et triés.

Matériel
• Les cartes-mots :
– du module 5 : chat, chiot, bouche, brioche, chou, louche, biche, vache, tache, chiffre, ruche, rhume, marmite, mouche, mot, moto, flamme, homme, film, limite, purée, patate, poule, plume, patte, pluie, pré, pipe, plat, tapis
– des modules précédents : rat, rue, riz, vie, ile, lard, fil, lit, lave, fée, vélo, rat, rot, olive, balle, bras, bébé, lavabo, bol, robe, bulle, joue, boue, loup, boule, four, bijou, hibou, roue, jour, botte, route, but, tour, tir, trou, table, frite
• Les cartes-mots déterminants le, un, la, une

Feedback

3 Synthèse de fin

Aujourd'hui, on s'est entrainés à lire beaucoup de mots pour bien s'habituer à les lire. Quand on est bien entrainés à lire les mots, on comprend mieux les histoires. On a aussi vu que des fois, un même mot peut vouloir dire deux choses différentes, comme chou (montrer la carte-mot), ça peut être un chou ou un bébé qui est chou. On s'est aussi entrainés à dire si les mots sont féminins, comme une marmite (montrer la carte-mot), ou masculin, comme un chiffre (montrer la carte-mot). Bravo, vous avez bien travaillé !

Matériel
Les cartes-mots chou, marmite, chiffre

- Cette leçon doit être effectuée en quatre fois environ avec les élèves.
- Passer ensuite à la leçon de lecture de phrases, que les élèves aient rencontré ou non des difficultés dans la leçon de lecture de mots.

Lecture de phrases – fin de module 5

L'objectif de cette leçon est que les élèves s'entrainent à lire des phrases aussi fluidement que possible. Les phrases censées pouvoir être lues par les élèves à ce stade sont assez nombreuses. Il s'agit donc d'effectuer cette leçon en plusieurs fois (environ deux fois) et d'adapter la quantité de mots/phrases à intégrer dans chaque activité en fonction de l'aisance des élèves et de leurs capacités attentionnelles. Répartir les mots de manière à ce que tou-te-s les mots/phrases du module 5 soient révisé-e-s et de manière à réactiver aussi les mots/phrases des modules précédents.

1 Annoncer l'objectif de la leçon

Aujourd'hui, on va s'entrainer à lire des mots et des phrases qu'on a déjà appris à lire pour pouvoir les lire plus facilement. C'est important de lire les mots et les phrases sans trop d'effort pour bien comprendre les histoires.

2 Lire des phrases

Réviser l'identification de mots-outils

Il y a 17 mots-outils sans majuscule utilisés dans les phrases jusque-là. Prendre par exemple une petite dizaine de mots à la fois.

Matériel
Les cartes-mots commençant par une minuscule : en, est, une, dans, le, y, un, sur, du, de, sa, et, des, les, se, sous, son

- Annoncer aux élèves qu'ils vont s'entrainer à lire les mots qu'on doit reconnaitre en entier.
- Prendre 8-9 cartes-mots.
- Modeler si nécessaire la procédure de lecture sur un exemple (épeler les lettres, entourer le mot…) puis s'entrainer à reconnaitre les mots (Attention : 3-2-1, je le retourne…).
- Interroger ainsi individuellement chaque élève sur chaque mot. Ne pas oublier de mettre régulièrement en évidence le sens des mots.

Feedback

Lire des mots avec une majuscule au début

Il y a 18 mots avec majuscule utilisés dans les phrases jusque-là. Prendre par exemple une petite dizaine de mots à la fois.

- Prendre environ 9 cartes-mots. Rappeler aux élèves que parfois les mots commencent par une lettre majuscule en début de phrase (ou dans les prénoms).
- Modeler sur un mot déchiffrable et sur un mot-outil, si nécessaire en rappelant les procédures de lecture correspondantes et en soulignant que telle lettre majuscule correspond à telle lettre minuscule.
- Interroger les élèves individuellement sur chaque mot. Ne pas oublier de régulièrement mettre en évidence le sens des mots.

Matériel
Les cartes-mots :
- du module 5 : Elle, Le, Sa, Les, Avec, Chut, Charles, Oh, Marie, Miam, Paola, La, Ils
- du module 4 : Une, Ouf, Il, Léo, Jules

Feedback

Lire des phrases et les associer à l'illustration correspondante

Il y a 13 phrases/textes à ce stade. Prendre par exemple 6-7 phrases/textes à la fois.

- Annoncer aux élèves qu'avec tous les mots qu'ils connaissent, ils peuvent lire des petites histoires.
- Rappeler aux élèves que dans les phrases, il y a une majuscule au début, des espaces entre les mots, des signes de ponctuation.
- Prendre la première carte-phrase/texte et la faire lire aux élèves en différenciant en fonction de leur aisance et de leur plaisir (*cf.* p. 181).
- Valider en relisant la phrase fluidement avec l'intonation correspondante. Montrer ensuite les illustrations aux élèves et leur demander de choisir celle qui correspond au texte qu'ils viennent de lire.

Matériel
- Toutes les cartes-phrases vues jusque-là
- Pour chaque phrase, les trois illustrations parmi lesquelles les élèves doivent choisir

3 Créer des phrases avec des mots

Lire des mots et les mettre dans l'ordre

- Prendre les cartes-mots Le, chat, et joue, les mélanger et les mettre devant les élèves de manière à ce qu'ils puissent bien les lire. On va lire ces mots et on va les mettre dans le bon ordre pour faire une phrase, une petite histoire.
- Je vous montre un exemple. Lire les trois mots en utilisant les procédures pour chaque type de mot. Relire les trois mots fluidement en les pointant successivement. Mettre ensuite les cartes-mots dans le bon ordre et lire la phrase ainsi créée en pointant les mots au fur et à mesure : Le chat joue.
- Prendre les cartes-mots La, marmite, et fume, les mélanger et les mettre devant les élèves de manière à ce qu'ils puissent bien les lire.
- Interroger un élève individuellement : *Prénom*, à toi. Lui demander de lire les trois mots en utilisant la procédure de feedback. Relire les trois mots fluidement en les pointant successivement puis demander à l'élève de les mettre dans l'ordre.
- Donner des aides verbales si nécessaire : Quel mot va en premier dans la petite histoire ? Quelle sorte de lettre on voit au début d'une phrase ?

Quand les mots sont mis dans le bon ordre (utiliser la procédure de feedback si nécessaire), lire la phrase ainsi créée en pointant les mots au fur et à mesure.

- Procéder de la même manière avec Jules, touche, la, et vache.

Matériel
Les cartes-mots Le, chat, joue, La, marmite, fume, Jules, touche, la, vache

Sensibilisation à la notion de verbe

• Mettre ensuite les trois phrases l'une par-dessus l'autre. Lire les deux premiers mots de la première phrase en les pointant successivement et interroger les élèves sur le troisième mot : Le (pointer Le) chat (pointer chat) fait quoi (pointer joue) ? Laisser les élèves compléter et utiliser la procédure de feedback.

• Procéder de la même manière avec les deux autres phrases : La (pointer La) marmite (pointer marmite) fait quoi (pointer fume) ? Jules (pointer Jules) fait quoi (pointer touche) ?

Ces mots (montrer joue, fume et touche) ce sont des verbes, des mots qui expliquent ce qui est fait. Le chat fait quoi ? Il joue (pointer joue), c'est le verbe jouer. La marmite fait quoi ? Elle fume (pointer fume), c'est le verbe fumer. Jules fait quoi ? Il touche (pointer touche) la vache, c'est le verbe toucher.

4 Synthèse

Bravo, vous avez bien travaillé ! Aujourd'hui, on s'est entrainés à lire plusieurs mots et plusieurs phrases. Les phrases ont des majuscules au début (montrer). On a aussi créé nous-mêmes des petites phrases. Dans les phrases, il y a toujours un verbe, comme jouer, fumer, offrir.

Cette leçon peut être effectuée en plusieurs fois avec les élèves.

Matériel
Une carte-phrase, par exemple : Marie va mal. Elle a un rhume. Sa mamie lui offre un thé.

Conçu & fabriqué en France

IMPRIM'VERT®

Achevé d'imprimer par ISIPRINT en juin 2025
N° de projet : 10310295
N° d'impression : 202505.0326
Dépôt légal : mars 2021
contact@editions-retz.com
Imprimé en France